Alexandra Kimmer · Helmut Lang · Gerhard Baumhackl

Nockberge

Biosphärenpark, Gurktaler Alpen, Maltatal

56 ausgewählte Wanderungen und Bergtouren

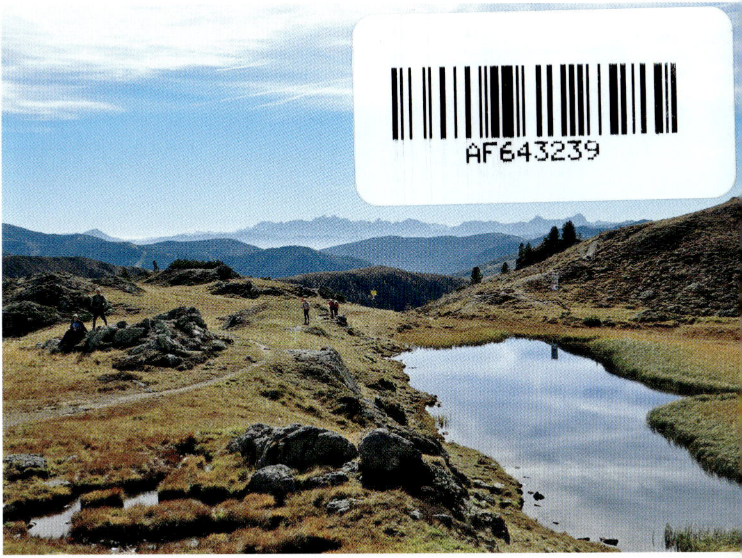

ROTHER BERGVERLAG

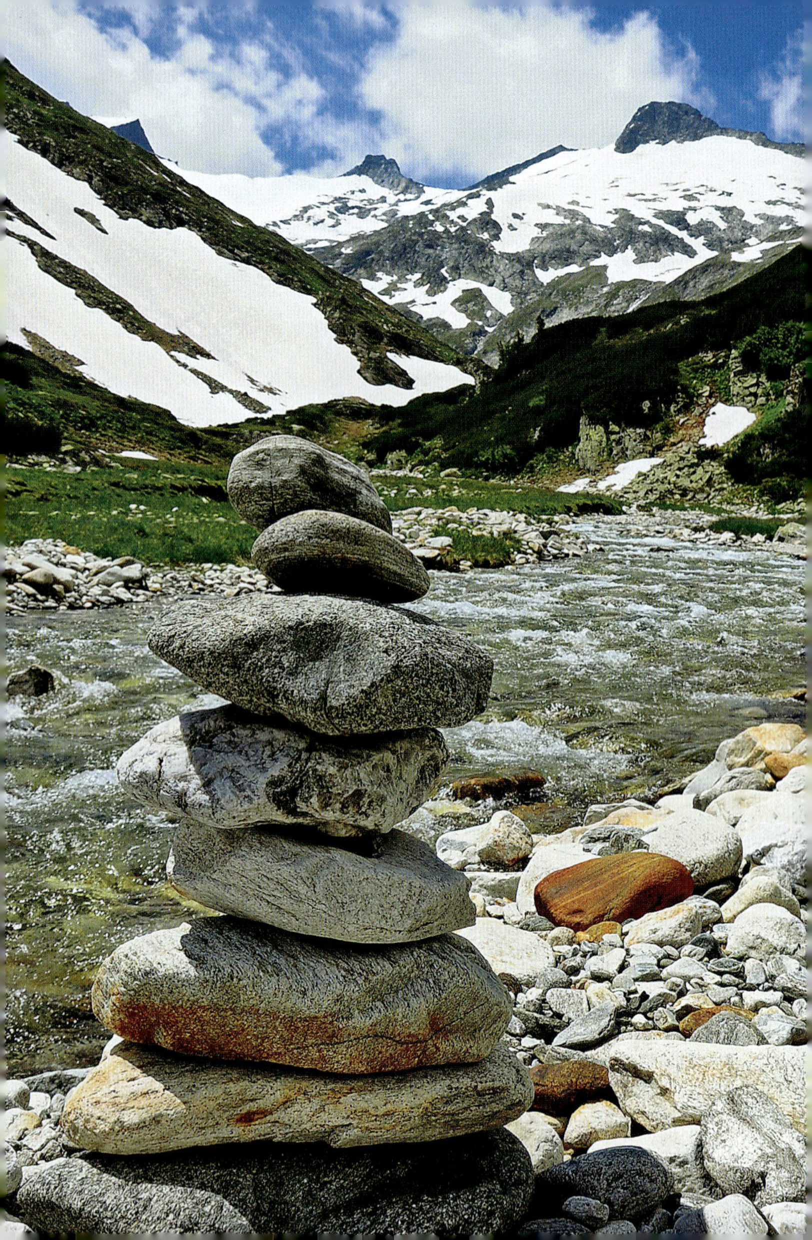

VORWORT

Die im Norden des österreichischen Bundeslandes Kärnten gelegenen Nockberge bilden den westlichsten und zugleich höchsten Teil der Gurktaler Alpen. Wegen ihrer meist sanften, rundlichen Form werden die Gipfel »Nocke« genannt. Die Nockberge stellen seit vielen Jahrzehnten ein beliebtes, abseits der Tourismuszentren überwiegend einsames Wandergebiet dar. Eine besondere Auszeichnung für die Nockberge ist der zum 1. Januar 2013 eingerichtete »Biosphärenpark Nockberge«, der über die Landesgrenze hinweg mit dem »Biosphärenpark Salzburger Lungau« zusammenhängt. Ziel des Biosphärenparks ist es, die seit Jahrhunderten bewahrte natürliche und kulturelle Vielfalt der Nockberge zu schützen, zugleich aber die forst- und landwirtschaftliche Nutzung des Gebiets in einer Form zu erhalten, die Mensch und Natur in gleicher Weise gerecht wird.

Im Süden, im Osten und im Westen reicht das vorgestellte Wandergebiet über den Biosphärenpark hinaus; es umfasst die Gurktaler Alpen, zu denen auch die übrigen Nockberge gehören, sowie einige Ziele rund um Friesach, Althofen und Hüttenberg. Im Westen schließt der vorliegende Wanderführer auch die Ostabdachung der Hohen Tauern mit ein. Wir haben einige Ziele ausgewählt, die vom Liesertal und vom Maltatal aus zugänglich sind. Dazu zählen auch zwei attraktive Dreitausender, die jeder geübte Bergsteiger verhältnismäßig leicht besteigen kann.

Viele der vorgestellten Wanderungen und Bergtouren sind unschwierig; sie folgen gut markierten und beschilderten Wegen. Manch längere Touren erfordern eine gute Kondition, oft auch bergsteigerische Grundkenntnisse und Orientierungsvermögen. Wegen der meist nicht großen Höhenunterschiede zwischen Ausgangspunkt und Ziel lassen sich fast alle Wanderungen als Tagestouren durchführen.

Wir wünschen Ihnen genussvolle, erlebnisreiche Touren!

Im Frühjahr 2023

Alexandra Kimmer, Helmut Lang
und Gerhard Baumhackl

Am Kleinelendbach: Blick zum Tischlerkarkopf (Tour 2).

INHALTSVERZEICHNIS

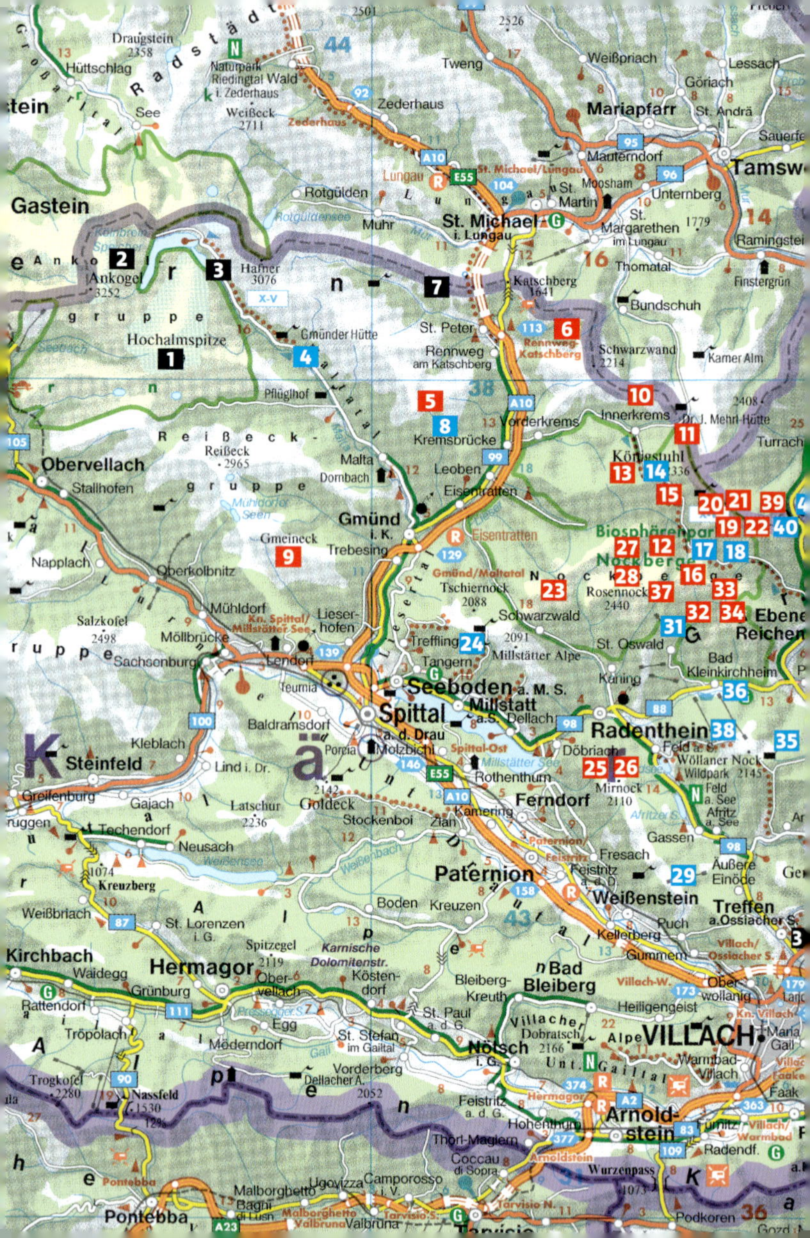

Draugstein
2358
Hüttschlag
Radstädter
Naturpark Riedingtal Wald i. Zederhaus
Weißeck
2711
Zederhaus
Tweng
Weißpriach
Lessach
Göriach
Mariapfarr
St. Andrä
Sauerfeld
Mauterndorf
Tamsweg
Lungau
St. Michael/Lungau
St. Martin
Moosham
Unternberg
Gastein
Rotgülden
Rotgüldensee
Muhr
Mur
St. Michael i. Lungau
St. Margarethen im Lungau
1779
Ramingstein
Ankogel
3252
Hafner
3076
X-V
Katschberg
1641
Thomatal
Finstergrün
Bundschuh
Ankogelgruppe
Hochalmspitze
Gmünder Hütte
St. Peter
Rennweg am Katschberg
Rennweg Katschberg
Schwarzwand
2214
Karner Alm
Pflüglhof
Maltatal
Innerkrems
Dr. J. Mehrl-Hütte
2408
Turrach
Vorderkrems
Kremsbrücke
Reißeckgruppe
Reißeck
2965
Obervellach
Stallhofen
Malta
Dornbach
Leoben
Eisentratten
Königstuhl
2336
Mühldorfer Seen
Gmünd i. K.
Gmeineck
Trebesing
Biosphärenpark Nockberge
Napplach
Oberkolbnitz
Gmünd/Maltatal
Tschiernock
2088
Rosennock
2440
Ebene Reichenau
Mühldorf
Kn. Spittal/Millstätter See
Lieserhofen
Schwarzwald
Salzkofel
2498
Möllbrücke
Trefflingfall
2091
Millstätter Alpe
St. Oswald
Sachsenburg
Lendorf
Tangern
Bad Kleinkirchheim
Teurnia
Seeboden a. M. S.
Kaning
Millstatt
Spittal a. d. Drau
Dellach
Baldramsdorf
Radenthein
Kleblach
Steinfeld
Molzbichl
Porcia
Spittal-Ost
Millstätter See
Döbriach
Feld a. S.
Wöllaner Nock
2145
Wildpark
Lind i. Dr.
Rothenthurn
Mirnock
2110
Feld a. See
Afritz a. See
Greifenburg
Gajach
Latschur
2236
Goldeck
2142
Kamering
Ferndorf
Techendorf
Stockenboi
Zlan
Gassen
Neusach
Weißensee
Weißenbach
Paternion
Fresach
Feistritz a. d. D.
Außere Einöde
Kreuzberg
1074
Weißbriach
Boden
Kreuzen
Weißenstein
Treffen a. Ossiacher S.
St. Lorenzen i. G.
Ruch
Kellerberg
Kirchbach
Waidegg
Spitzegel
2119
Karnische Dolomitenstr.
Gummern
Villach/Ossiacher S.
Hermagor
Obervellach
Köstendorf
Bleiberg-Kreuth
Bad Bleiberg
Villach-W.
Oberwollanig
Grünburg
Rattendorf
Pressegger S.
St. Paul a. d. G.
Heiligengeist
Kn. Villach
Tröpolach
Egg
Möderndorf
St. Stefan im Gailtal
Nötsch i. G.
Villacher Alpe
Dobratsch
2166
VILLACH
Maria Gail
Gail
Trogkofel
2280
Nassfeld
1530
Vorderberg
Dellacher A.
2052
Untergailtal
Warmbad-Villach
Feistritz a. d. G.
Hermagor
Arnoldstein
Faak
Hohenthurn
Fürnitz
Villach/Warmbad
Thörl-Maglern
Radendf.
Coccau di Sopra
Arnoldstein
Wurzenpass
1073
Pontebba
Malborghetto
Ugovizza
Camporosso i. V.
Bagni di Lusn.
Malborghetto Valbruna
Valbruna
Tarvisio S.
Tarvisio N.
Podkoren

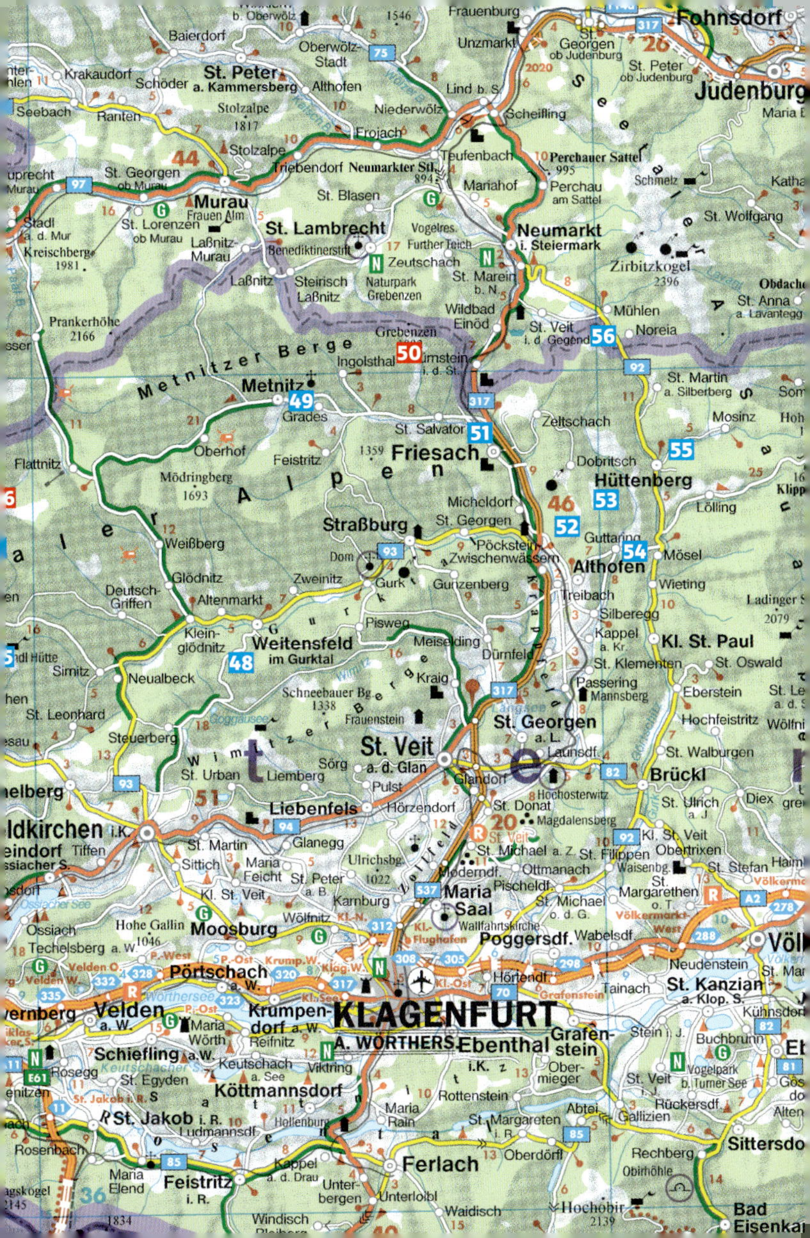

Fohnsdorf
Judenburg
Frauenburg
Unzmarkt
St. Georgen ob Judenburg
St. Peter ob Judenburg
Baierdorf
Oberwölz-Stadt
St. Peter a. Kammersberg
Krakaudorf
Schöder
Althofen
Lind b. S.
Scheifling
Seebach
Ranten
Stolzalpe 1817
Niederwölz
Frojach
Stolzalpe
Teufenbach
Perchauer Sattel 995
Triebendorf
Neumarkter Stl. 894
Mariahof
Perchau am Sattel
Schmelz
St. Georgen ob Murau
Murau
Frauen Alm
St. Blasen
St. Wolfgang
Stadl a. d. Mur
St. Lorenzen ob Murau
Laßnitz-Murau
St. Lambrecht
Benediktinerstift
Vogelres. Further Teich
Zeutschach
Neumarkt i. Steiermark
Zirbitzkogel 2396
Kreischberg 1981
Laßnitz
Steirisch Laßnitz
Naturpark Grebenzen
St. Marein b. N.
Obdach
St. Anna a. Lavantegg
Wildbad Einöd
Mühlen
Prankerhöhe 2166
Grebenzen
St. Veit i. d. Gegend
Noreia
Metnitzer Berge
Ingolsthal
Dürnstein i. d. St.
Metnitz
Grades
St. Martin a. Silberberg
Mosinz
Zeltschach
St. Salvator
Oberhof
Flattnitz
1359
Friesach
Feistritz
Dobritsch
Hüttenberg
Mödringberg 1693
Alpen
Micheldorf
St. Georgen
Lölling
Straßburg
Pöckstein
Guttaring
Dom
Zwischenwässern
Mösel
Weißberg
Gurk
Gunzenberg
Althofen
Glödnitz
Zweinitz
Wieting
Deutsch-Griffen
Altenmarkt
Treibach
Ladinger S. 2079
Silberegg
Klein-glödnitz
Weitensfeld im Gurktal
Pisweg
Meiselding
Kappel a. Kr.
Kl. St. Paul
Dürnfeld
St. Klementen
St. Oswald
Simitz
Neualbeck
Kraig
Passering
Mannsberg
Eberstein
Schneebauer Bg. 1338
St. Leonhard
Frauenstein
St. Georgen a. L.
Hochfeistritz
Steuerberg
Goggausee
St. Veit a. d. Glan
Launsdf.
St. Walburgen
St. Urban
Sörg
Liemberg
Glandorf
Hochosterwitz
Brückl
Pulst
Diex
Liebenfels
Hörzendorf
St. Donat
St. Ulrich a. J.
Feldkirchen i. K.
Tiffen
St. Martin
Glanegg
Magdalensberg
Kl. St. Veit
Obertrixen
Sittich
Maria Feicht
Ulrichsbg. 1022
St. Veit
St. Michael a. Z.
St. Filippen
Ossiach
Ottmanach
Waisenbg.
St. Stefan
St. Peter a. B.
Kl. St. Veit
Karnburg
Maria Saal
Pischeldf.
St. Margarethen o. T.
Ossiacher See
Hohe Gallin 1046
Moosburg
Wölfnitz
St. Michael o. d. G.
Wallfahrtskirche
Poggersdf.
Wabelsdf.
Techelsberg a. W.
Völkermarkt
Flughafen
Pörtschach a. W.
Hörtendf.
Neudenstein
Tainach
St. Kanzian a. Klop. S.
Velden a. W.
Wörthersee
Krumpendorf a. W.
KLAGENFURT A. WÖRTHERSEE
Maria Wörth
Reifnitz
Ebenthal
Grafenstein
Stein i. J.
Kühnsdorf
Buchbrunn
Schiefling a. W.
Keutschach a. See
Viktring
Ober-mieger
Vogelpark b. Turner See
Rosegg
St. Egyden
Keutschacher S.
Köttmannsdorf
Rottenstein
St. Veit i. J.
St. Jakob i. R.
Maria Rain
Hollenburg
Abtei
Rückersdf.
Gallizien
St. Margareten i. R.
Rosenbach
Ludmannsdf.
Rechberg
Obirhöhle
Sittersdorf
Maria Elend
Feistritz i. R.
Kappel a. d. Drau
Ferlach
Oberdörfl
Unterbergen
Unterloibl
Hochobir 2139
Windisch Bleiberg
Waidisch
Bad Eisenkappel
1834

TOP-TOUREN

Rundwanderung Elendtäler
Großartige Tour im Angesicht der Dreitausender und der Gletscher in den östlichen Hohen Tauern. Mit einer Übernachtung in der gemütlichen Osnabrücker Hütte *(Tour 2, 2 Tage).*

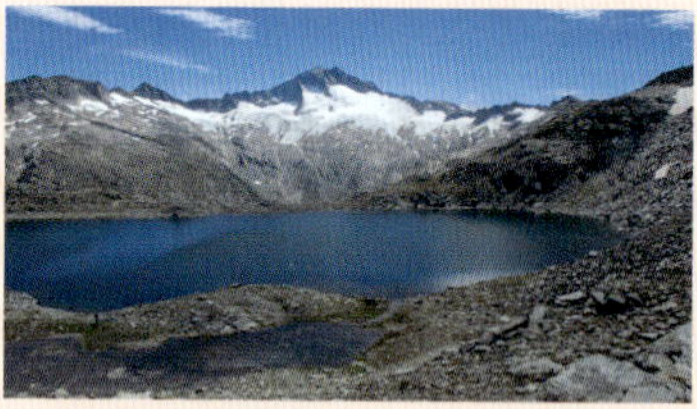

Königstuhl von der Mehrl-Hütte
Auf einen beliebten Gipfel im Dreiländereck Kärnten/Salzburg/Steiermark. Zurück auf einer einsamen Fünf-Gipfel-Wanderung *(Tour 11, 5.15 Std.).*

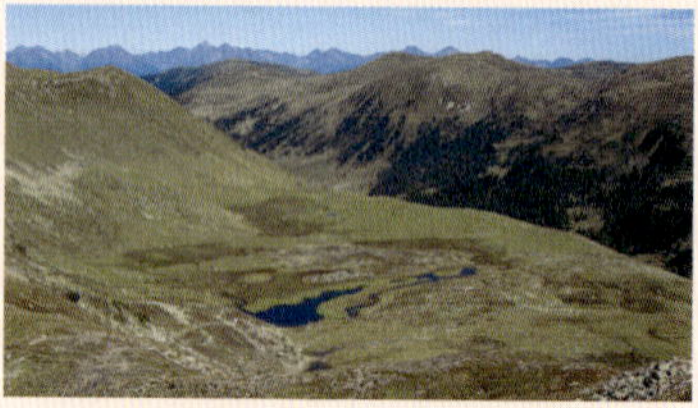

Hohe Pressing
Auf den nordwestlichsten hohen Gipfel der Nockberge. Herrlicher Blick in die Hohen Tauern *(Tour 13, 4.45 Std.).*

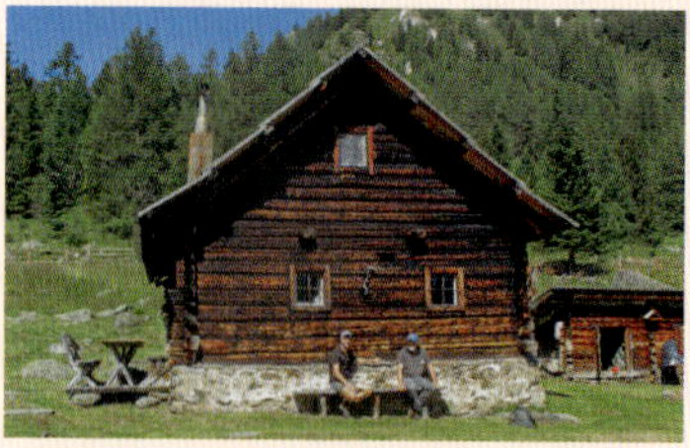

Königstuhl von der Prießhütte
Einsamer Anstieg durch herrliche Zirbenwälder und über sanfte Almflächen – mit ständig wechselnden Landschaftsbildern und schöner Aussicht *(Tour 20, 5.15 Std.).*

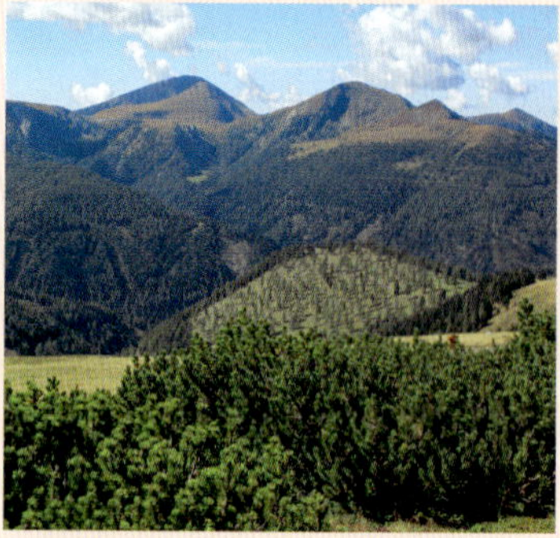

Mirnock
Von Gschriet durch einen Waldgürtel auf den viel besuchten Berg hoch über dem Millstätter See, von dem aus man nicht nur den Großglockner, sondern auch die Karawanken und die Julischen Alpen sehen kann *(Tour 25, 5.00 Std.).*

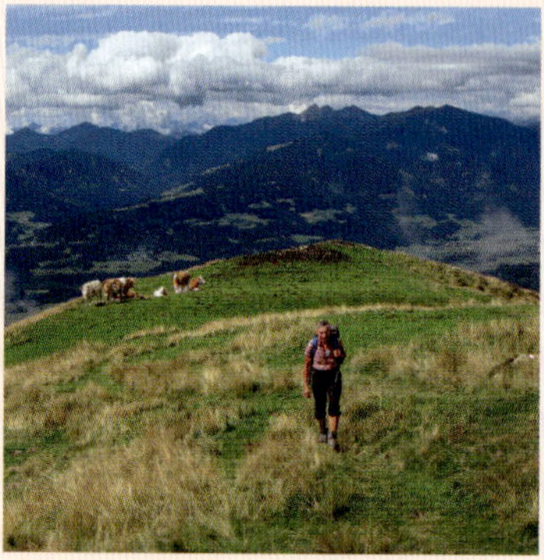

Rosennock
Aussichts- und blumenreiche Rundtour auf den höchsten Gipfel der Kärntner Nockberge, vorbei an einem versteckten See *(Tour 28, 5.00 Std.)*.

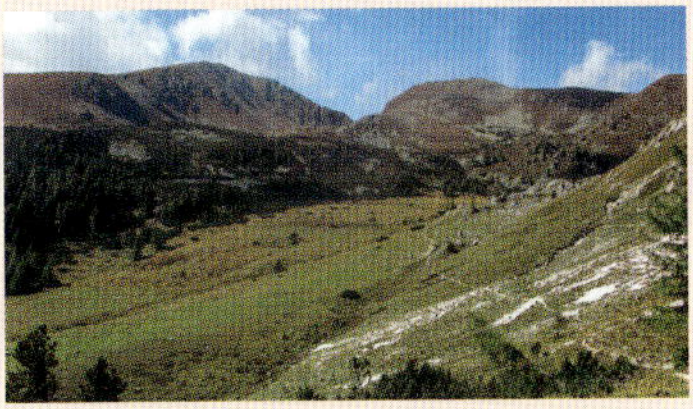

Drei-Seen-Runde Turracher Höhe
In wenigen Minuten vom belebten Turrachsee zum einsamen Grünsee. Auf dem Rückweg besuchen wir den Schwarzsee *(Tour 43, 2.00 Std.)*.

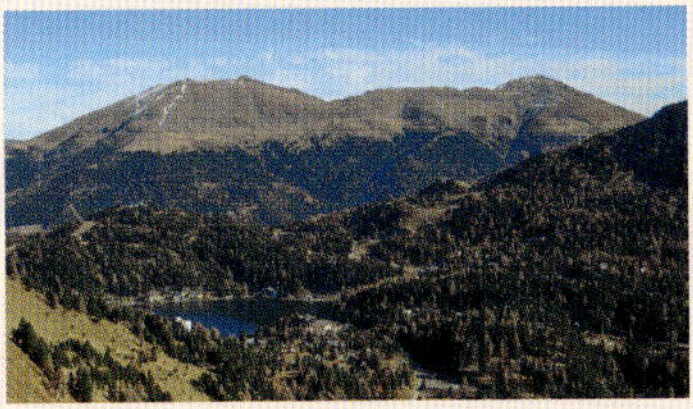

Eisenhut
Ausgedehnte, aber eindrucksvolle und abwechslungsreiche Bergtour auf den bereits in der Steiermark gelegenen höchsten Gipfel der Gurktaler Alpen *(Tour 47, 8.30 Std.)*.

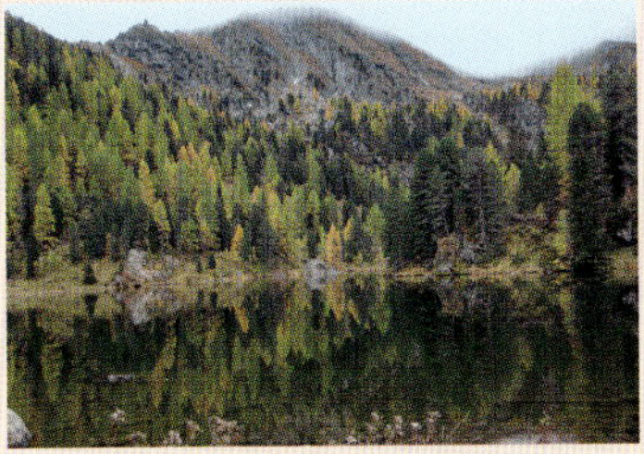

Stadtspaziergang Friesach
Auf einem malerischen Rundgang durch Kärntens älteste Stadt besuchen wir Burgen, Ruinen, Klöster, Kapellen und Kirchen *(Tour 51, 1.45 Std.)*.

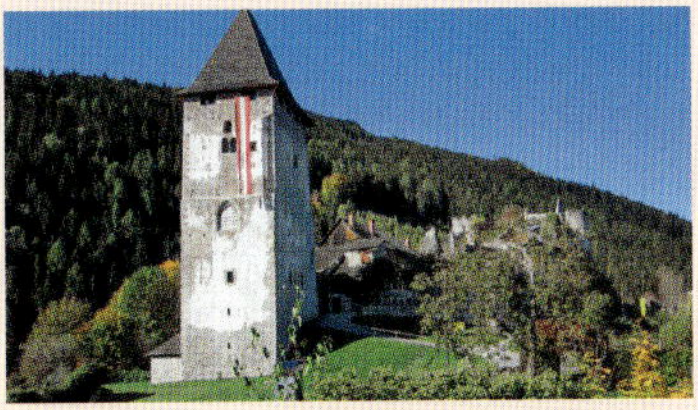

Hüttenberg – Knappenberg – Heft
Wanderung zu Zeugnissen der früheren Eisenindustrie in der Norischen Region und zum Harrer-Museum. *(Tour 55, 3.30 Std.)*.

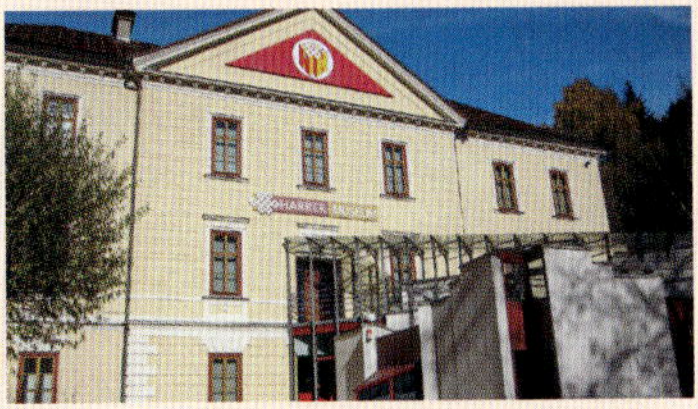

Europaschutzgebiet Hörfeld-Moor
Großes Feuchtgebiet, das wegen seiner vielfältigen Tier- und Pflanzenwelt einen hohen Schutzstatus genießt. Wanderwege führen rund um und durch das Moor *(Tour 56, 2.45 Std.)*.

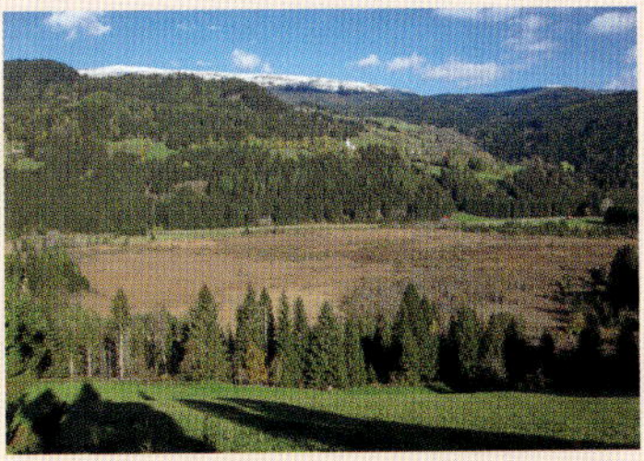

WICHTIGE HINWEISE FÜR UNTERWEGS

Klima, Wetter, Jahreszeiten

Weil Kärnten nicht weit von der Adria entfernt ist, können Tiefdruckgebiete aus dem Süden verhältnismäßig rasch auf das Tourengebiet übergreifen. Und auch sommerliche Gewitter entstehen recht schnell.

Die Gewittergefahr in den Nockbergen ist bei labiler Wetterlage größer als in vielen anderen Gebirgsgruppen Kärntens. In den Hohen Tauern können sommerliche Kaltluftvorstöße zu Schneefällen bis unter 2000 m Höhe führen.

Bei Wanderungen und Touren in den Hohen Tauern sowie in den Nockbergen oberhalb der Waldgrenze ist es unerlässlich, die ausgezeichneten regionalen Wetterberichte im Radio, Fernsehen oder Internet zu beachten oder persönliche Wetterinformationen bei den zuständigen Diensten einzuholen (siehe S. 18).

Gehzeit

Die in diesem Wanderführer angegebenen Gesamtgehzeiten stellen Durchschnittswerte für Wanderer mit guter Kondition dar; Zeiten für Pausen, Fotografieren o. ä. sind dabei nicht mit einberechnet. Aus den Höhenprofilen sind neben der jeweiligen Gesamtgehzeit auch die Gehzeiten zwischen wichtigen Etappenpunkten (Wegpunkten) zu ersehen. Diese Zeiten können von den Angaben auf den Wegweisern vor Ort abweichen.

Am Pfannnock (Tour 37): Südliche Nockberge, am Horizont die Julischen Alpen.

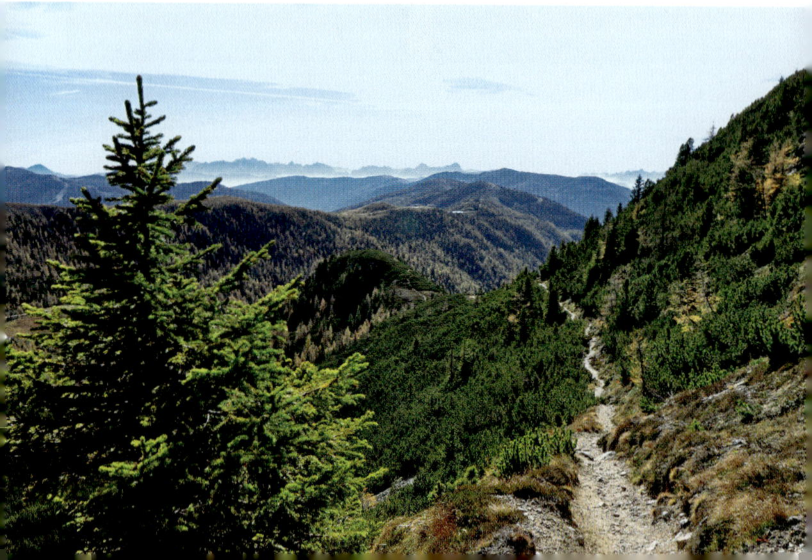

Anforderungen

Die meisten Touren in diesem Wanderführer weisen zumindest bis zu den Hütten oder Almen keinerlei Schwierigkeiten auf; sie können daher problemlos auch von Familien mit Kindern oder von Senioren begangen werden. Fast alle Wanderungen und Bergtouren verlaufen auf markierten Wegen und Steigen. Allerdings können beispielsweise dichter Nebel oder Schneefelder auch auf markierten Wegen zu Problemen mit der Orientierung führen.

Der Schwierigkeitsgrad I nach den UIAA-Richtlinien wird bei wenigen Touren ausnahmsweise und lediglich auf kurzen Strecken erreicht, jedoch nie überschritten. Manche Wanderungen verlangen Trittsicherheit, Schwindelfreiheit, alpine Erfahrung und gute Kondition. Die Schwierigkeitsbewertungen gelten nur für die technischen, nicht aber für die zeitlichen Anforderungen und darüber hinaus nur unter normalen Bedingungen. Es gilt zu bedenken, dass Schneelage, Nässe oder Vereisung die Schwierigkeit erheblich steigern können.

Um die Anforderungen einschätzen und vergleichen zu können, sind die Nummern der einzelnen Tourenvorschläge mit verschiedenen Farben hinterlegt, die sich wie folgt erklären:

SCHWIERIGKEITSKATEGORIEN

■ = Leicht

Wanderungen oder Bergtouren überwiegend auf breiten, meist markierten und von der Orientierung her unproblematischen Wegen ohne Gefahrenstellen, flach bis mäßig steil und wenig anstrengend. Sie sind in der Regel auch für Kinder, Senioren oder Wanderer mit geringer Kondition geeignet. Seltene exponierte Stellen sind durch Geländer gesichert.

■ = Mittel

Anspruchsvollere Wanderungen und leichte Bergtouren, teilweise auf steilen, exponierten Steigen und Pfaden; obwohl sie meist auf markierten Wegen verlaufen, erfordern sie eine gute Kondition, Ausdauer, Trittsicherheit, Schwindelfreiheit und Orientierungsvermögen, vor allem bei Nebel und Schneelage. Einzelne kurze Wegabschnitte können durch Seile, Leitern oder Eisenklammern gesichert sein.

■ = Schwierig

Bergtouren auf meist markierten, oft schmalen, steilen und ausgesetzten Steigen, die streckenweise gesichert sein können. Nur für alpin erfahrenene, schwindelfreie und absolut trittsichere Bergsteiger! Im Felsgelände kann leichte Kletterei bis zum Schwierigkeitsgrad I vorkommen. Auf harten Firnfeldern und in nordseitien Schneerinnen sind oft bis weit in den Sommer hinein Pickel und Steigeisen oder Grödel nötig.

SYMBOLE

Symbole im Tourenkopf

- mit Bahn/Bus erreichbar
- Einkehrmöglichkeit
- für Kinder geeignet

Symbole im Höhenprofil

- Ort mit Einkehrmöglichkeit
- Einkehrmöglichkeit
- Schutzhaus, Unterstand
- Bushaltestelle
- Seilbahn
- Auf-/Abfahrt mit Seilbahn
- Parkplatz
- Gipfel
- Pass, Sattel, Joch
- Brücke
- Kirche, Kapelle, Marterl/Bildstock
- Burg, Schloss, Ruine
- Aussichtsturm
- Aussichtsplatz
- Quelle/Brunnen
- Abzweig

Verhalten unterwegs

Besonders in und um Bad Kleinkirchheim sind viele Personen unterwegs, die wenig bis gar keine Erfahrung im Gebirge haben, aber gerne Ausflüge in die Berge unternehmen möchten. Deshalb einige Hinweise, wie eine Wanderung nicht zur Qual, sondern zu einem großen Erlebnis werden kann: Ein früher Aufbruch ist immer anzuraten. Beim Abmarsch vom Ausgangspunkt langsam starten und erst später das Tempo etwas steigern. Dieses Tempo bestimmt immer das schwächste Mitglied einer Gruppe! Nicht nur wir »alte Hasen« empfehlen, nie allein auf Tour zu gehen.

In Kärnten sind die meisten Forststraßen und auch viele Hofzufahrten für den allgemeinen Verkehr gesperrt. Will man sich keinen Ärger oder vielleicht sogar Klagen wegen Besitzstörung einhandeln, sollten Fahrverbote unbedingt beachtet werden. Beim Abstellen von Fahrzeugen ist auf die Bedürfnisse der meist bäuerlichen Betriebe Rücksicht zu nehmen.

Wegenetz und Markierungen

Der Westen der Nockberge ist durch ein dichtes Wegenetz erschlossen, das von den Tälern bis zu den Gipfeln reicht. Gegen Osten zu wird das Wegenetz dünner, was durch die großen Wälder und die weniger imposanten Gipfel bedingt ist. Im Talbereich haben Tourismusverbände und Gemeinden bequeme Wanderwege angelegt, die ohne große Anstrengung zu begehen sind; dies gilt auch für die alten Almwege, die leider zunehmend durch Fahrstraßen ersetzt werden. Ins Gebirge führen Wege und Steige, die meist von den alpinen Vereinen, vom Nationalpark Hohe Tauern oder vom Biosphärenpark Nockberge betreut werden. Neben Berg- und Wanderwegen gibt es in den Hohen Tauern schwierige Eis- und Felsrouten, etwa auf die Hochalmspitze.

Der Millstätter See vom Aufstieg zum Mirnock (Tour 25).

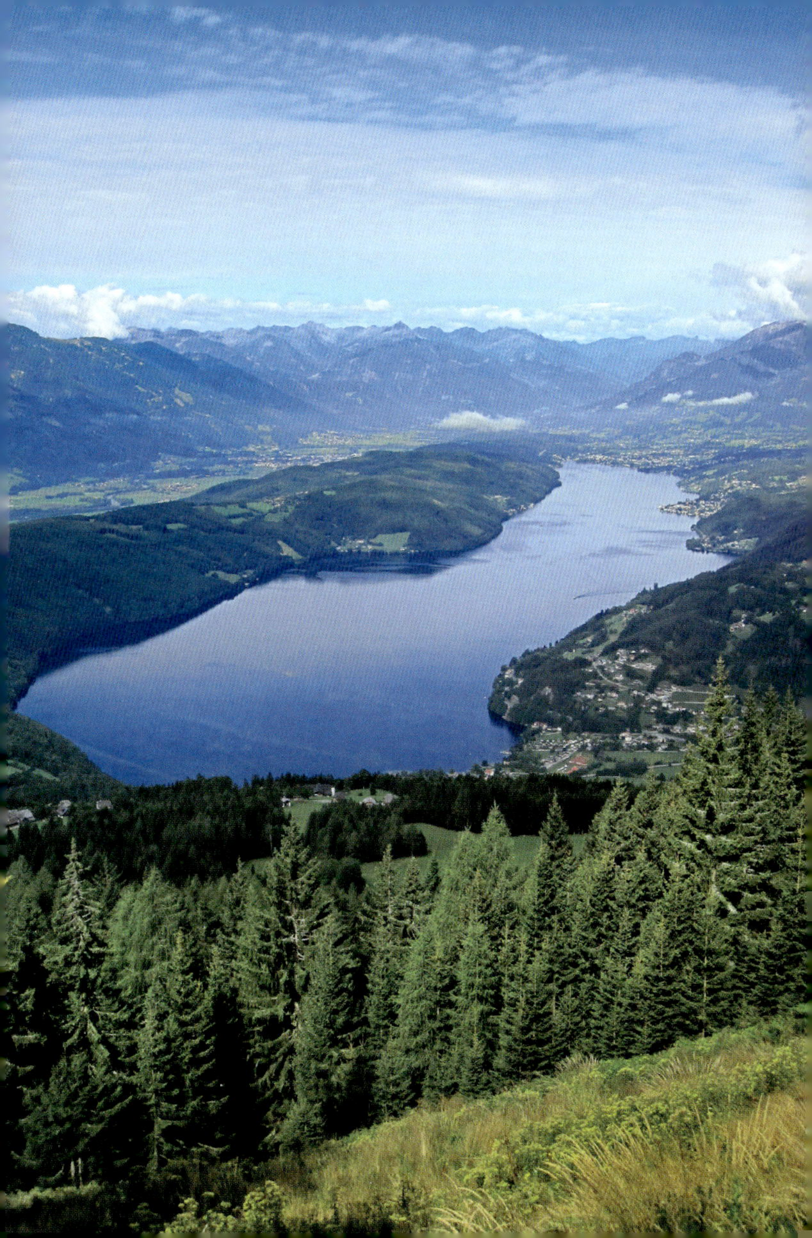

Die meisten Wege im Gebiet sind in sehr gutem Zustand. In den weißen Feldern der überwiegend rot-weiß-roten Markierungen ist manchmal die Wegnummer angegeben. Die Wegweiser sind in den letzten Jahren auf ein neues System umgestellt worden: gelbe Tafeln, auf denen in schwarzer Schrift Ziele, Wegnummern und Gehzeiten angegeben sind; die Schwierigkeiten sind – wie in diesem Führer – durch Punkte in den Farben Blau, Rot und Schwarz angezeigt. Zusätzlich informieren fallweise Schilder oder Aufkleber über den Standort der Wegweiser (Name, Höhe, evtl. Koordinaten).

Wandern mit Kindern

Viele Wanderungen und ganz leichte Bergtouren in diesem Führer sind auch für Kinder gut geeignet. Ein Symbol neben der Hauptüberschrift kennzeichnet Wanderungen, die für Familien oder Gruppen mit Kindern besonders lohnend sind, weil sie Erlebnis- und Spielmöglichkeiten, spannende Wegstrecken oder Einblicke in die Tier- und Pflanzenwelt bieten. In Ausnahmefällen sind auch rot gekennzeichnete Touren als kinderfreundlich eingestuft; dabei ist jedoch zu beachten, dass Kinder an Stellen, die für sie gefährlich werden können, zu sichern sind (z. B. bei Absturzgefahr). Beim Wandern mit Kindern ist auf deren besondere Bedürfnisse zu achten, also ausreichende Pausen für die Erholung, das Essen und Trinken und das Spielen einplanen!

Schwarzseehütte, Streichelzoo (Tour 29).

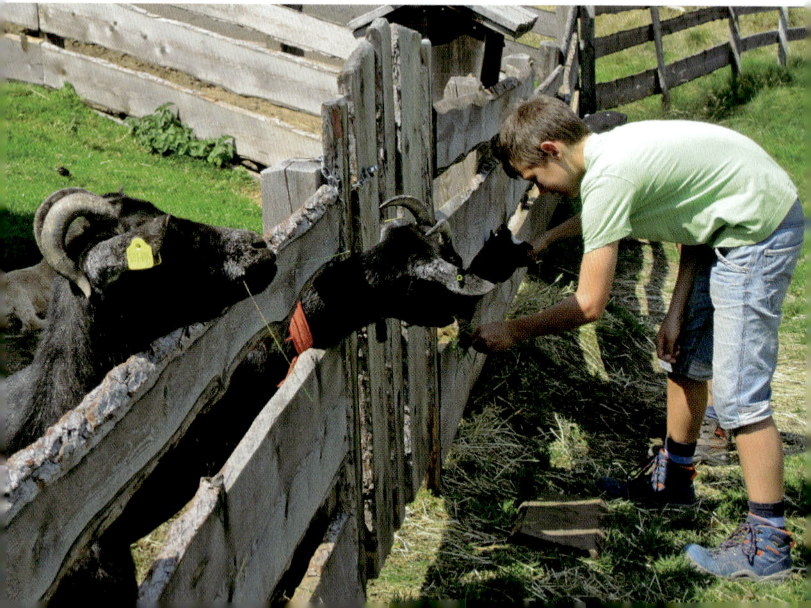

Weitwanderwege

Einige Weitwanderwege durchziehen das im Führer beschriebene Gebiet auf einer längeren Strecke.

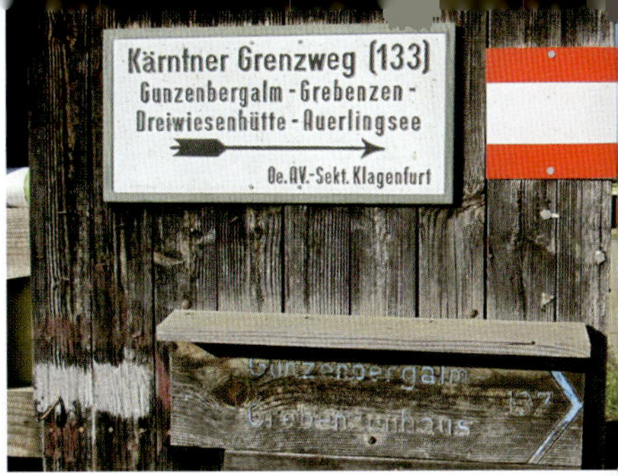

Kärntner Grenzweg.

- **Österreichischer Weitwanderweg 09 (Salzsteigweg):** In den Kärntner Nockbergen führt er von der Flattnitz zur Turracher Höhe, über den Falkert und die Moschelitzen (Rödres Nock) nach Patergassen/Wiedweg, über den Wöllaner Nock nach Arriach und im Westhang der Gerlitzen nach Villach. Für diese wenig schwierige Strecke benötigt man etwa 4–6 Tage. alpenverein.at/weitwanderer/weitwanderwege/salzsteigweg.php.
- **Kärntner Grenzweg:** Dieser streckenweise recht anspruchsvolle Weg umrundet Kärnten entlang seiner Landesgrenze. Für die gesamte Strecke im Bereich des Führers, also von Friesach über die Grebenzen, die Turracher Höhe, Königstuhl, Neue Bonner Hütte, das Pöllatal und die Kattowitzer Hütte zur Osnabrücker Hütte benötigt man insgesamt etwa 10 Tage.
- **Alpe Adria Trail:** In sieben Tagesetappen passiert dieser Weg unser Wandergebiet. Von Seeboden geht es über die Millstätter Alm, Radenthein, Erlacherhaus, Falkerthaus, Falkert, Moschelitzen (Rödres Nock), Bad Kleinkirchheim, Wöllaner Nock, Arriach auf die Gerlitzen. alpe-adria-trail.com.
- **Nockberge-Trail:** Dieser neue, auch online buchbare Weitwanderweg führt vom Katschberg über die Neue Bonner Hütte, die Innerkrems, die Turracher Höhe und den Falkertsee nach Bad Kleinkirchheim. In fünf Etappen, die etwa drei bis sieben Stunden Gehzeit erfordern, erleichtern z. T. Lifte die Aufstiege. Man überschreitet dabei unter anderem den Königstuhl, den Rinsennock und den Falkert. nockberge-trail.com.
- **Weg des Buches:** Dieser Weg folgt den Spuren von Bibelschmugglern und Geheimprotestanten. Seine Teilstrecke im Bereich unseres Wandergebiets beginnt am Königstuhl und führt über die Prießhütte, Patergassen/Wiedweg, den Wöllaner Nock, Arriach, Afritz, Feld am See und den Rindernock nach Fresach. Für die gesamte Wegstrecke benötigt man ungefähr 4–5 Tage. pilgerwege-kaernten.at/home/weg_des_buches.
- **Hemma-Pilgerweg:** Verschiedene Routen führen aus Kärnten, Slowenien und der Steiermark zum Grab der Heiligen Hemma in Gurk. In unserem Wandergebiet treffen wir an verschiedenen Stellen auf die gelben Hinweistafeln: zwischen Millstatt, Bad Kleinkirchheim und Gurk, zwischen der Turracher Höhe und Gurk, im Bereich von Metnitz sowie rund um Friesach, Hüttenberg und Guttaring. pilgerwege-kaernten.at/home/hemmapilgerweg.

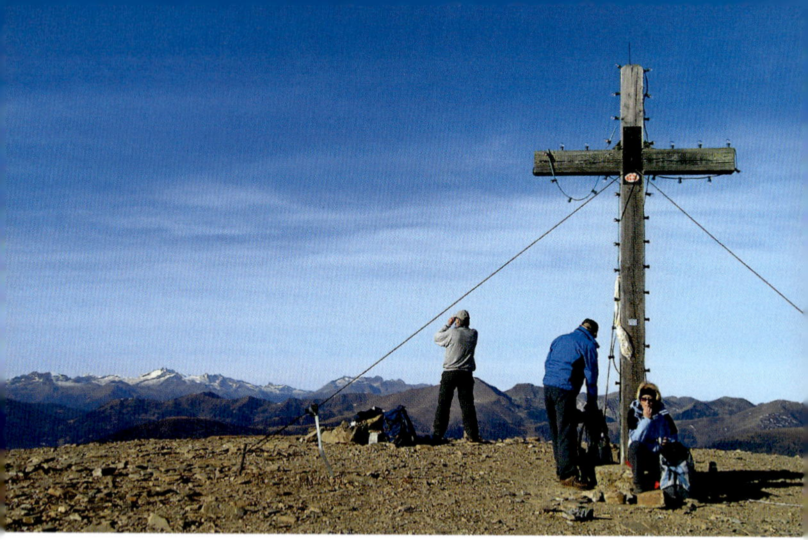

Immer im Blick: die Hochalmspitze, gesehen vom Wöllaner Nock (Tour 35).

Ausrüstung

Auch auf leichten Wanderungen sind festes Schuhwerk mit Profilgummisohle und zweckmäßige Bekleidung, die der Witterung und der Höhenlage angepasst ist, Pflicht. Der Rucksack sollte auf jeden Fall Regenschutz, wetterfeste Kleidung, Mütze, eventuell Handschuhe, Proviant, ausreichend Getränke, Sonnenschutz und Verbandszeug enthalten. Für das Queren von Schneefeldern sind zumindest Wanderstöcke zu empfehlen.

GPS-TRACKS UND KOORDINATEN DER AUSGANGSPUNKTE

Auf **gps.rother.de** stehen zu diesem Wanderführer GPS-Tracks und die Koordinaten der Ausgangspunkte zum kostenlosen Download bereit. Dieser QR-Code führt direkt zum Download.
7. Auflage, Passwort: **451207urm**
Die GPS-Tracks können in die **Rother App** importiert werden. In der App kann man unterwegs stets sehen, wo man gerade ist und wo es langgeht. **Anleitungen dazu: rother.de/gps**
Trotz sorgfältiger Prüfung können wir Fehler und zwischenzeitliche Veränderungen nicht ausschließen. Verlassen Sie sich für die Orientierung niemals einzig und allein auf die GPS-Daten, sondern beurteilen Sie die Verhältnisse vor Ort.

Gefahren

Nahezu alle Vorschläge für Bergtouren und Wanderungen folgen gebahnten und markierten Wegen oder Steigen. Dennoch ist vor allem im hochalpinen Gelände, an abrutschgefährdeten Stellen, bei der Querung steiler Hänge oder harter Altschneefelder und in steinschlaggefährdeten Bereichen besondere Vorsicht geboten. Nässe, Schnee und Vereisung können auch leichte Wanderungen zu schwierigen Touren werden lassen! Nicht zu unterschätzen ist in den Nockbergen die Gewittergefahr im Sommer; die Gipfel und die Rücken oberhalb der Waldgrenze sind bei aufziehendem Gewitter so schnell wie möglich zu verlassen. Von Giftschlangen droht nur geringe Gefahr, da sie lediglich beißen, wenn sie sich bedrängt fühlen. Bei den einzelnen Touren wird ausdrücklich auf mögliche Gefahren hingewiesen.

Obwohl man auf den meisten Touren nur selten allein unterwegs sein wird, sollte man sicherheitshalber bei den Hüttenwirten oder den Quartiergebern das Ziel der Tour, die geplante Route und die voraussichtliche Zeit der Rückkehr hinterlassen.

Die Neue Bonner Hütte (Tour 6).

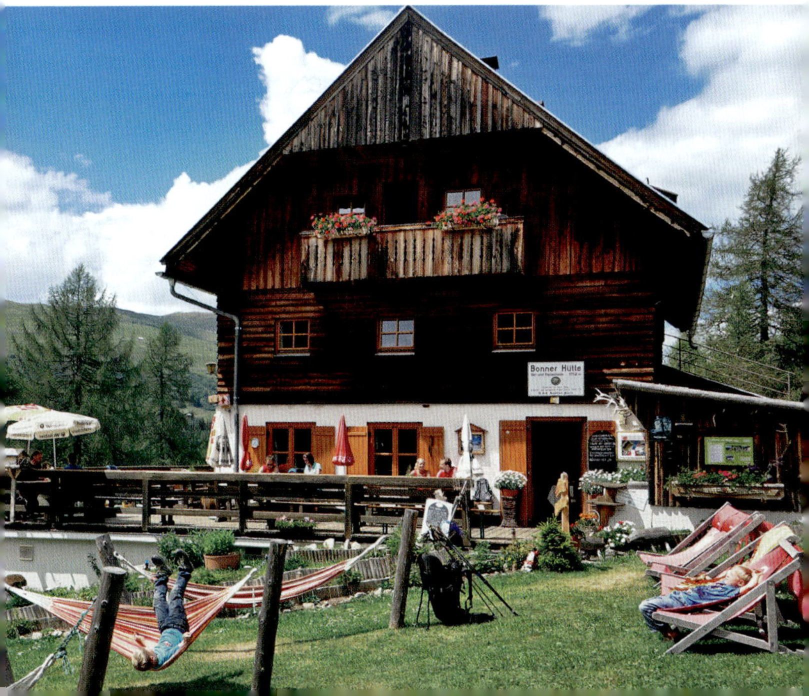

TOURISTISCHE INFORMATIONEN

Reisezeit

Für Wanderungen und Bergtouren in den Nockbergen eignet sich am besten die Zeit von etwa Mitte Mai bis Ende Oktober. Im Bergfrühling, der ja stets etwas später beginnt als jener im Talbereich, lockt auf den südseitig gelegenen, meist bereits schneefreien Hängen die Blumenpracht. Der Sommer ist die ideale Zeit auch für längere Touren; wenn man früh genug aufbricht, hat man nicht mit den in den Nockbergen an den Nachmittagen doch recht häufigen Gewittern zu rechnen. Im Herbst liegt über den Tälern schon oft Hochnebel, während es auf den Bergen strahlend sonnig ist; die klare Luft gewährt dann eine grenzenlose Fernsicht. In den östlichen Gurktaler Alpen sind die Wanderungen im Talbereich und bis in mittlere Höhen während des ganzen Jahres möglich. Das Gebiet ist arm an Niederschlägen und daher sind die Schneehöhen auch sehr gering. In den Hohen Tauern sind die hoch gelegenen Schutzhütten (Gießener Hütte, Osnabrücker Hütte, Kattowitzer Hütte) je nach Schneelage meist von Anfang Juli bis Ende September geöffnet. Das ist auch die günstigste Zeit für Bergtouren in

WICHTIGE TELEFONNUMMERN UND INTERNETADRESSEN

Bergrettung

- Bergrettung Notruf 140
- Europa-Notruf 112
- Notruf Polizei 133
- Notruf Rettung 144

Tourismusinformation Österreich

- Urlaubsservice der Österreich Werbung in Wien: austria.info
- kostenfreie Telefonnummer aus Österreich, Deutschland und aus der Schweiz: 00800 40020000
- Mail-Anfragen aus Österreich und Deutschland an urlaub@austria.info, aus der Schweiz an ferien@austria.info

Tourismusinformation Kärnten

Kärnten Werbung, Völkermarkter Ring 21–23, 9020 Klagenfurt, Österreich, Tel. +43 463 3000, kaernten.at, mit Links zu den regionalen und lokalen Tourismusbüros. E-Mail-Anfragen an info@kaernten.at.

Wetter

- Wetterinformationen für Österreich sind auf der Webseite der Zentralanstalt für Meteorologie und Geodynamik, Wien, und der Wetterdienststelle Innsbruck der Zentralanstalt für Meteorologie und Geodynamik zu finden: zamg.ac.at.
- Alpenvereinswetter für die Nockberge auf alpenverein.at/portal/wetter entweder die Region eingeben oder Klick auf Karte »Niedere Tauern, Nockberge«.
- Telefonische Wetterauskünfte für Kärnten erhält man von 8 bis 16 Uhr von der Regionalstelle für Kärnten der Zentralanstalt für Meteorologie und Geodynamik, Wien, unter Tel. 0900 566 566 7 (max. 3,64 Euro/Min.).

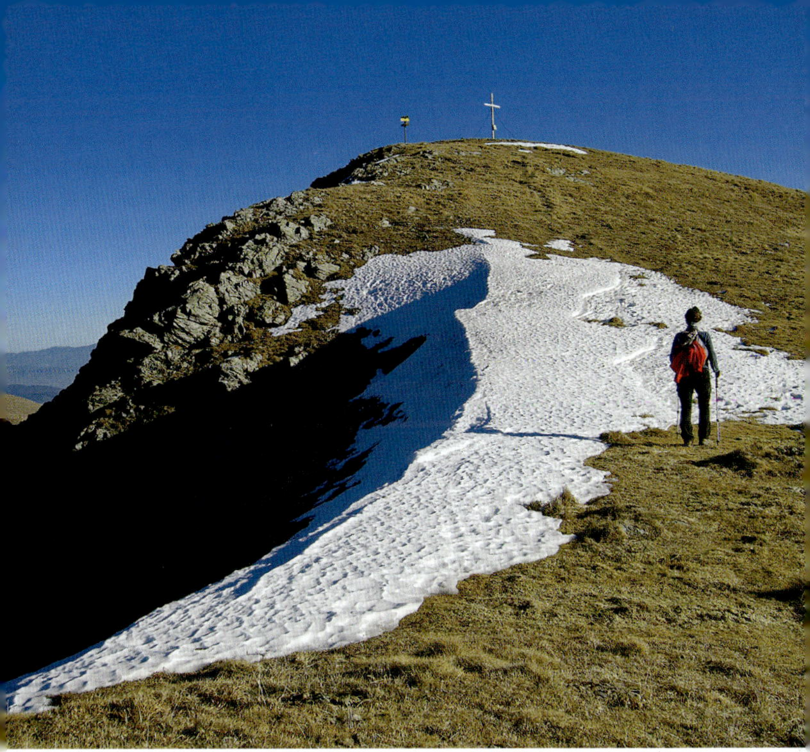

Blauer Himmel und erste Schneeflecken – Spätherbst auf der Bretthöhe (Tour 42).

diesem Gebiet. Etwas früher und auch noch später kann man die Touren zu den niedriger gelegenen Tourenzielen um Rennweg oder im Maltatal unternehmen.

Anreise

- **Mit dem Pkw:** Aus Deutschland, der Schweiz und dem Westen Österreichs fährt man am besten über Salzburg, auf der A 10 Tauern-Autobahn und durch den Katschbergtunnel nach Kärnten. Aus dem Norden Österreichs erreicht man Kärnten entweder auf der A 10 oder auf der A 9 Pyhrn-Autobahn, der S 36 Murtal-Schnellstraße und der B 317 Friesacher Straße. Aus dem Raum Wien bieten sich je nach Zielgebiet die Route über die A 2 Süd-Autobahn, die S 6 Semmering-Schnellstraße und weiter über die S 36 und die B 317 oder alternativ die Strecke auf der A 2 über Graz und die Pack an. Alle oben genannten Autobahnen und Schnellstraßen sind gebührenpflichtig.

- **Mit der Bahn:** Aus Deutschland, der Schweiz und Westösterreich am besten nach Salzburg und mit der Tauernbahn nach Spittal-Millstättersee oder Villach; in den Osten des Tourengebietes von Villach über Feldkirchen oder Klagenfurt. Aus Nord- und Ostösterreich empfiehlt sich eine Anreise über Leoben nach Kärnten. Aus dem Raum Graz mit dem Intercity-Bus der ÖBB (zum Bahntarif) nach Klagenfurt. Informationen über die Fahrpläne erhält man in Österreich unter oebb.at oder über die nationalen Bahnen in Deutschland (bahn.de) und in der Schweiz (sbb.ch).
- **Mit dem Flugzeug:** Die nächstgelegenen Flughäfen sind Klagenfurt, Salzburg und Graz.

Verkehrsinfrastruktur im Gebiet

- **Straßen:** Von den auf Seite 19 erwähnten Routen gelangt man über das nachgeordnete Straßennetz ins Tourengebiet. Alle Talorte und viele Ausgangspunkte sind auf meist gut ausgebauten Bundes- und Landesstraßen erreichbar. Zur Kölnbreinsperre im Maltatal führt die mautpflichtige Malta-Hochalmstraße (geöffnet von Anfang Mai bis Ende Oktober, maltatal.rocks/malta-hochalmstrasse). Mehrere Ziele erschließt die ebenfalls mautpflichtige Nockalmstraße, die von Anfang Mai bis Ende Oktober geöffnet ist. Sowohl die Malta-Hochalmstraße als auch die Nockalmstraße können mit der Kärnten Card gratis benutzt werden. Einige Bergstraßen

Die Nockalmstraße zwischen Grundalm und Schiestelscharte.

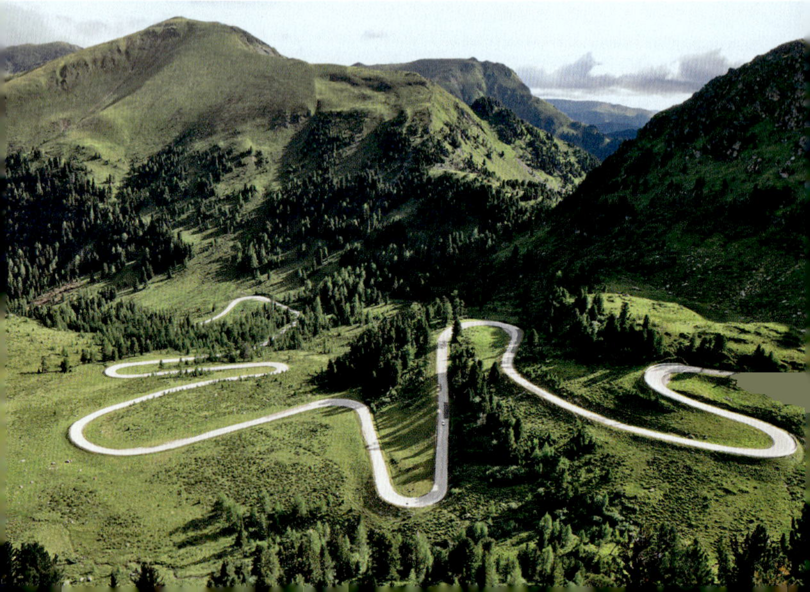

sind ebenfalls privat und mautpflichtig. Zu manchen Ausgangspunkten führen zum Teil recht schmale, steile und schwer befahrbare Nebenstraßen, Alm- oder Güterwege. Unbedingt zu beachten sind die gekennzeichneten Fahrverbote, insbesondere auf Forststraßen!

- **Nockalmstraße:** In den Jahren 1970 bis 1981 wurde eine Straße durch die Nockberge geplant und gebaut, die nicht nur das Gebiet erschließen, sondern auch als Zufahrt zu einigen in einem Entwicklungsprogramm des Landes Kärnten vorgesehenen touristischen Einrichtungen dienen sollte. Die im Kapitel »Biosphärenpark Nockberge« auf Seite 34 geschilderten Ereignisse führten dazu, dass von den großen Plänen nur die Nockalmstraße übrig blieb. Sie wurde ursprünglich als »Almaufschließungsweg« finanziert, später aber vom Land Kärnten übernommen und von diesem zur Geschäftsführung an die Großglockner Hochalpenstraßen AG übertragen. Als 7 m breite, durchwegs asphaltierte Straße verbindet sie Innerkrems mit der B 95 Turracher Straße nördlich von Ebene Reichenau. Auf 34 km Länge und mit 52 Kehren führt sie durch den Nordosten des Biosphärenparks Nockberge. Ihren mit 2042 m höchsten Punkt erreicht sie auf der Eisentalhöhe; die Schiestelscharte ist mit 2024 m nur wenig niedriger. Entlang der Straße gibt es zahlreiche Erlebnis- und Einkehrmöglichkeiten, und elf der in diesem Führer beschriebenen Wanderungen sind von der Nockalmstraße aus zu unternehmen. Daneben gibt es natürlich noch viele andere Möglichkeiten für kürzere oder längere Ausflüge in die Umgebung. Besonders hinweisen möchten wir auf einige Einrichtungen, die über Besonderheiten der Region informieren und dadurch das Naturerlebnis ergänzen: das Biosphärenpark-Zentrum Nockalmhof (Ausgangspunkt unserer Wanderung auf die Hohe Pressing, Tour 13), die Aussichtsplattform auf der Eisentalhöhe (Ausgangspunkt Tour 14 – Königstuhl von der Eisentalhöhe), den Erlebnisraum »Silva Magica« bei der Grundalm (Ausgangspunkt Tour 12 – Pfannnock von der Grundalm), die naturkundliche Ausstellung in der Glockenhütte auf der Schiestelscharte (Ausgangspunkt Touren 16 – Klomnock und 17 – Schiestelnock) sowie den Naturlehrweg Windebensee und den Weg der Elemente (Tour 18). Weitere Informationen: nockalmstrasse.at
- **Eisenbahn:** Die Bahnstrecken führen mit Ausnahme der Südbahn zwischen St. Veit an der Glan und Neumarkt in der Steiermark in einem großen Bogen um das Gebiet des Führers herum. Lediglich die Bahnhöfe Friesach und Treibach-Althofen kommen auch als Ausgangspunkte für die Touren 51 (Stadtspaziergang Friesach) und 52 (Althofen – Scheurerkreuz) infrage. An der Strecke Villach–Feldkirchen–St. Veit an der Glan liegt die nur wenige Kilometer von Villach entfernte Haltestelle Annenheim günstig für die Tour 30 (Hüttersteig – Kanzel).
- **Autobus, Gelegenheitsverkehr und Anrufsammeltaxi:** Von den Bahnhöfen Spittal-Millstättersee, Villach Hbf., Klagenfurt Hbf., Feldkirchen in Kärnten, St. Veit an der Glan, Treibach-Althofen und Friesach fahren Linienbus-

se in das in diesem Buch vorgestellte Wandergebiet. Die wichtigsten Buslinien verkehren von Spittal an der Drau ins Lieser- und Maltatal, zum Millstätter See und über Radenthein nach Bad Kleinkirchheim sowie von Radenthein durch das Gegendtal nach Villach. Von Klagenfurt verkehren Busse nach Feldkirchen (mit Anschluss nach Ebene Reichenau) sowie nach St. Veit an der Glan (mit Anschluss nach Friesach). Weiters kommt man von Klagenfurt (über Brückl mit Umstieg in Mösel) und von Treibach-Althofen über Guttaring nach Hüttenberg. Von Treibach-Althofen fahren Busse ins Gurktal und von Friesach ins Metnitztal. Die Fahrpläne der Linien in die Seitentäler sind zumeist abgestimmt auf den Schüler- und Berufspendlerverkehr, also am Morgen talaus, am Nachmittag talein. Hinweis: Auf manchen Strecken ist das Fahrplanangebot in den Schulferien eingeschränkt. Auskünfte erhält man unter oebb.at, postbus.at oder kaerntner-linien.at.
Neben den Linienbussen gibt es auch Wander- und Ausflugsbusse, auf die wir bei den einzelnen Touren gesondert hinweisen; das Angebot ändert sich von Jahr zu Jahr. Details findet man unter kaerntner-linien.at.
In den im Tourengebiet gelegenen Gemeinden Afritz (9542), Albeck (9571), Deutsch-Griffen (9572), Feld am See (9544), Ferndorf (9702), Fresach (9712), Glödnitz (9346), Gurk (9342), Metnitz (9363), Radenthein (9545), Strassburg (9341), Treffen am Ossiacher See (9521) und Weitensfeld im Gurktal (9344) gibt es als Ergänzung zum öffentlichen Verkehr das GO-MOBIL, ein preisgünstiges Anruf-Taxi, das Mo–Fr 8–24 Uhr, Sa 9–24 Uhr und So 9–22 Uhr in Betrieb ist. Erreichbar ist es unter der Tel. +43 664 603 603 plus die oben in Klammern angeführte Postleitzahl der Gemeinde. Für Albeck lautet die Nummer also +43 664 603 603 9571. Weitere Infos: gomobil.at.
Von den Bahnhöfen Spittal-Millstättersee, Villach Hbf., Klagenfurt Hbf, St. Veit an der Glan, Treibach-Althofen und Friesach fährt der »Bahnhof-Shuttle Kärnten« zu günstigen Preisen viele Ausflugsziele an; Auskünfte: bahnhofshuttlekaernten.at.
Seit 2019 gibt es in den Kärntner Nockbergen mit dem »Nockmobil« ein preiswertes und sehr flexibles Anrufsammeltaxi, das in den Gemeinden Reichenau, Gnesau, Bad Kleinkirchheim, Feld am See, Radenthein, Millstatt am See und Spittal an der Drau rund 600 Punkte bedient, an denen die Fahrgäste abgeholt oder zu denen sie gebracht werden können. Einzelheiten siehe unter nockmobil.at. Für die Tour 30 interessant ist das Sammeltaxi LILA (Link the lakes), das im Raum Villach-Ossiacher See verkehrt; connect.visitvillach.at/de/lila-mobil.html.

- **Bergbahnen:** In Bad Kleinkirchheim und im benachbarten St. Oswald gibt es zwei Seilbahnen, die uns einige Wanderungen erleichtern: Die Kaiserburgbahn bringt uns zum Ausgangspunkt für die Tour auf den Kolmnock (Tour 38), und die Bergstation der Biosphärenparkbahn Brunnach ermöglicht uns eine kurze, bequeme Wanderung auf den Mallnock (Tour 31). Weiters ist sie Ausgangspunkt für die etwas längere und anspruchsvollere Wanderung auf den Pfannnock (Tour 37). Die Kanzelbahn in Annenheim kann nach dem steilen Aufstieg auf dem Hüttersteig zur Kanzel (Tour 30) als Alternative für die Rückkehr ins Tal genutzt werden. Schließlich bieten die Kornockbahn und die Panoramabahn auf der Turracher Höhe Gelegenheit, einen Teil des Auf- oder Abstiegs auf den Rinsennock (Tour 39) oder den Kornock (Tour 40) ohne Mühen zurückzulegen. Der Lift von der Innerkrems zur Blutigen Alm (Tour 10 – Gaipahöhe) ist derzeit nicht in Betrieb. Fast alle genannten Bergbahnen können mit der Kärnten Card gratis benutzt werden. Weitere Auskünfte: kaernten.at/sommerbergbahnen.

Unterkünfte

Von der hoch gelegenen alpinen Schutzhütte bis zum Luxushotel in Bad Kleinkirchheim findet man in unserem Wandergebiet alle Arten von Unterkünften. Während die Schutzhütten überwiegend für die Übernachtung auf längeren Touren infrage kommen, bieten sich die Hotels, Apartments, Pensionen und Gasthöfe als Stützpunkte für mehrtägige Aufenthalte an. Diese Unterkünfte gibt es nicht nur im Talbereich, sondern auch in höheren Lagen, z. B. auf der Katschberghöhe, auf der Turracher Höhe, am Falkertsee oder auf der Flattnitz.

In den Hohen Tauern liegen vier Schutzhütten des Deutschen oder Österreichischen Alpenvereins, die wir auf unseren Wanderungen besuchen (Gießener, Osnabrücker und Kattowitzer Hütte sowie die Frido-Kordon-Hütte am Stubeck); die Gmünder Hütte im Maltatal ist ein AV-Vertragshaus. In den westlichsten Nockbergen gibt es mit der Neuen Bonner Hütte und

Die Prießhütte ist über 300 Jahre alt (Touren 20 bis 23).

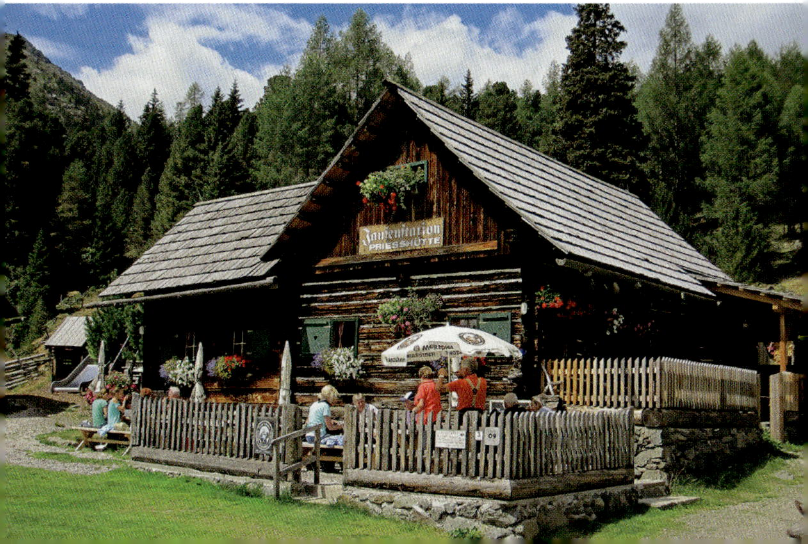

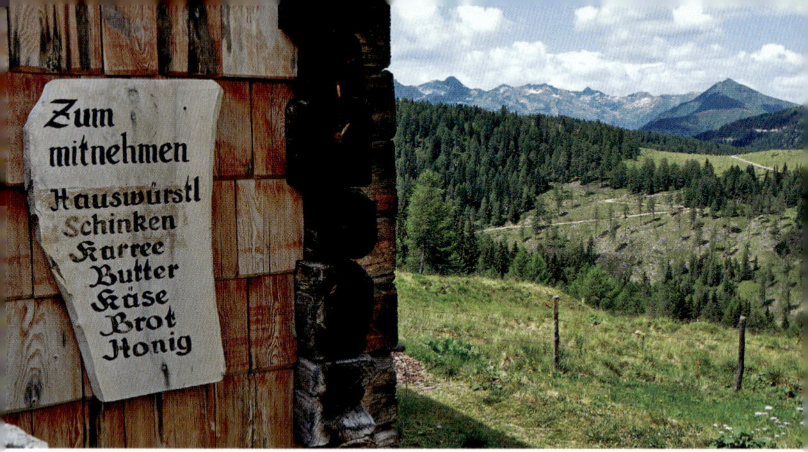

Die Laußnitzerhütte (Tour 6) bietet Almspezialitäten aus eigener Erzeugung an.

der Dr.-Josef-Mehrl-Hütte ebenfalls zwei AV-Hütten. Beachte: Auf den AV-Hütten ist ein Hüttenschlafsack obligatorisch! Eine lange Tradition haben in den Nockbergen private Berggasthöfe oder Schutzhütten wie etwa das Falkerthaus, das Erlacherhaus und die Geigerhütte. An der Nockalmstraße bieten einige Almhütten auch die Möglichkeit zur Übernachtung an. Auskünfte über die AV-Hütten erhält man unter alpenverein.at, über sonstige Unterkünfte am besten auf kaernten.at/unterkunft-buchen.

Einkaufen

In den größeren Orten und in den Tourismuszentren haben die Geschäfte Mo. bis Sa. etwa 8–18 Uhr geöffnet, Supermärkte am Morgen manchmal etwas früher und am Abend auch länger. In kleineren Orten muss man mit einer Mittagspause rechnen (meist zwischen 12 und 14 Uhr). Während der Sommersaison dürfen Geschäfte in den wichtigeren touristischen Orten auch an Sonn- und Feiertagen öffnen.
Als Mitbringsel aus dem Nockgebiet kann man Naturkosmetika empfehlen (z. B. Cremes und andere Pflegeprodukte aus Speik und Arnika, Speikseifen), aber auch Honig, Schnäpse, luftgetrockneten Speck, harte Würste, Fisch (Saibling), Produkte aus Zirben (Duftsäckchen, Polster) oder Almheu, außerdem Schmucksteine, Brot oder als Süßspeise einen Reindling.

Essen

Viele Speisen, die man in Landgasthäusern, Berggasthöfen oder auf Schutzhütten erhält, haben ihren Ursprung in der bäuerlichen Kärntner Küche. Die über viele Jahrhunderte hinweg meist recht armen Bauern aßen das, was Hof, Garten und Acker je nach Jahreszeit hergaben, also vor allem Gerichte aus Getreide, Milch und Milchprodukten, Obst, Gemüse und – selten – auch

Fleisch. Diese Umstände erklären u. a. die Vielfalt der Kärntner Nudeln: Teigtaschen, die mit Kas (= Käse, Quark, Topfen), Selchfleisch oder auch Kletzen (= Dörrbirnen) gefüllt sind. Die herrschaftliche und auch die bürgerliche Küche waren etwas reichhaltiger; hier standen Wild-, Fisch- und besondere Fleischgerichte auf dem Speiseplan. Alle erwähnten Gerichte sind im Laufe der Zeit verfeinert oder abgewandelt worden. Daher fällt die Wahl aus der mehr oder weniger reichhaltigen Speisekarte oft recht schwer.

Als Vorspeisen oder auch zur Jause erhält man Würste, Schinken oder Käse. Suppen werden häufig auch als Eintopf serviert. Als Nachspeisen wählt man gerne eine der vielen verschiedenen Mehlspeisen, z. B. Strudel verschiedener Arten oder einen Reindling (in einer Rein – also einem größeren, flachen Kochtopf – gebackener, gefüllter Germ-, also Hefeteig). Beliebte heimische Getränke sind Bier, Most und zunehmend auch Säfte, aber auch frisches Quellwasser schmeckt hervorragend; und nach einem üppigen Essen kann ein Stamperl (Zirben-)Schnaps nicht schaden.

Sehr gut und preiswert isst man nach unserer Erfahrung in den Schutzhüten und Berggasthäusern.

Telefonieren

Für Telefonate nach Österreich wählt man die Landeskennzahl 0043 und dann die Orts- oder Mobilvorwahl ohne die Null. Für Telefonate aus Österreich nach Deutschland wählt man die Landeskennzahl 0049, in die Schweiz 0041, gefolgt von der Orts- oder Mobilnetz-Kennzahl ohne die Anfangsnull.

Es ist jedoch darauf hinzuweisen, dass ein Handy-Empfang in den abgelegenen Teilen der Gebirge nicht oder nur sehr eingeschränkt möglich ist.

Kärnten Card und weitere Gästekarten

Die Kärnten Card, die es mit unterschiedlicher Geltungsdauer sowohl für Einheimische als auch für Gäste gibt, gewährt freien Eintritt zu rund 100 Ausflugszielen wie Bergbahnen, Bergstraßen, Museen oder Bädern. Zahlreiche Partner geben Ermäßigungen auf Eintritte oder Sachleistungen. Weitere Auskünfte unter kaerntencard.at.

Daneben gibt es regionale Karten wie die Regionscard Bad Kleinkirchheim, die Millstätter See Inclusive Card oder die Region Villach Card, die bestimmte Vergünstigungen bieten.

In vielen Beherbergungsbetrieben erhalten Gäste die erwähnten Karten ab einer bestimmten Aufenthaltsdauer gratis.

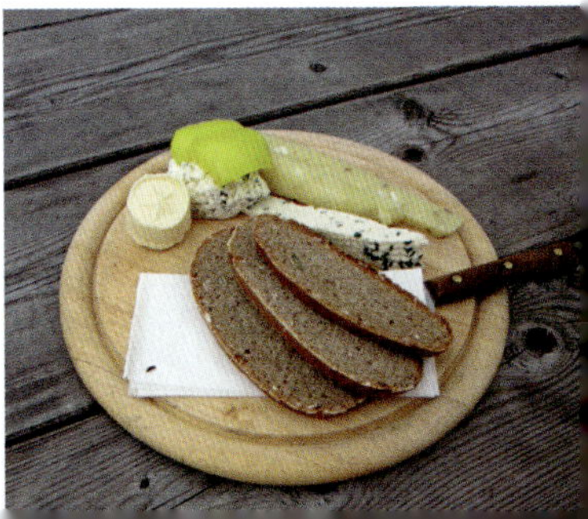

Gute Brettljausen unterschiedlicher Art gibt es auf jeder Hütte.

LITERATUR UND KARTEN

Reiseführer und Landeskunden

Viele Verlage haben Reiseführer für Kärnten in ihrem Programm. Es ist daher kaum möglich, eine Empfehlung abzugeben. Alle Reiseführer behandeln unser Tourengebiet mehr oder weniger ausführlich.
Als wertvolle Landeskunde ist zu nennen: »Kärnten – Natur. Die Vielfalt eines Landes im Süden Österreichs«, Verlag des Naturwissenschaftlichen Vereins für Kärnten, Klagenfurt, 3. Auflage, 2006.

Spezialführer, ergänzende Führer

- »Die Nockberge. Ein Naturführer – Nationalpark Nockberge«, Verlag des Naturwissenschaftlichen Vereins für Kärnten, Klagenfurt, 3. Aufl., 2012.
- Astrid Christ/Martin Marktl: »Alpe Adria Trail«, Wanderführer, Rother Bergverlag, München, 5. Aufl., 2023.
- Alexandra Kimmer/Helmut Lang/Roswitha Ortner: »Nockalmstraße«, Wanderbuch, Rother Bergverlag, München, 1. Aufl., 2019.
- Helmut Lang/Günter Lehofer: »Kärntner Seen«, Wanderführer, Rother Bergverlag, München, 9. Aufl., 2021.
- Helmut Lang/Alexandra Kimmer/Gerhard Baumhackl: »Alm- und Hüttenwanderungen Kärnten«, Wanderbuch, Rother Bergverlag, München, 2. Aufl., 2020.
- Martin Marktl/Astrid Christ: »Wochenendtouren Österreich Süd – Kärnten und Steiermark«, Wanderbuch, Rother Bergverlag, München, 1. Aufl., 2015.
- Gerhard Schaar: »Kletterführer Maltatal«, Panico Alpinverlag, Köngen, 2. Aufl., 2019.
- Evamaria Wecker: »Kärnten«, Wanderbuch, Rother Bergverlag, München, 3. Aufl., 2019.

Eine spannende Geschichte über das Werden des Biosphärenparks Nockberge bietet der von Herwig Gräbner verfasste Band »Die Kärntner Nockberge – Vom Ringen um ein Schutzgebiet (1980) bis zum Biosphärenpark (2013)«. Fachbeiträge des Österreichischen Alpenvereins, Serie Alpine Raumordnung Nr. 39. Innsbruck, 2014.

Wanderkarten, topografische Karten

Nachfolgende Blätter helfen bei der genaueren Orientierung; auf sie wird bei den einzelnen Touren im Steckbrief hingewiesen.

- f&b (Freytag & Berndt-Wanderkarten) 1:50.000: 191 (Gasteinertal, Wagrain, Raurisertal, Großarltal), 202 (Radstädter Tauern. Katschberg, Lungau), 221 (Liesertal, Maltatal, Millstätter See, Spittal a.d. Drau, Nockalmstraße), 222 (Bad Kleinkirchheim, Biosphärenpark Nockberge, Millstätter See, Turracher Höhe, Radenthein), 224 (Faaker See, Ossiacher See, Villach, Dreiländereck, Unteres Gailtal), 225 (Mölltal, Kreuzeckgruppe, Drautal), 231 (Mittelkärnten, Gurktaler Alpen, Friesach, Feldkirchen, St. Veit an der Glan),

233 (Wörthersee, Ossiacher See, Faaker See, Karawanken, Klagenfurt am Wörthersee, Villach, Jesenice).

- K (Kompass-Wanderkarten) 1:50.000: 49 (Nationalpark Hohe Tauern Süd, Mallnitz, Obervellach, Maltatal, Mölltal), 50 (Nationalpark Hohe Tauern), 61 (Wörthersee, Karawanken West), 63 (Millstätter See, Nockgebiet), 66 (Biosphärenpark Kärntner Nockberge, Liesertal), 218 Panoramaweg Südalpen (Friesach, Treibach-Althofen, Hüttenberg), 294 (Klagenfurt und Umgebung). – 1:40.000: 67 (Lungau, Radstädter Tauern, Maltatal). – 1:25.000: 62 (Ossiacher See, Feldkirchen in Kärnten), 063 (Bad Kleinkirchheim, Biosphärenpark Kärntner Nockberge), 065 (Villacher Alpe, Unterdrautal), 066 (Millstätter See).
- AV (Alpenvereinskarte) 1:25.000: 44 (Hochalmspitze-Ankogel).
- ÖK (Österreichische Karte des Bundesamtes für Eich- und Vermessungswesen, mit Straßenaufdruck und Wegmarkierungen) 1:50.000: 3104 (Obervellach), 3105 (Millstatt), 3106 (Radenthein), 3112 (Villach), 3228 (Bad Hofgastein), 3229 (St. Michael im Lungau), 3230 (Tamsweg), 4101 (Gurk), 4102 (Althofen), 4225 (Murau), 4226 (Judenburg). Weil es von all diesen Blättern auch wesentlich besser lesbare Vergrößerungen gibt, jeweils geteilt in ein doppelseitig bedrucktes West- (= W) und Ostblatt (= O), weisen wir im Steckbrief nur auf diese Karten hin: 3104-O (Obervellach), 3105-W (Reißeck), 3105-O (Millstatt), 3106-W (Bad Kleinkirchheim), 3106-O (Turracherhöhe), 3112-W (Feld am See), 3112-O (Villach), 3228-O (Hochalmspitze), 3229-W (Muhr), 3229-O (Sankt Michael im Lungau), 3230-W (Tamsweg), 4101-W (Flattnitz), 4101-O (Gurk), 4102-W (Althofen), 4102-O (Saualpe), 4226-W (Neumarkt in Steiermark), 4226-O (Judenburg).

Sehr übersichtlich ist das Blatt 18 (Nationalpark Nockberge) der Outdoor-Karten Österreich 1:35.000 von Kümmerly + Frey. Außerdem gibt es lokale Wanderkarten von einzelnen Gemeinden oder Tourismusverbänden.

Am genauesten sind die AV-Karte und die ÖK, am aktuellsten hingegen diejenigen von f&b und K. Die meisten der Karten sind im guten Fachhandel in Österreich, Deutschland und der Schweiz erhältlich, ebenso in den Buchhandlungen sowie in größeren Sportgeschäften in Klagenfurt und Villach. Vor Ort bekommt man am ehesten die Karten von f&b und K.

Zwischen den Karten der einzelnen Verlage gibt es sowohl (geringe) Unterschiede in den Höhenangaben als auch in den geografischen Bezeichnungen. In diesem Führer verwenden wir soweit möglich die Daten der Karten von f&b, welche auch als Grundlage für die Tourenkärtchen dienen.

Übersichtskarten

Alle namhaften Verlage bieten Straßenkarten im Maßstab 1:200.000 oder größer an, die gut als Übersichtskarten verwendet werden können; die sehr detaillierten Freytag & Berndt-Autokarten »Kärnten« (1:150.000) sowie »Kärnten-Osttirol« und »Kärnten-Nördliche Adria«, beide im Maßstab 1:200.000, stellen die Weitwanderwege dar und enthalten auch ein Ortsregister.

ZUR REGION

Abgrenzung, Landschaften

Das in diesem Führer behandelte Gebiet erstreckt sich vorwiegend auf den Kärntner Anteil der Gurktaler Alpen. Darüber hinaus beschreiben wir Wanderungen und Bergtouren in den östlichsten Hohen Tauern und in der Norischen Region, also im Bereich um Hüttenberg, Althofen und Guttaring. Die Gurktaler Alpen werden im Westen durch Lieser- und Drautal, im Süden durch das Klagenfurter Becken, im Osten durch das Krappfeld und den Neumarkter Sattel und im Norden durch das Murtal begrenzt. Der Großteil dieser Gebirgsgruppe liegt also in Kärnten, kleine Teile auch in der Steiermark und im Land Salzburg. Als Nockberge bezeichnet man die Hohen Gurktaler Alpen, die vom Katschberg bis zur Flattnitz reichen. Östlich davon erstrecken sich die Niederen Gurktaler Alpen.
Im Westen schließen jenseits des Katschbergpasses die Hohen Tauern an. In unseren Führer haben wir Ziele in der Ankogelgruppe aufgenommen, zu der auch die Reißeckgruppe und die Hafnergruppe als kleinere Einheiten zählen. Das Gebiet im Osten der Gurktaler Alpen wird auch als Norische Region bezeichnet. Für unseren Führer bildet das Görtschitztal die östliche Grenze.

Orte, Geschichte

Im vorgestellten Wandergebiet gibt es nur drei Gemeinden, die mehr als 5000 Einwohner zählen: Radenthein und Seeboden im Westen und Friesach im Osten. Alle anderen Gemeinden sind zum Teil sogar wesentlich kleiner; die großen Orte und Städte liegen außerhalb der Gurktaler Alpen. Bedeutend ist hingegen der Tourismus: Bad Kleinkirchheim als wichtigstes Zentrum ist weit über Kärnten hinaus bekannt. Auch die Turracher Höhe und die Katschberghöhe werden gerne und viel besucht. Kulturell bedeutend sind Gurk als Wallfahrtsort, Friesach und Gmünd als Beispiele für sehr gut erhaltene mittelalterliche Städte. Althofen besitzt ein großes Kurzentrum, und Hüttenberg versucht, sich nach dem Niedergang des Bergbaus als Heimatort des Forschers Heinrich Harrer und mit dessen Verbindungen zu Tibet neu zu definieren.
Die Geschichte der Gurktaler Alpen und der östlich anschließenden Norischen Region ist für die letzten rund 2000 Jahre in mehrfacher Hinsicht bemerkenswert: Zur Zeit der römischen Herrschaft querten zwei wichtige Straßen aus dem Süden die Alpen, nämlich von Teurnia (nahe Spittal an der Drau) durch das Liesertal und weiter nach Juvavum (Salzburg) und von Virunum (nahe Klagenfurt) über den Neumarkter Sattel nach Ovilava (Wels). Vor allem entlang der zuletzt genannten Straße entstanden bereits damals einzelne Siedlungen. Das Gebiet zwischen den erwähnten Routen blieb jedoch etwa bis zum Jahr 1000 n. Chr. eine wilde, kaum besiedelte Gegend. Dann versuchten weltliche und geistliche Grundherren, ihre Herrschafts-

bereiche zu festigen, indem sie Bauern das waldreiche Bergland durch Rodungen kolonisieren ließen. Damals entstand die »Kulturlandschaft«, die wir noch heute in weiten Teilen der Gurktaler Alpen antreffen. Bereits in der Römerzeit bekannt und bedeutend waren die Erzvorkommen im Raum Hüttenberg, aus denen das besonders harte und gut schärfbare Norische Eisen gewonnen wurde.

Sprache, Tradition

In den Gurktaler Alpen und in ihrer Umgebung wird ausnahmslos Deutsch gesprochen. Allerdings sind die Dialekte oft von Tal zu Tal verschieden.
An Traditionen halten sich viele kirchliche Feste, zum Beispiel Wallfahrten zu bestimmten Kirchen oder Anlässen. Auch die Kirchtage werden nach wie vor gefeiert, sei es im Tal oder auf der Alm. Besondere Bräuche finden wir in Weitensfeld (Kranzlreiten), in Hüttenberg (Reiftanz) oder in den Nockbergen (Preisringen).

Mittelalterliche Stadt Friesach: der Hauptplatz (Tour 51).

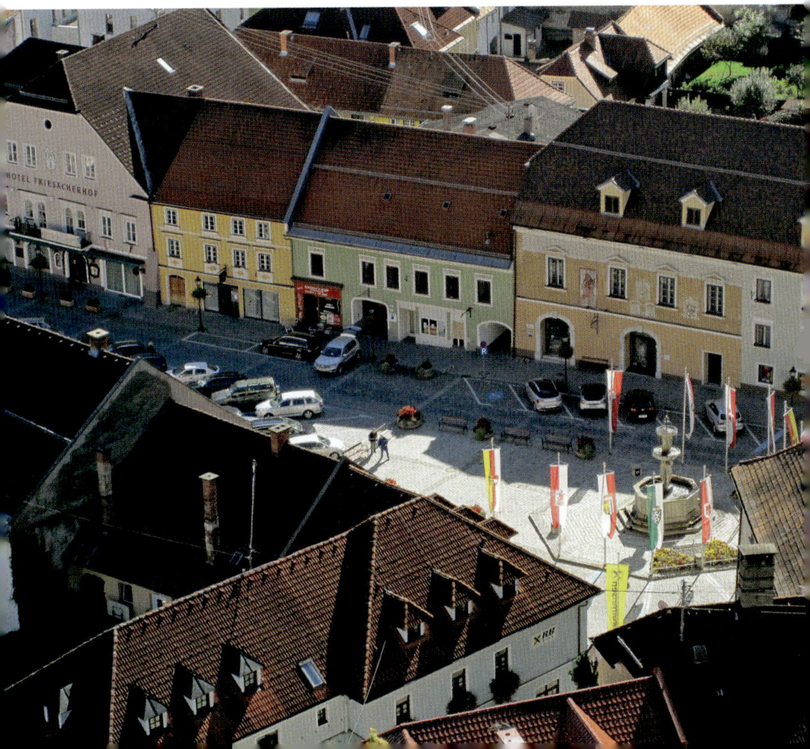

Geologie und Landschaftsgeschichte

Im Kern der Ankogelgruppe herrscht Zentralgneis vor, der am Rand von einer Schieferhülle umgeben wird (»Tauernfenster«). Zwischen der Ankogelgruppe und den Nockbergen findet man die Phyllite (metamorphe Gesteine mit schiefrigem Gefüge) der Katschbergzone. Die Nockberge bestehen westlich der Linie Innerkrems–St. Oswald größtenteils aus Altkristallin (vorwiegend Glimmerschiefer und Paragneise); eingelagert sind einige Orthogneisköper. Von der Innerkrems bis Bad Kleinkirchheim schieben sich zwischen das Altkristallin im Westen und die Gurktaler Decke im Osten mehrere schmale geologische Einheiten, die zur Pfannnock-Einheit zusammengefasst werden: Es ist dies zunächst das bis zu drei Kilometer breite Band der Stangalm-Trias; auf diese Sedimente treffen wir auch im Bereich der Flattnitz. An mehreren Stellen lagern sich an die Stangalm-Trias schmale Phyllonit-Zonen an. Es folgen Dolomite und Kalke, Sandsteine und Konglomerate und schließlich am Pfannnock selbst der Pfannnock-Orthogneis. Vom Königstuhl bis zur Turracher Höhe bilden Konglomerate, Sandsteine und Schiefer aus dem Ober-Karbon bis zum Perm das Gebirge. Der flächenmäßig mächtige Großteil der Gurktaler Decke besteht aus Phylliten, Grünschiefern und Karbonatgesteinszügen aus dem Altpaläozoikum. Im Raum um Friesach treffen wir dann wieder auf das Altkristallin, das sich nach Osten über die Saualm bis zur Koralm fortsetzt. Zwischen dem Krappfeld und dem Görtschitztal sind die Gesteine der »Krappfeld-Gosau« zu erwähnen; sie werden aus Sedimenten gebildet, die sowohl in der Tiefsee als auch in flachen Meeren entstanden sind.

Die heutige Landschaft der Hohen Tauern und der westlichen Gurktaler Alpen ist überwiegend durch den Einfluss der letzten Eiszeit geprägt. Mächtige Gletscher schoben sich damals von den Gebirgen bis weit in das Klagenfurter Becken vor. Die Höhe der Eisoberfläche nahm dabei von West nach Ost ab; lag sie bei Spittal an der Drau noch auf etwa 1700 m und bei Klagenfurt auf etwa 1100 m, so endete der Gletscher am südwestlichen Rand des Krappfelds (zwischen St. Veit an der Glan und Althofen) und im Raum Völkermarkt/Griffen. Bemerkenswert ist, dass das Gurktal ab der Engen Gurk (nördlich von Feldkirchen in Kärnten) mit seinen Höhenzügen zu beiden Seiten eisfrei war; dies ist auf die geringere Menge an Niederschlägen und die abnehmenden Geländehöhen im Osten des Landes zurückzuführen. Ein kleinerer Gletscher reichte von der Flattnitz etwa bis Glödnitz, also fast bis in das Gurktal. Und auch

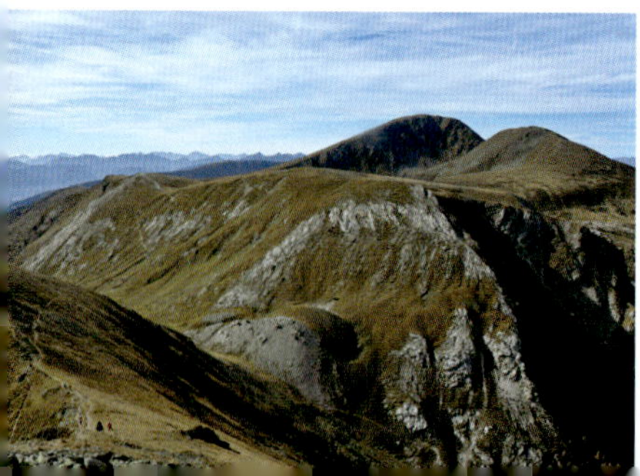

Auch in den Nockbergen gibt es steile, felsige Hänge.

Der Umwelt zuliebe ...

Auch beim Wandern hinterlassen wir einen ökologischen Fußabdruck, aber im Einklang mit der Natur unterwegs zu sein, ist gar nicht so schwer!

VORBEREITUNG UND ANFAHRT

- Sich vorab informieren, worauf in Bezug auf Natur und Umwelt in der jeweiligen Wanderregion besonders zu achten ist.
- Soweit möglich mit Bahn und Bus anreisen, Wander- und Rufbusse nutzen.
- Ist eine Anfahrt mit dem Auto nötig, Fahrgemeinschaften bilden.
- Bei weiten Anfahrten Mehrtagestouren planen oder von einem Quartier vor Ort aus mehrere Touren absolvieren.
- Flugreisen möglichst reduzieren und durch Beiträge zu Klimaschutzprojekten kompensieren.

KLEIDUNG UND AUSRÜSTUNG

- Beim Kauf von Outdoor-Kleidung auf umweltfreundliche und faire Herstellung achten und Kleidungsstücke möglichst viele Jahre nutzen.
- Ausrüstung kann man eventuell auch gebraucht kaufen oder ausleihen.
- Reparieren statt neu kaufen.

VERPFLEGUNG

- Beim Einkauf Bio-Ware, regionale und saisonale Erzeugnisse bevorzugen.
- Hütten und Gasthäuser auswählen, die regionale Produkte verwenden.
- Auf Einwegflaschen und Plastikverpackungen verzichten, stattdessen wiederverwendbare Trinkflaschen und Brotzeitboxen benutzen.

ÜBERNACHTUNG

- Bei lokalen Anbietern buchen, damit Menschen vor Ort profitieren.
- Auf Hütten und in anderen Unterkünften Strom und Wasser sparen.

UNTERWEGS

- Wege benutzen und Abkürzer vermeiden.
- Sperrungen von Wegen und Schutzgebieten respektieren.
- Keine Blumen pflücken und keine Pflanzen entnehmen.
- Waldbrandgefahr beachten.
- Müll wieder mit nach Hause nehmen und dort entsorgen.
- Toilettengänge in freier Natur möglichst vermeiden.
- Lärm vermeiden.
- Hunde an die Leine nehmen.

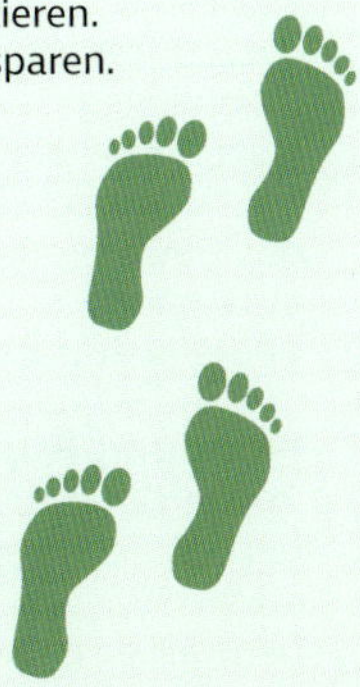

ROTHER
BERGVERLAG

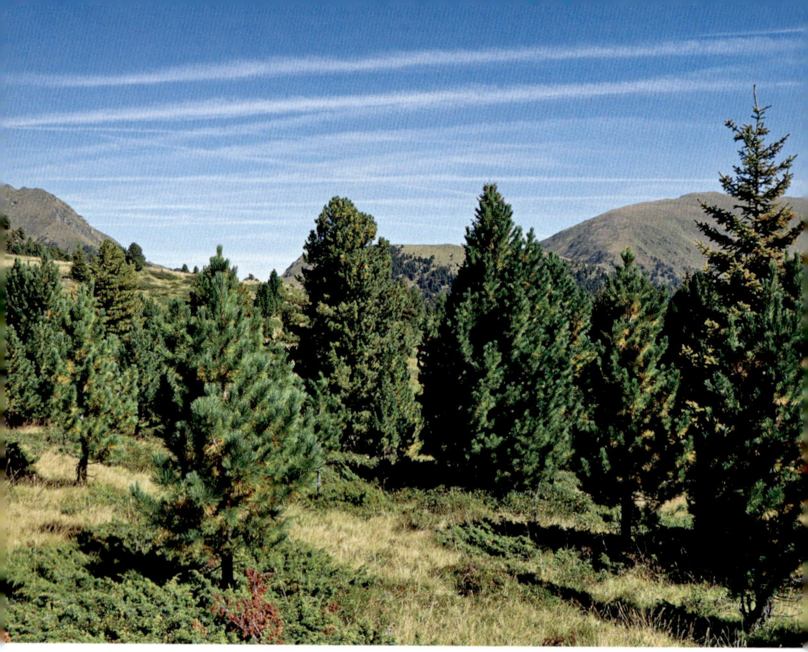

Zirben – charakteristische Bäume im Biosphärenpark Nockberge.

das Metnitztal war bis südlich von Friesach durch einen stattlichen Gletscher ausgefüllt. Lediglich die höchsten Gipfel ragten aus dem Eis hervor. Das Gewicht des Eises und die Bewegung der Gletscher schufen einerseits die sanften Kuppen der Nockberge, andererseits die breiten, u-förmigen Trogtäler und viele der heute so beliebten Badeseen, wie z. B. den Millstätter See. Nach dem Rückgang des Eises schnitten sich die Flüsse und Bäche je nach Beschaffenheit des Untergrunds mehr oder weniger tief in das Gestein oder in den von den Gletschern abgelagerten Schotter ein. So entstanden neuerlich enge Täler, Schluchten oder Klammen, für die das obere Maltatal ein hervorragendes Beispiel darstellt.

Flora und Fauna

In den Gurktaler Alpen und somit auch in den Nockbergen stellen die Wälder das bestimmende Pflanzenelement dar. Die Waldgrenze liegt zwischen etwa 1800 und 2000 m Höhe. Für die Nockberge sind die herrlichen Zirbenwälder charakteristisch; die größten und schönsten Bestände finden wir um die Schiestelscharte, im Bereich der Turracher Höhe, im Gebiet des Falkert und am Eisenhut. Auf den Almwiesen und an den Berghängen wachsen Blumen, die – abhängig vom Kalkanteil im Untergrund – oft eine unglaubliche Artenvielfalt und Üppigkeit aufweisen. Gleich nach der Schneeschmelze zeigen sich Soldanellen und Küchenschellen, etwas später Enziane und Primeln. Im Sommer kommen Orchideen dazu, verschiedene Nelkenarten und Glockenblumen. Die bekannteste Pflanze der Nockberge ist aber der echte Speik, ein Baldriangewächs, das einen eigenartigen, unverwechselbaren Duft verströmt. Etwas karger ist das Pflanzenleben in den Hohen Tauern, doch auch hier gibt es bemerkenswerte Vorkommen: Im Gössgraben ist es der Bergahorn und im Wolfsbachgraben bei Rennweg erfreuen uns die vielen Orchideen. Wo man das Edelweiß findet, verraten wir natürlich nicht.

Die Tierwelt weist ebenfalls einige Besonderheiten auf. So sind die Nockberge das klassische Rothirschgebiet Kärntens, dazu kommen alle anderen Alpenbewohner wie Reh, Gämse, Fuchs oder Murmeltier. Kaum sehen wird man den Luchs oder auch den Braunbären, der sich hier und da in unser Gebiet verirrt. Unter den Vögeln fällt der Tannenhäher auf, der bei seiner Ernährung vorwiegend auf den Samen der Zirbe angewiesen ist; seinen charakteristischen Ruf kann man während des gesamten Jahres vernehmen. Im Großelendtal gibt es streng geschützte Brutvorkommen des Rotsternigen Blaukehlchens, einer äußerst seltenen Vogelart. Hier kann man auch Geier entdecken, die vom Nationalpark Hohe Tauern wieder angesiedelt wurden.

Naturlehrweg Windebensee im Biosphärenpark Nockberge (Tour 18).

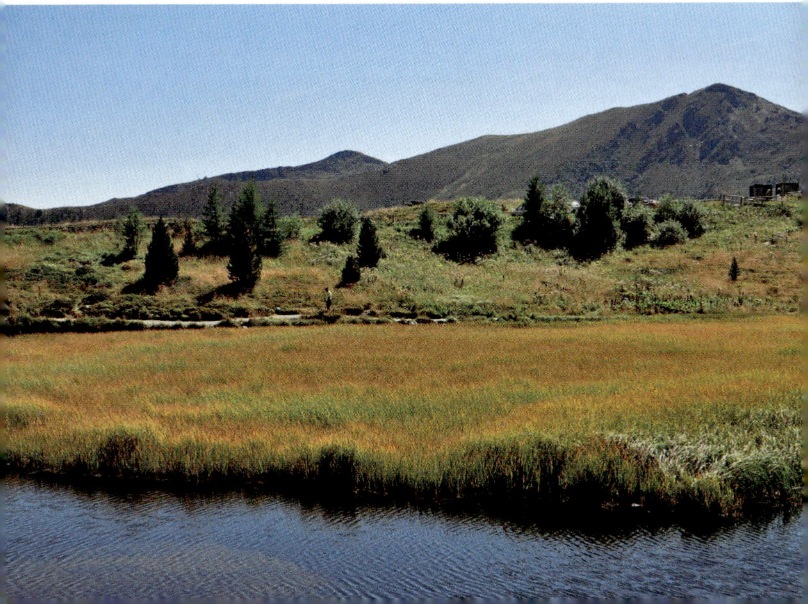

Schutzgebiete

- **Biosphärenpark Nockberge:** Im Februar 1980 wurden Pläne für einige große touristische Vorhaben an der neuen Nockalmstraße bekannt. Daraufhin ergriffen alle unabhängigen Naturschutzvereine die Initiative und organisierten eine Volksbefragung, in der die Kärntner die Gelegenheit erhielten, sich dazu zu äußern, ob die freie Landschaft im Bereich der Nockalmstraße zum Schutzgebiet erklärt werden sollte. Das Ergebnis der am 7. Dezember 1980 abgehaltenen Befragung war eindeutig: 94 % der abgegebenen Stimmen entfielen auf »Ja«.

  Nach langen Vorarbeiten beschloss die Kärntner Landesregierung daher, am 1. Januar 1987 einen »Nationalpark Nockberge« zu schaffen. Aus verschiedenen Gründen, die hier nicht angeführt werden sollen, erhielt der Nationalpark Nockberge aber nie die nationale und internationale Anerkennung als Nationalpark – und somit außer Mitteln des Landes Kärnten keine Gelder für Projekte oder Ausgleichszahlungen an die Grundeigentümer. Dies wurde im Mai 2002 nach einer Prüfung durch die IUCN (International Union for Conservation of Nature and Natural Ressources) bekannt. Die IUCN befand, dass der Anteil an Urlandschaft für einen Nationalpark viel zu gering sei. Die Experten empfahlen aber, die Möglichkeit der Einrichtung eines Biosphärenparks zu prüfen, weil sich die Nockberge zwar durch eine hohe Schutzwürdigkeit auszeichneten, die Kriterien für einen Nationalpark aber nicht erfüllen könnten.

  Es bedurfte wiederum langer, zäher Verhandlungen, um die Interessen der Grundeigentümer, insbesondere hinsichtlich der Almwirt-

Die Urlandschaft der Hohen Tauern nahe der Zwischenelendscharte (Tour 2).

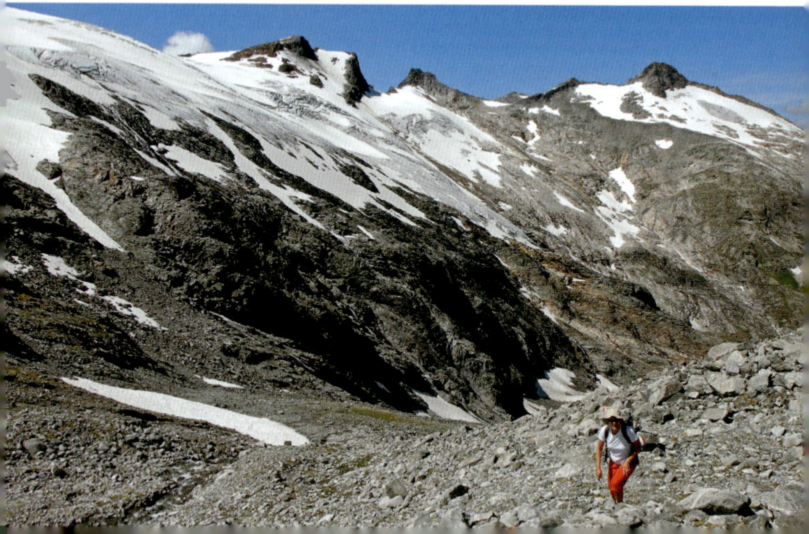

schaft und der Jagd, mit denen des Naturschutzes in Einklang zu bringen. Die UNESCO als zuständige Instanz erkannte schließlich 2012 einen grenzüberschreitenden Biosphärenpark Salzburger Lungau–Kärntner Nockberge an. Im Januar 2013 trat das Kärntner Landesgesetz in Kraft, das die Einrichtung des Biosphärenparks Nockberge festschrieb. Dieser erstreckt sich auf die Gemeinden Bad Kleinkirchheim, Krems in Kärnten, Radenthein und Reichenau und umfasst eine Gesamtfläche von 485 km², von der 77 km² auf die Naturzone, 107 km² auf die Pflegezone und 301 km² auf die Entwicklungszone entfallen.
Als besonders schützenswerte Arten und Naturräume, die wir auf unseren Wanderungen im Biosphärenpark Nockberge antreffen, sind zu erwähnen:

- Vernässungszonen mit alpinen Flachmooren (Bärengrubenalm, Tour 13, Plattnock/Kaninger Wolitzenalm, Tour 27, und Pfannnock/Oswalder Bock, Touren 12 und 37)
- eine besondere botanische Artenvielfalt durch das Aufeinandertreffen von Karbonat- und Silikatgestein (Nassbodensee/Zunderwand, Touren 27 und 28)
- das Autertal-Hochmoor (auch Andertal-Hochmoor, vom Ausgangspunkt unserer Tour 44 leicht zu erreichen)
- Zirbenwälder (Rosental, Touren 20 bis 22, und Grundalm, Tour 12)
- reiche fossile Pflanzenfunde (Königstuhl, Touren 15 und 20)

■ **Nationalpark Hohe Tauern:** An diesem ersten und mit über 1800 km² Fläche zugleich größten Nationalpark Österreichs haben die Bundesländer Kärnten, Salzburg und Tirol Anteil. In Kärnten erstreckt sich der Nationalpark Hohe Tauern nach Osten bis zum oberen Maltatal mit seinen Seitentälern. Wir treffen hier auf eine alpine Urlandschaft mit stolzen Gipfeln, noch recht großen Gletschern, weiten Karen, stillen Hochgebirgsseen, sanften Almwiesen, herrlichen Bergwäldern und tief eingeschnittenen Gräben und Schluchten. Auf unseren Bergtouren Gießener Hütte – Schneewinkelspitze (Tour 1) und Rundwanderung Elendtäler (Tour 2) gewinnen wir unvergessliche Eindrücke dieser großartigen Bergwelt.

■ **Weitere Schutzgebiete:** Zu den kleineren Schutzgebieten in unserem Wandergebiet gehören das Naturschutzgebiet Gurkursprung, in das wir von unseren Wanderungen Bretthöhe (Tour 42) und Großer Speikkofel (Tour 44) blicken können, das in der Nähe der Ortschaft Flattnitz gelegene Naturschutzgebiet Flattnitzbach-Hochmoor – mit einem kleinen Abstecher von den Wanderungen Wintertalernock (Tour 46) und Eisenhut (Tour 47) leicht zu erreichen – und das Natur-, Ramsar- und Europa-Schutzgebiet Hörfeld-Moor (Tour 56).

■ **Landschaftsschutzgebiete:** Hier gelten weniger strenge Regelungen für den Naturschutz. Dazu gehören die Landschaftsschutzgebiete Innerkrems (Tour 11) und Turracher Grün- und Schwarzsee (Tour 43).

Seite 36/37: Unterwegs in der Nähe der Kattowitzer Hütte (Tour 3).

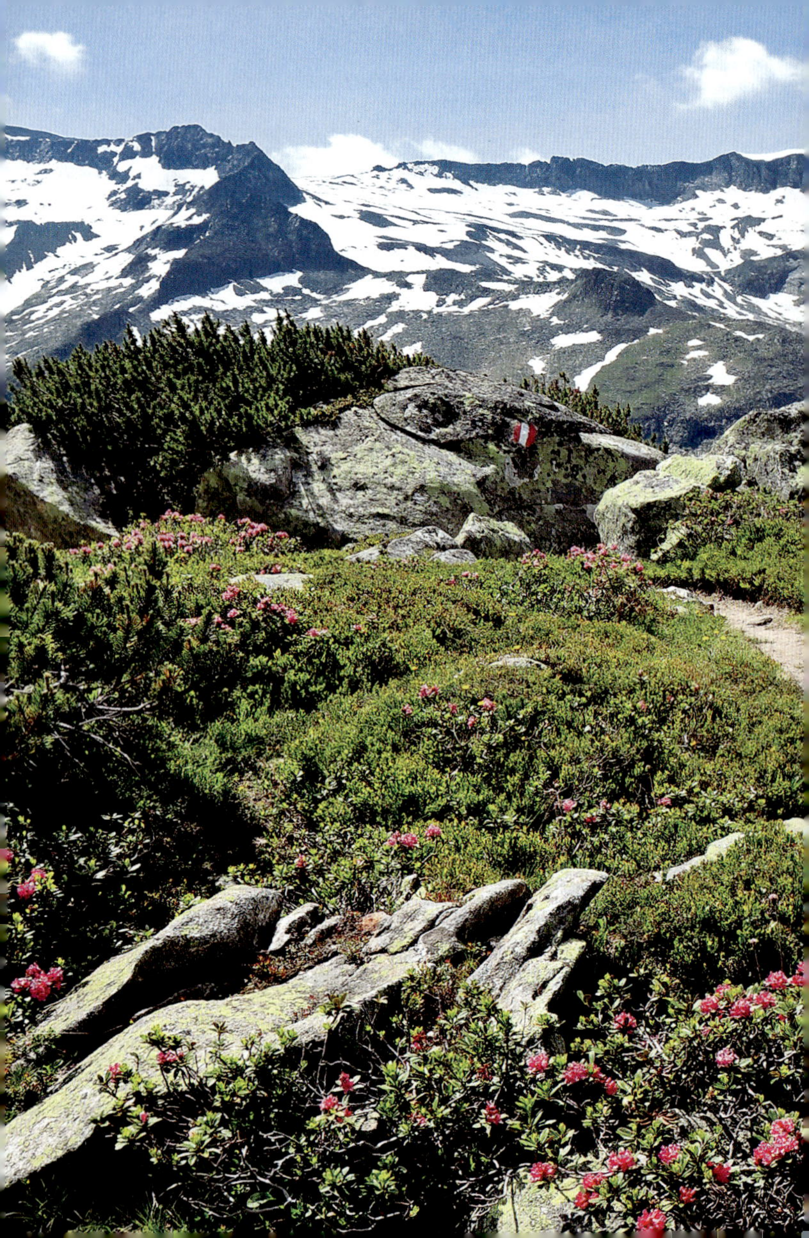

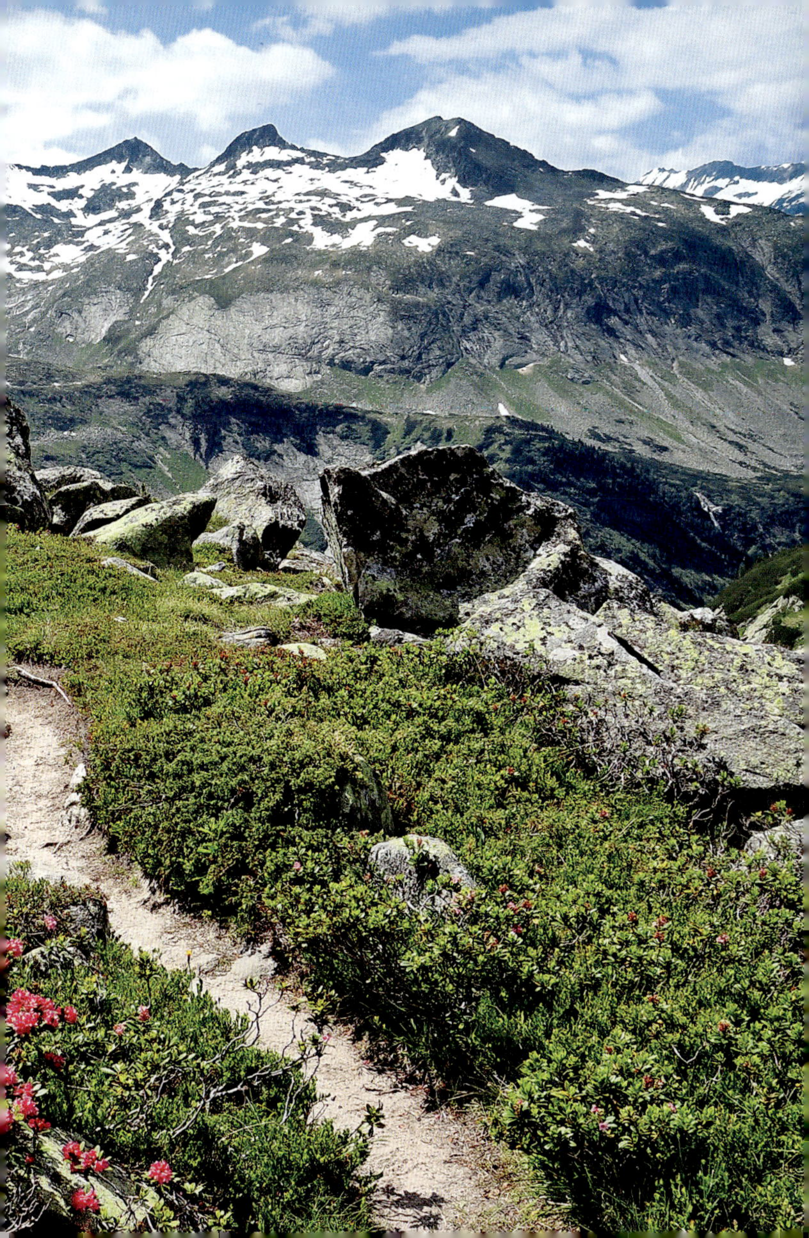

↗ 1400 m | ↘ 1400 m | 15.2 km

1 Gießener Hütte – Schneewinkelspitze, 3016 m

2 Tage

In Blockkletterei auf einen gar nicht spitzen Gipfel

Südlich der Hochalmspitze liegt am östlichen Rand des Hohen Gösskars die Gießener Hütte. Sie ist Ausgangspunkt für den kürzesten Anstieg auf die Hochalmspitze, 3360 m, die auch als »Tauernkönigin« bezeichnet wird. Weil diese Tour aber erfahrenen Bergsteigern vorbehalten bleibt, wählen wir als Ziel unserer Bergtour die zwischen Hochalmspitze und Säuleck gelegene Schneewinkelspitze, einen verhältnismäßig leicht zu erreichenden Dreitausender, der zudem eine schöne Aussicht bietet.

Ausgangspunkt: Parkplatz unterhalb des Gösskarspeichers, 1640 m (Navi: N46.98103, E13.33475). Ca. 20 Parkplätze; weitere Parkmöglichkeiten etwas unterhalb nahe der Oberen Thomanbaueralm. Zufahrt von Malta Richtung Kölnbreinsperre bis Koschach; hier nach links in den Gössgraben. Teils sehr schmale und steile Asphaltstraße, von Malta 17 km. Anfahrt nach Malta über die A 10 Tauern-Autobahn (Anschlussstelle Gmünd/Maltatal) oder mit dem Kärnten-Bus 5130 von Gmünd (werktags etwa stündlich) bis zum Ghf. Zirnhof.

Anforderungen: Recht lange Tour, weshalb wir eine Übernachtung in der Gießener Hütte vorschlagen. Bis zur Gießener Hütte Fahrweg mit einigen Möglichkeiten für Abkürzungen auf dem AV-Steig. Dann bis unter die (Lassacher) Winkelscharte gebaute Steiganlage, später markierte Route durch Blockwerk; leichte, teils mühsame Blockkletterei, häufig Altschneefelder. Trittsicherheit und gute Kondition erforderlich.

Einkehr/Übernachtung: Gießener Hüt-

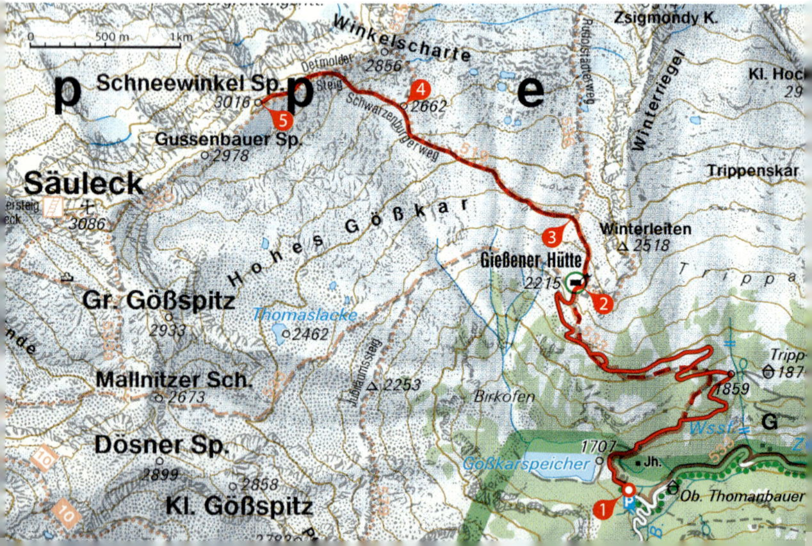

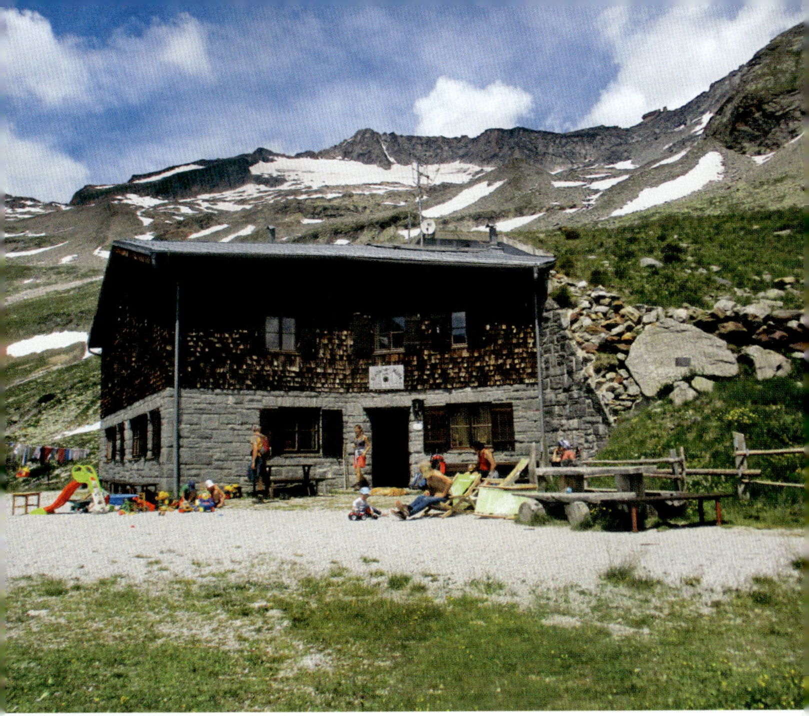

Die Gießener Hütte mit der Hochalmspitze (genau über dem Dach).

te, 2215 m (DAV, bew. Ende Juni–Ende Sept., 12 B., 41 L., Tel. +43 664 4221389, giessener-huette.de).
Variante: Für Familien mit Kindern lohnt der Ausflug zur schön gelegenen Gießener Hütte. Ganz leichter Aufstieg auf dem Fahrweg oder dem AV-Steig, der die Kehren des Fahrwegs abkürzt (580 Hm, etwa 3–3.30 Std. Gesamt-Gehzeit für Auf- und Abstieg).
Karten: AV 44; f&b 202, 221, 225; K 49, 50, 67; ÖK 3104-O.

Vom **Parkplatz Gösskarspeicher** ❶ führt ein für den öffentlichen Verkehr gesperrter Fahrweg in mehreren Kehren durch Wald- und Weidegebiet bis zur **Gießener Hütte** ❷, 2215 m. Netter ist der Aufstieg auf dem AV-Steig, auf dem man ohne Schwierigkeiten in ebenfalls rund 2 Std. die Hütte erreicht. Hier schlägt man sein Nachtlager auf.
Von der Gießener Hütte gehen wir am nächsten Tag auf dem Rudolstädter Weg Richtung Hochalmspitze. Nach 20 bis 30 Min. zweigen wir bei einem **Wegweiser** ❸, 2355 m, nach links auf den Schwarzenburger Weg ab. Die gut gebaute Weganlage bringt uns zu einem weiteren **Wegweiser** ❹, 2662 m, unterhalb der (Lassacher) Winkelscharte. Nun müssen wir

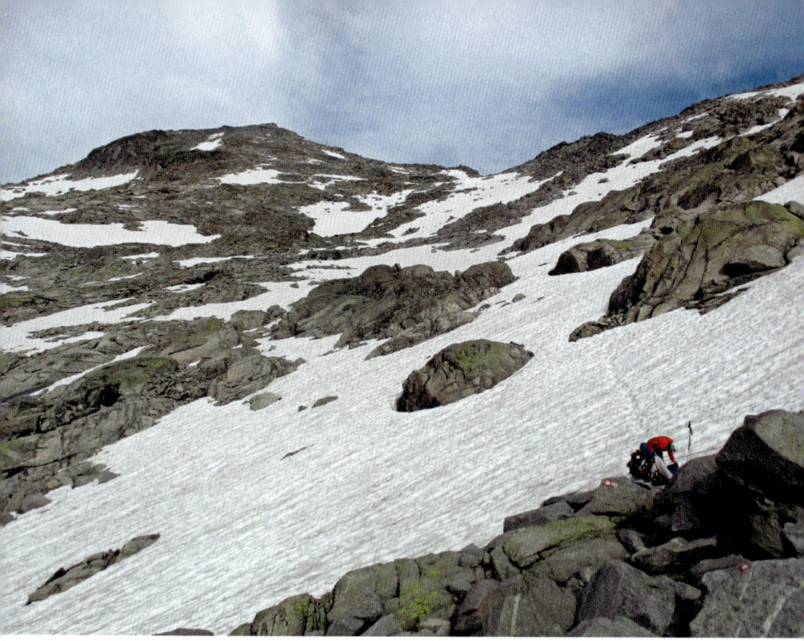

Der Anstieg zur Schneewinkelspitze führt häufig über Schneefelder.

genau auf die Markierungen achten. Durch Blockwerk, das häufig unter Altschneefeldern verborgen ist, steigen wir schräg nach links aufwärts zum Verbindungsgrat Säuleck–Hochalmspitze (»Detmolder Grat« genannt) und auf diesem auf den Gipfel der **Schneewinkelspitze** 5, 3016 m. Der riesige Felsblock lädt zur ausgiebigen Gipfelrast ein. Der Rundblick in die Urlandschaft der Hohen Tauern ist einmalig schön. – Abstieg wie Aufstieg.

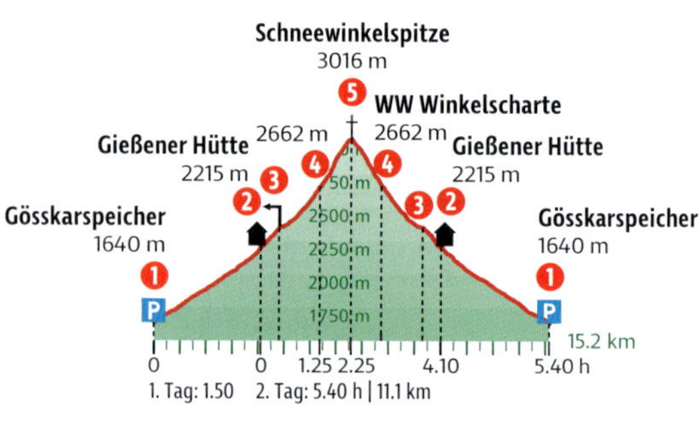

↗ 900 m | ↘ 900 m | 22.5 km

TOP

2 Tage

Rundwanderung Elendtäler

2

Eine aussichtsreiche und hochalpine Rundwanderung

Dieser einzigartige, aber recht anspruchsvolle Panoramaweg führt von der Kölnbreinsperre in das wunderschöne, abgeschiedene Kleinelendtal, über die Zwischenelendscharte zur Osnabrücker Hütte, die sich für eine Übernachtung anbietet, und von ihr zurück zur Kölnbreinsperre. Wer nur einen ganz leichten Spaziergang in eine alpine Urlandschaft mit ihren Dreitausendern unternehmen möchte, geht von der Kölnbreinsperre auf gutem, für den öffentlichen Verkehr gesperrtem Fahrweg bis zur Osnabrücker Hütte und wieder zurück.

Ausgangspunkt: Große Parkplätze an der Kölnbreinsperre, 1920 m (Navi: N47.07875, E13.34392). Zufahrt von Malta auf der Landesstraße, dann auf der mautpflichtigen Malta-Hochalmstraße, 22 km. Ende Juni–Ende Sept. am Di, Do und Sa Wanderbus von Gmünd auf telefonische Vorbestellung bis 18 Uhr des Vortags unter Tel. +43 4732 37175 (Stand 2023).
Anforderungen: Gesamte Runde nur für erfahrene Bergsteiger mit guter Kondition. Trittsicherheit unbedingt erforderlich. Von der Kölnbreinsperre bis zur Abzweigung in das Kleinelendtal bequemer Fahrweg, zu Beginn des Weges in das Kleinelendtal Karrenweg, dann alpine Steige, gut markiert und beschildert. Im Abstieg von der Zwischenelendscharte einige ausgesetzte Abschnitte, eine Stelle zwischen Fallboden und Osnabrücker Hütte durch Seil gesichert. Nördlich der Zwischenelendscharte und im Bereich der Schwarzhornseen Schneefelder oft bis weit in den Sommer hinein. Rückweg von der Osnabrücker Hütte auf bequemem Fahrweg.
Einkehr/Übernachtung: Berghotel Malta, Kölnbreinstüberl. Osnabrücker Hütte, 2026 m (DAV, bew. Mitte Juni–Mitte Okt., 27 B., 34 L., davon 14 im stets offenen Winterraum, Tel. +43 650 4461202, osnabrueckerhuette.at).

Varianten: 1. Von der Kölnbreinsperre ❶ auf gemütlichem Fahrweg bis zur Osnabrücker Hütte ❻ und wieder zurück (insgesamt rund 16 km, 4 Std.). – 2. Die Tour, die mindestens 7.30 Std. Gehzeit erfordert, lässt sich auch als Tagestour durchführen; man kann sie auch im Uhrzeigersinn unternehmen, also von der Kölnbreinsperre zur Osnabrücker Hütte und über die Zwischenelendscharte in das Kleinelend und zurück zur Kölnbreinsperre.
Karten/Literatur: AV 44; f&b 191; K 49, 50; ÖK 3228-O und 3229-W; Naturführer Elendtäler, herausgegeben vom ÖAV Innsbruck.
Tipp: Führung ins Innere der Kölnbreinsperre.

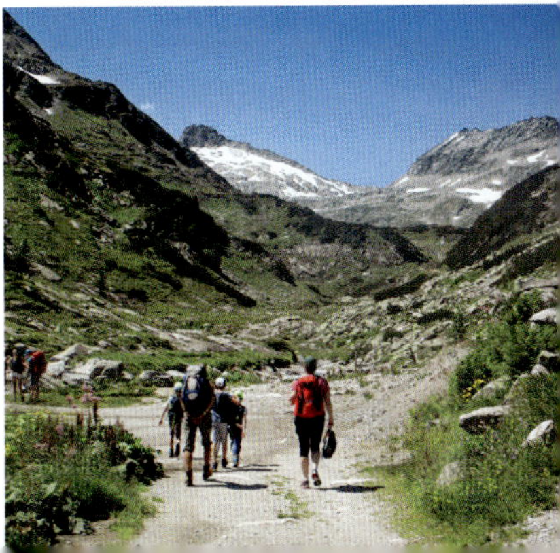

Bei der Kleinelendbrücke.

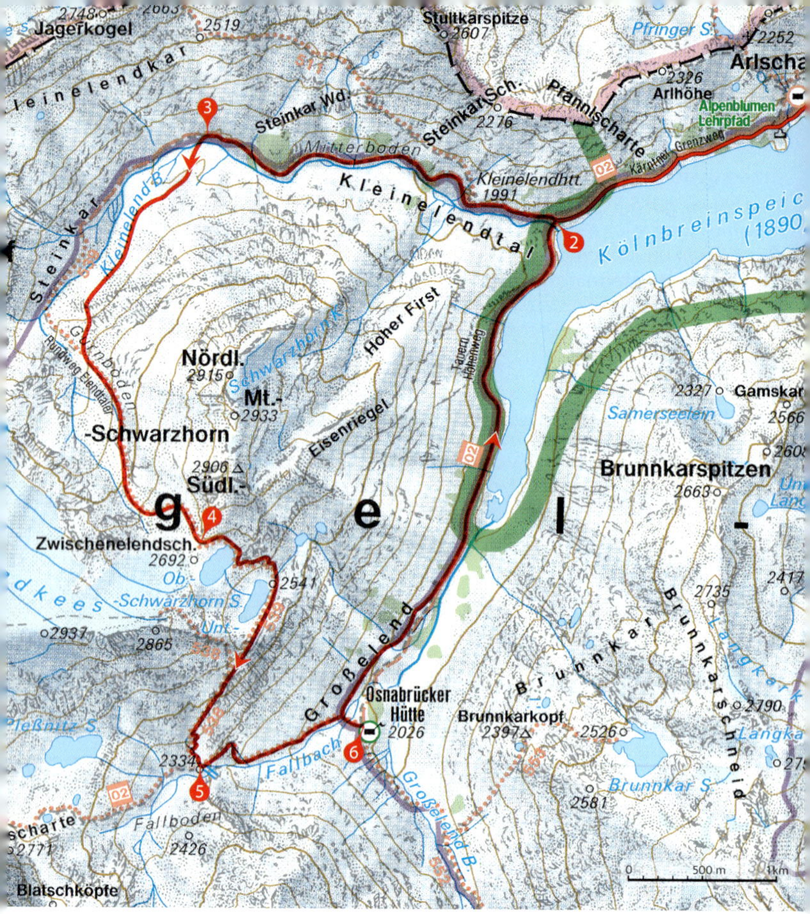
Jagerkogel
Stultkarspitze 2607
Pfringer S.
2252
Arlscha
Kleinelendkar
2519
Steinkar Wd.
Steinkar Sch. 2276
Pfannlscharte
2326
Arlhöhe
Alpenblumen Lehrpfad
Kärntner Grenzweg
Mitterboden
Kleinelendhtt. 1991
Kleinelendtal
Kölnbreinspeic
(1890
Steinkar
Kleinelend B.
Gurnboden
Rundweg Elendtäler
Hoher First
Tauern Höhenweg
Nördl. 2915
Schwarzhornk.
Mt.- 2933
-Schwarzhorn
Eisenriegel
2906
Südl.-
2327
Gamskar
Samerseelein
2566
Brunnkarspitzen
2663
Zwischenelendsch.
2692
Ob.-
-Schwarzhorn S.
2541
Unt.-
2937
2865
2735
Brunnkar
Brunnkarschneid
Langkar
Großelend
Osnabrücker Hütte 2026
Brunnkarkopf 2397
2526
2790
Pleßnitz S.
2334
Fallbach
Großelend B.
Brunnkar S.
2581
scharte
2771
Fallboden
2426
Blatschköpfe
0 500 m 1 km

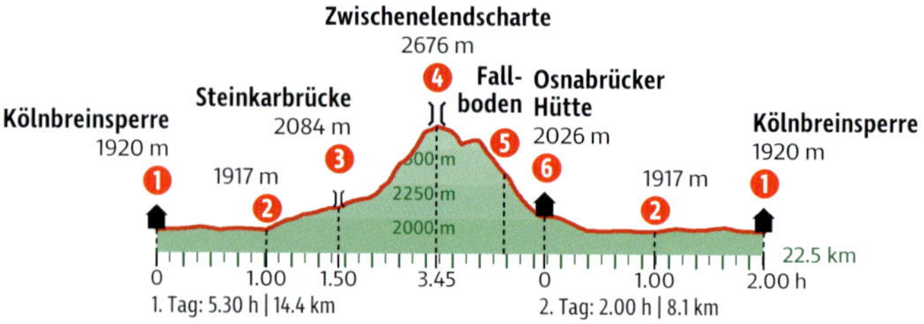
Zwischenelendscharte 2676 m
Steinkarbrücke 2084 m
Fall-boden
Osnabrücker Hütte 2026 m
Kölnbreinsperre 1920 m
1917 m
Kölnbreinsperre 1920 m
1917 m
2500 m
2250 m
2000 m
22.5 km
0
1.00
1.50
3.45
0
1.00
2.00 h
1. Tag: 5.30 h | 14.4 km
2. Tag: 2.00 h | 8.1 km

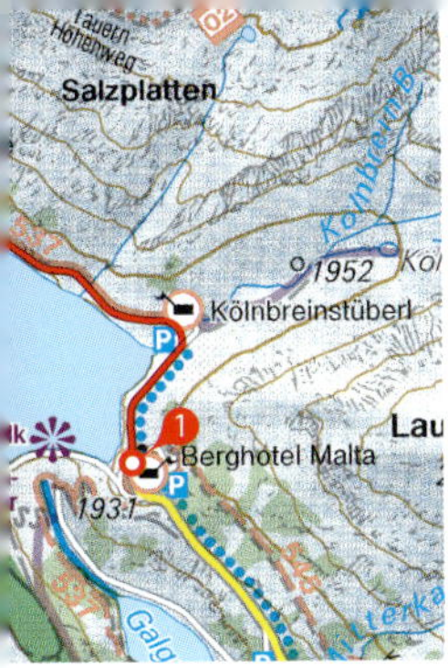

Von der **Kölnbreinsperre** ❶ gehen wir am Kölnbreinstüberl vorbei und mit einigem Auf und Ab auf dem Fahrweg entlang des Stausees bis zur Brücke bei der Einmündung des **Kleinelendbaches** ❷, 1917 m. Unmittelbar vor der Brücke zweigen wir bei einem Wegweiser mit der Angabe »Rundweg Elendtäler, Weg 511/539« nach rechts auf einen Karrenweg in das Kleinelendtal ab. Wir wandern unterhalb der Kleinelendhütte und an der Abzweigung zur Kleinelendscharte vorbei und gehen um einen Felsriegel herum, nach dem der Karrenweg endet und ein Steig beginnt. Flach geht es durch den grünen Mitterboden; vor uns erhebt sich der 3002 m hohe Tischlerkarkopf und links von ihm erblicken wir die Tischlerspitze, 3001 m. Nach einem weiteren felsigen Abschnitt sehen wir schon die **Steinkarbrücke** ❸, 2084 m, auf der wir den Kleinelendbach überqueren. Etwa 10 Min. später sehen wir einen begrünten Wall. Es ist dies eine Moräne aus der Mitte des 17. Jh., an der damals das Kleinelendkees endete; derzeit ist der Gletscher fast 2,5 km von unserem Standort entfernt! Blicken wir zurück, so sehen wir als spitzen Gipfel den Hafner, 3076 m. Nun steigen wir erst sanft, dann steiler und mühsamer am Rand des Steinkarbodens empor. Der felsige Gipfel vor uns ist der Grubenkarkopf, 3006 m, links von ihm sehen wir als kleine Spitze über dem Gletscher den Ankogel, 3252 m. Der Steig biegt gegen Süden ab, führt auf den Rücken einer Moräne und erreicht nach einem flacheren Stück die **Zwischenelendscharte** ❹, 2676 m, einen herrlichen Rastplatz mit Blick auf den Oberen Schwarzhornsee, das Großelendkees und die Hochalmspitze (3360 m).

Oberer Schwarzhornsee, Hochalmspitze und Großelendkees.

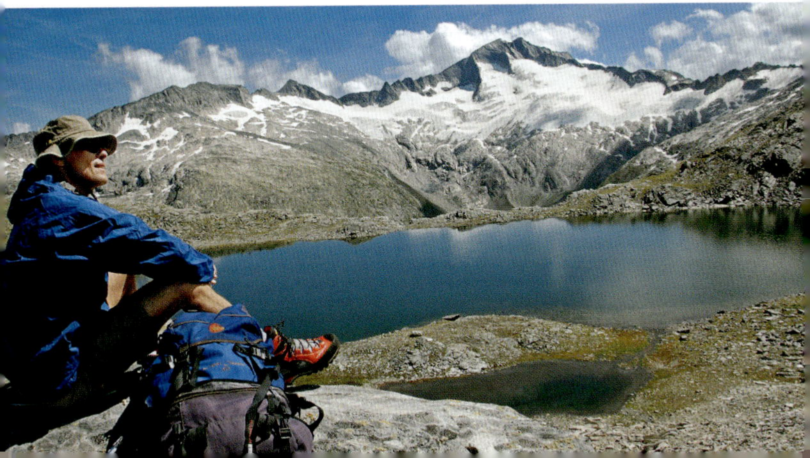

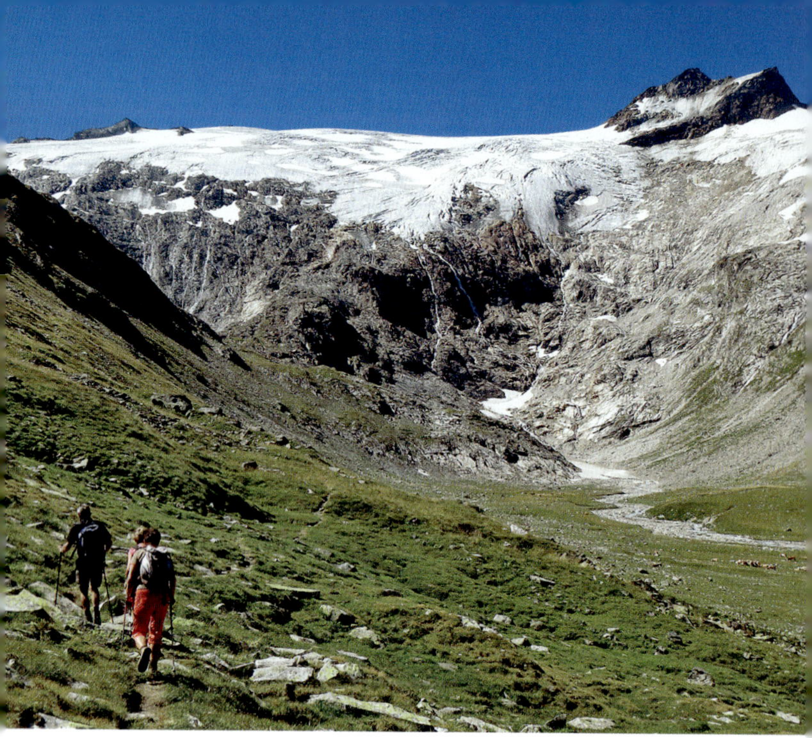

Unterwegs im herrlichen Kleinelendtal. Blick auf Kleinelendkees und Grubenkarkopf.

Nur schwer kann man sich von hier trennen. Bergab halten wir uns links – häufig über ein Schneefeld – gegen das Ostufer des Oberen Schwarzhornsees, 2642 m, den wir im Bogen umrunden. Von ihm führt der Steig recht ausgesetzt durch einen steilen Hang hinunter zum Unteren Schwarzhornsee, 2541 m. Wir überschreiten eine Felsschwelle, nach der wir bald tief unter uns die Osnabrücker Hütte erkennen können. Der gute, teils angelegte Steig bringt uns in den **Fallboden** 5, 2334 m (Wegweiser). Der folgende, steile Abstieg neben dem Wasserfall des Fallbaches erfordert wieder hohe Aufmerksamkeit, Trittsicherheit und Schwindelfreiheit. Noch eine kurze, gesicherte Stelle und bald sind alle Schwierigkeiten überwunden. Nun können wir uns auf die Einkehr und möglichst auch Übernachtung in der gastfreundlichen **Osnabrücker Hütte** 6, 2026 m, freuen.
Am nächsten Tag haben wir nur mehr den kurzen Rückweg von der Hütte zur Brücke bei der Einmündung des **Kleinelendbaches** 2 und zum Parkplatz bei der **Kölnbreinsperre** 1 vor uns.

↗ 1450 m | ↘ 1450 m | 15.5 km

2 Tage

Kattowitzer Hütte – Hafner, 3076 m

3

Gemütliche Schutzhütte und stolzer Dreitausender

Die Kölnbreinsperre im inneren Maltatal eignet sich sehr gut als Ausgangspunkt für hochalpine Wanderungen und Bergtouren in den Hohen Tauern. Der Hafner (oft auch »Großer Hafner« genannt) ist einer der östlichsten Dreitausender der Hohen Tauern. Sein aussichtsreicher Gipfel ist für geübte Bergsteiger verhältnismäßig leicht zu ersteigen. Aber auch ohne Besuch des Gipfels stellt der Ausflug auf dem Salzgitter-Steig zur wunderschön in einem weiten Kar gelegenen Kattowitzer Hütte eine äußerst lohnende Tour dar.

Ausgangspunkt: Große Parkplätze an der Kölnbreinsperre, 1920 m (Navi: N47.07875, E13.34392). Zufahrt von Malta erst auf der Landesstraße, dann auf der mautpflichtigen Malta-Hochalmstraße, 22 km. Von Ende Juni–Ende Sept. am Di, Do und Sa Wanderbus von Gmünd auf telefonische Vorbestellung bis 18 Uhr des Vortags unter Tel. +43 4732 37175 (Stand 2023).

Anforderungen: Gesamte Tour nur für erfahrene Bergsteiger mit guter Kondition! Bis zur Kattowitzer Hütte mittelschwere (rote!) Tour, Wanderung auf teils steilem, alpinem Steig, gut markiert, Trittsicherheit erforderlich, einige etwas ausgesetzte Abschnitte, auch Blockwerk, Schneefelder oft bis weit in den Sommer hinein. Aufstieg zum Gipfel durchwegs markiert; Trittsicherheit und Schwindelfreiheit unbedingt erforderlich, einige gesicherte Stellen, am Kamm und vor dem Gipfel leichte Blockkletterei.

Einkehr/Übernachtung: Berghotel Malta, Kölnbreinstüberl. Kattowitzer Hütte, 2321 m (DAV, bew. Ende Juni–Ende Sept., 19 B., 30 L. Tel. +43 664 9148021, dav-kattowitz.eu/de/hutte).

Varianten: 1. Abstieg von der Kattowitzer Hütte ❹ auf Steigen und Forstwegen zur Gmünder Hütte, 1186 m (2.30 Std.); hier Wanderbus-Haltestelle. – 2. Von der Kattowitzer Hütte ❹ Aufstieg zur Lanischscharte, 2897 m, und Abstieg über die Lanischseen und die Lanisch-Ochsenhütte (hier zur Weidezeit einfache Speisen und Getränke) zur Kochlöffelhütte im Pöllatal; ab hier mit der Tschu-Tschu-Bahn nach Rennweg (Fahrplan unter katschberg.at). Sehr steil, ausgesetzt und anspruchsvoll, einige gesicherte Abschnitte! Nur für sehr erfahrene Bergsteiger!

Karten: AV 44; f&b 191, 202, 221; K 49, 50, 67; ÖK; 3229-W.

Hinweis: Geübte Bergsteiger können die Tour auch in einem Tag unternehmen.

Tipp: Führung ins Innere der Kölnbreinsperre.

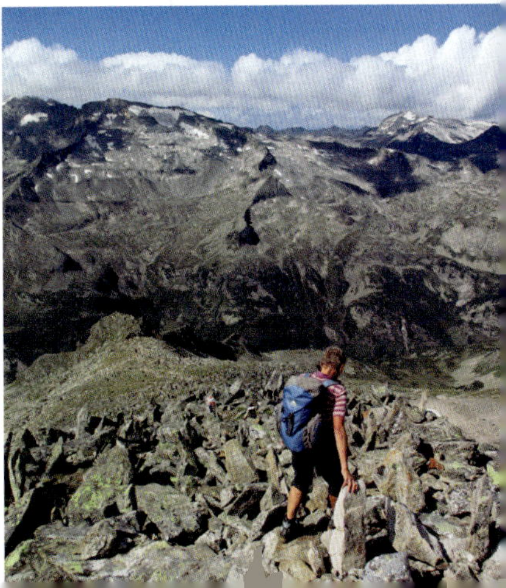

Abstieg vom Hafner.

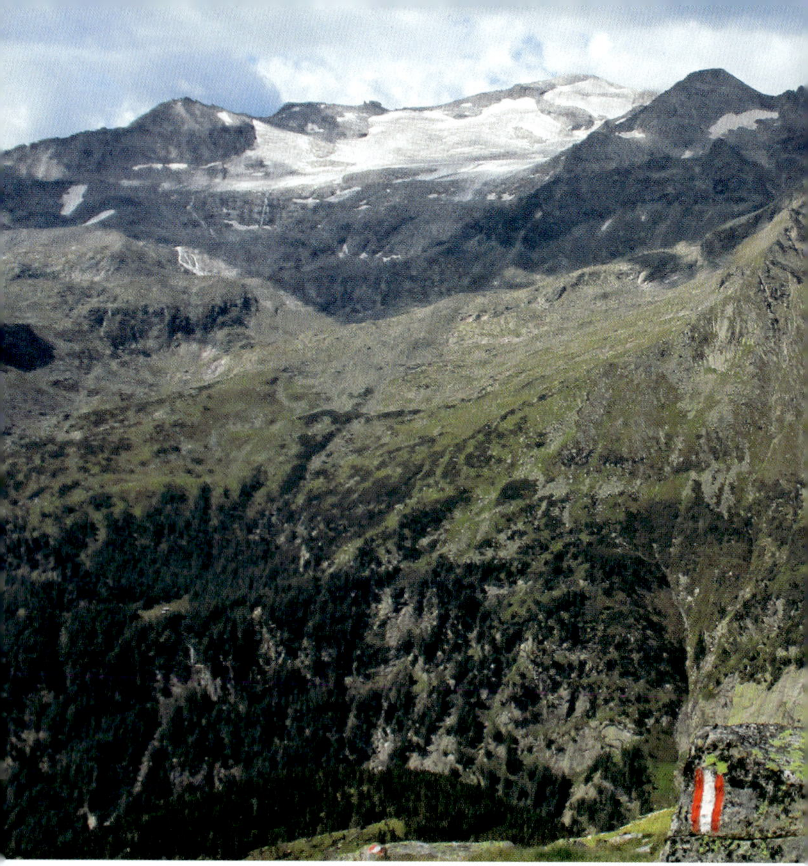

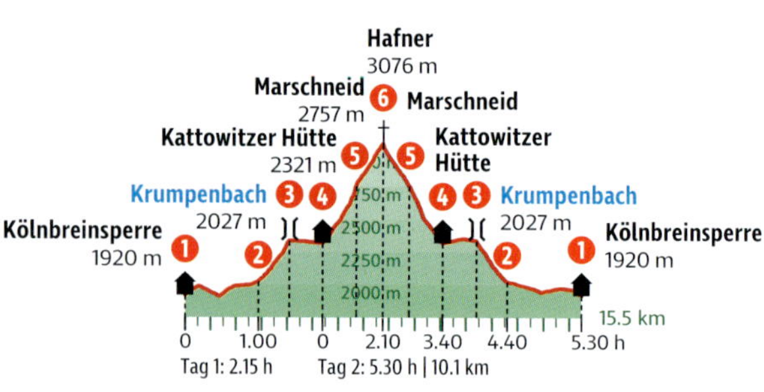

Hafner
3076 m
Marschneid
2757 m
6
Marschneid
Kattowitzer Hütte
2321 m
5
5
Kattowitzer
Hütte
Krumpenbach
3
4
4
3
Krumpenbach
2027 m
2027 m
Kölnbreinsperre
1920 m
1
2
2
1
Kölnbreinsperre
1920 m
2500 m
2250 m
2000 m
15.5 km
0
1.00
0
2.10
3.40
4.40
5.30 h
Tag 1: 2.15 h
Tag 2: 5.30 h | 10.1 km

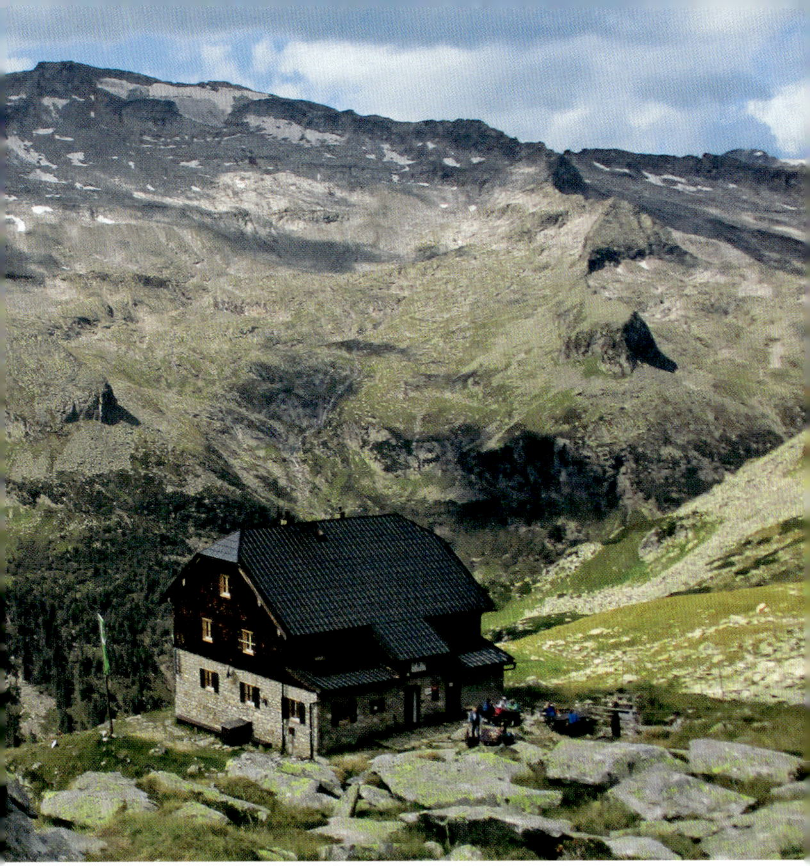

Kurz nach dem Aufbruch von der Kattowitzer Hütte blicken wir über das tief eingeschnittene Malta tal zur vergletscherten Hochalmspitze.

Vom Parkplatz an der **Kölnbreinsperre** ❶ gehen wir zum markanten Rundbau des Berghotels Malta, wo wir einen Wegweiser für den Salzgitter-Steig und zur Kattowitzer Hütte vorfinden. Mit nur leichter Steigung führt der Weg anfangs über Felsblöcke und durch morastige Abschnitte. Wir überqueren den Mitterkarbach und nach etwa 1 Std. den **Krumpenbach** ❷, 2027 m, unter dem malerischen Krumpenkar, der sich durch zwei flache Böden schlängelt. Die Gegend hier erinnert an eine englische Parklandschaft – jedoch 2000 m über dem Meer. Wir lassen uns zu einer Rast nieder und sehen die imposanten Wände des Gamsleitenkopfes vor uns, zu dem uns ein Anstieg

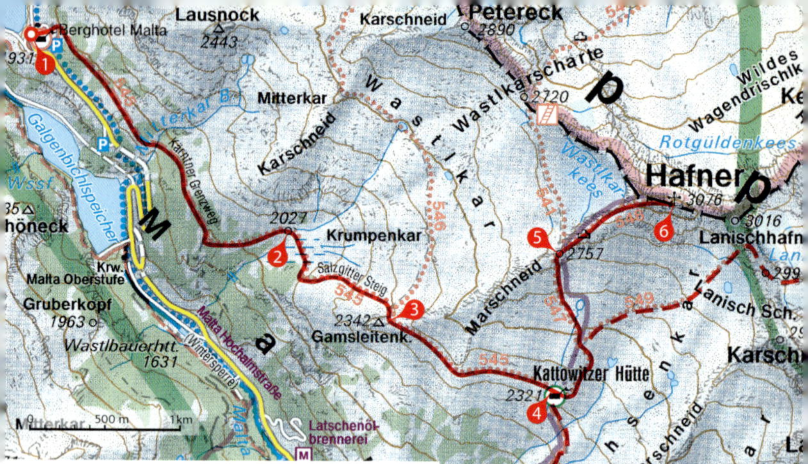

von etwa 300 Hm bevorsteht. Durch eine steile Rinne folgen wir dem Steig hinauf in die Scharte neben dem **Gamsleitenkopf** ❸, 2340 m. Über Blockwerk und Felsplatten erreichen wir weglos die altehrwürdige **Kattowitzer Hütte** ❹, 2321 m. Sie steht im Ochsenkar, das von einem hufeisenförmigen Kranz aus Graten und Wänden umrahmt wird. Rund 750 m über uns sehen wir das Gipfelkreuz auf dem Hafner, den wir am nächsten Tag ersteigen wollen.

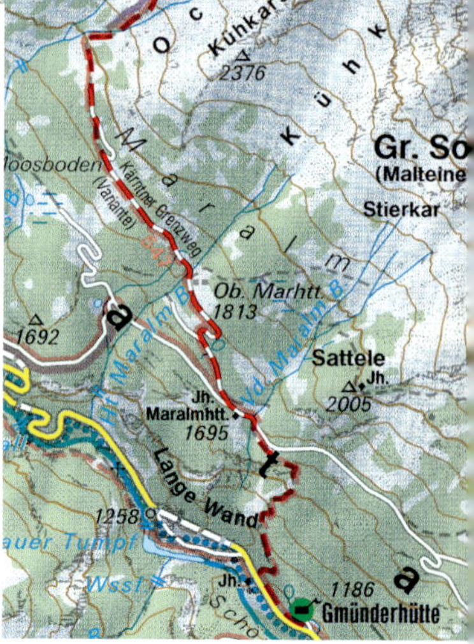

Von der Hütte steigen wir vorerst über Almwiesen, dann durch zunehmend steiles und steiniges Gelände zur **Marschneid** ❺, 2757 m, auf, wie der unterste Teil des zum Hafner ziehenden Rückens genannt wird. Der schöne Platz lädt zu einer Rast ein. Nun halten wir uns immer an den zu Beginn schmalen Rücken, an dem einige Stellen durch Seile gesichert sind. Bald wird das Gelände sanfter und der Kamm breiter. Hier haben Bergsteiger zahllose Steinmänner errichtet. Über einige leichte Felsen kommen wir bald zum Gipfelkreuz auf dem **Hafner** ❻, 3076 m. Eine weite Rundsicht belohnt uns für die Mühen des Aufstiegs.

Der Abstieg erfolgt auf dem Weg des Aufstiegs oder ab der Kattowitzer Hütte nach einer der oben beschriebenen Varianten.

↗ 380 m | ↘ 380 m | 10.3 km

3.15 h

Malteiner Wasserspiele

4

Diese Wanderung lässt landschaftsformende Wasserkräfte erleben

Wegen seiner unzähligen Wasserfälle und Wildbäche zählt das Maltatal zu den wasserreichsten Tälern Kärntens. Der Schriftsteller Gustav Renker gab ihm deshalb 1930 den Beinamen »Tal der stürzenden Wasser«. Ein eindrucksvoll angelegter Themen- und Naturlehrweg führt an Schluchten und Steilstufen vorbei und zeigt, wie die Wasserkräfte der Malta über Jahrtausende hinweg die Landschaft geformt haben. Es gibt 18 Haltepunkte, zum Teil mit Aussichtsplattformen. Von dort und von den Brücken aus gewinnen wir Einblicke in sonst unzugängliche Tümpfe – das sind Kolke, also Vertiefungen, die das hinabstürzende Wasser mit der Zeit ins Gestein gegraben hat.

Ausgangspunkt: Großer Parkplatz beim Gasthof Falleralm, 911 m, neben der Mautstelle der Malta-Hochalmstraße (Navi: N47.00990, E13.43600). Von Ende Juni–Ende Sept. am Di, Do und Sa Wanderbus von Gmünd auf telefonische Vorbestellung bis 18 Uhr des Vortags unter Tel. +43 4732 37175 (Stand 2023). Anfahrt nach Malta über die A 10 Tauern-Autobahn (Anschlussstelle Gmünd/Maltatal) oder mit dem Kärnten-Bus 5130 von Gmünd (werktags etwa stündlich).
Anforderungen: Meist leichte Wanderung auf gut markierten Wegen und schönen Pfaden. Bei Nässe Rutschgefahr!
Einkehr: Gasthof Falleralm, Gmünder Hütte (Vertragshaus des ÖAV, Tel. +43 664 2019028, gmuenderhuette.at).
Karten: f&b 202, 221; K 49, 50, 67; ÖK 3229-W.

Gerne erfrischt man seine Beine in einem der kühlen Wasserbecken.

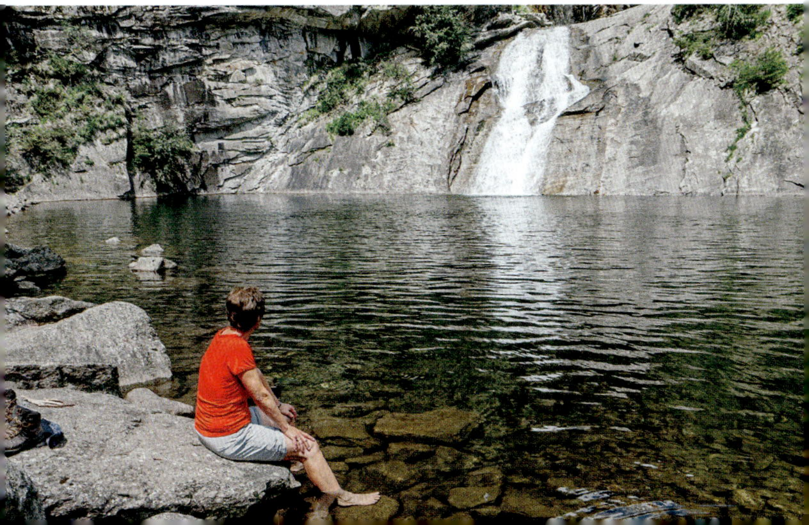

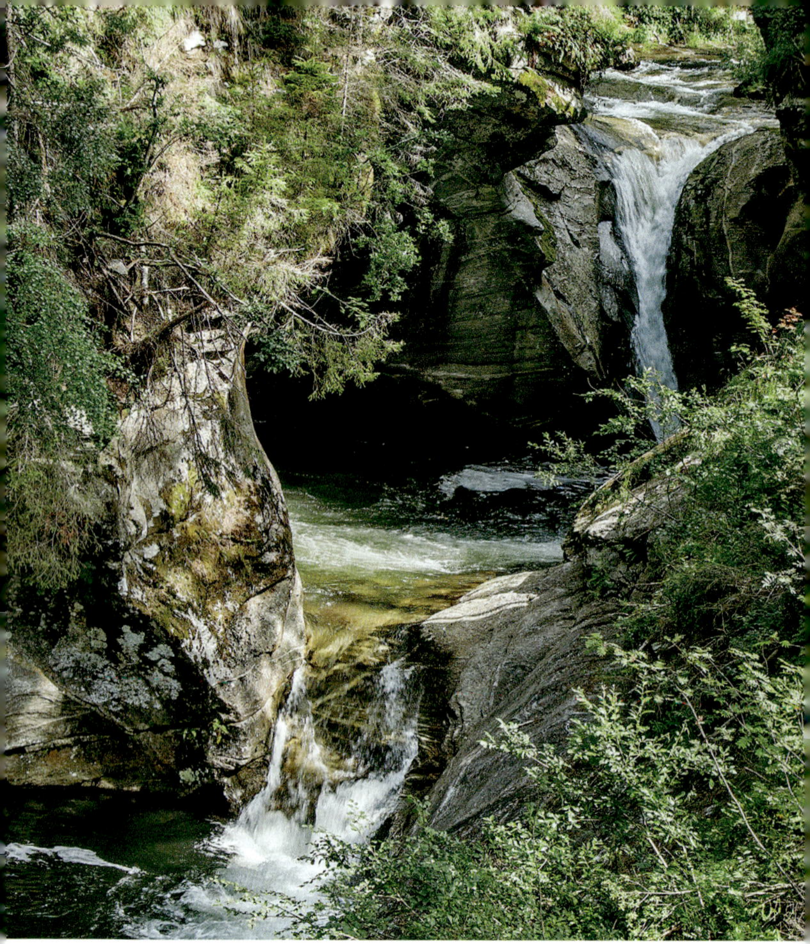

Über einzelne Felsstufen stürzt die Malta von Tumpf zu Tumpf.

Vom Parkplatz des **Gasthofs Falleralm** ❶ folgen wir dem gut markierten Wanderweg »Malteiner Wasserspiele« taleinwärts. Nur wenig später erreichen wir bereits den ersten Haltepunkt, den **Unteren Fallertumpf** ❷, 929 m. Die Malta entfaltet hier tosend und rauschend ihre ganze Kraft und zeigt bei den Oberen Fallertümpfen beeindruckende Auskolkungen (Tümpfe) in der Landschaft. Wir folgen dem Wanderweg und erreichen den sogenannten **Hochsteg** ❸, 981 m, eine überdachte Brücke, die zwei schmale

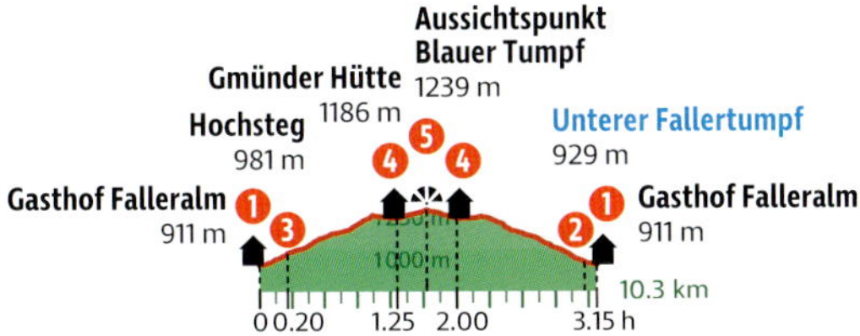

Felsspalten quert. Vom Hochsteg aus schauen wir auf das gurgelnde Bachbett der Malta hinab, die sich durch die Felsspalten zwängt, und beobachten die Verwirbelungen des Wassers. Die Renkerruhe, zu der die Brücke führt, erinnert an den Dichter Gustav Renker, der dem Maltatal seinen klingenden Beinamen gab. Gemütlich folgen wir dem Weg und passieren die weiteren Stationen, z. B. den Melnikfall, die Felskanzel, das Trockental und die Hochbrücke. Nach etwa 1.30 Std. lädt die **Gmünder Hütte** ❹, 1186 m, zu einer Zwischenrast ein, bevor wir den Hochalmfall passieren und nach 20 Minuten den **Aussichtspunkt Blauer Tumpf** ❺, 1239 m, erreichen – den End- und Höhepunkt der Malteiner Wasserspiele. Hier folgen wir dem Pfad hangabwärts und erreichen den Talgrund, in den die Malta über eine Felskante hinabstürzt.

Zum Ausgangspunkt kehren wir auf dem Anstiegsweg zurück. Oder wir fahren von der Bushaltestelle Gmünder Hütte mit dem Wanderbus zum **Gasthof Falleralm** ❶ hinunter.

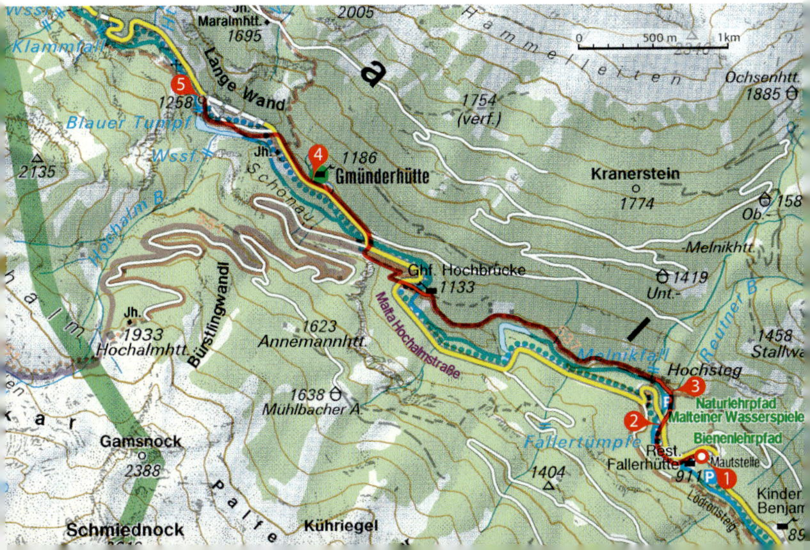

↗ 1250 m | ↘ 1250 m | 13.3 km

5 Reitereck, 2790 m

6.30 h

Über weite Almflächen auf den höchsten Gipfel in der Faschaun

Vom Großen Hafner zieht nahezu am Ende der Hohen Tauern zwischen dem Pöllatal (wie das oberste Liesertal heißt) und dem Maltatal ein Seitenkamm gegen Südosten. Er weist einige hoch gelegene, nach Süden offene Almböden auf, wie z. B. die Melnikalm, die Perschitz oder die Faschaun mit dem Maltinger Alpl. Das zuletzt genannte Gebiet ist von Malta aus über den Maltaberg auf einer gut ausgebauten Straße zu erreichen. Der höchste Gipfel ist das Reitereck, ein im Sommer wie im Winter gerne besuchter Aussichtsberg.

Ausgangspunkt: Leonhardhütte, 1608 m (Navi: N46.97490, E13.51168). Parkplätze für etwa 40 Pkw am Ende der Straße und nahe der Hütte. Beschilderte Zufahrt von Malta auf guter, aber teilweise schmaler Asphaltstraße, 7 km ab Malta. Von Ende Juni–Ende Sept. am Mi Wanderbus von Gmünd auf telefonische Vorbestellung bis 18 Uhr des Vortags unter Tel. +43 4732 37175 (Stand 2023). Anfahrt nach Malta über die A 10 Tauern-Autobahn (Anschlussstelle Gmünd/Maltatal) oder mit dem Kärnten-Bus 5130 von Gmünd (an Werktagen etwa stündlich).

Anforderungen: Gute Kondition für teilweise steile Pfade in etwas felsigem Gelände. Gesamter Weg gut markiert und beschildert. Bis zur Ochsenhütte streckenweise steiler, auch grober Karrenweg, dann Steig durch steile Almwiesen und den etwas schrofigen Gipfelhang.

Einkehr/Übernachtung: Leonhardhütte am Ausgangspunkt (ganzjährig bewirt-

Hochalmspitze (links hinten), Faschaunereck und Reitereck vom Stubeck.

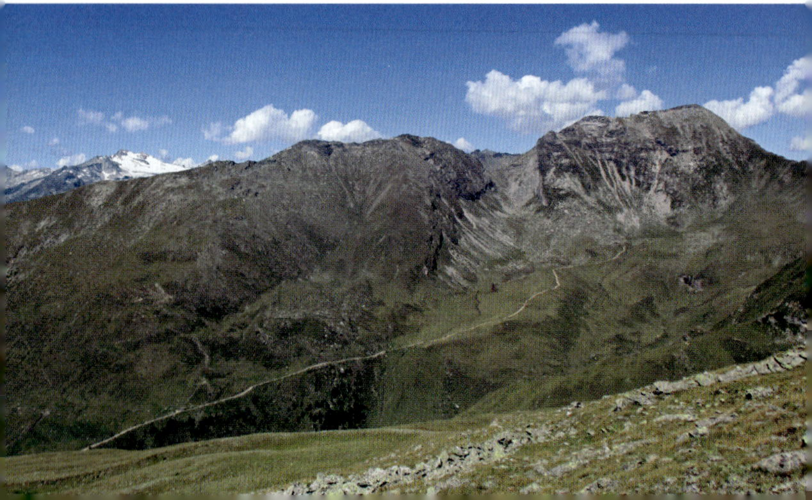

schaftet, Übernachtungsmöglichkeit, Tel. +43 664 2146961, leonhardhuette.at). Unterwegs keine.
Variante: Besteigung des Faschaunerecks, 2614 m; etwas kürzer als die Tour auf das Reitereck, aber lohnend. Bekannter Skitourenberg! Aufstieg etwa 3 Std. ab der Leonhardhütte.
Karten: f&b 202, 221; K 49, 50, 66, 67; ÖK 3105-W und 3229-O.

Von der **Leonhardhütte** ❶ folgen wir dem für den allgemeinen Verkehr gesperrten Fahrweg in die Faschaun. Bei der Hütte an der **Abzweigung zum Faschaunereck** ❷, 1910 m, gehen wir geradeaus weiter und folgen dem Weg bis zur **Ochsenhütte** ❸, 2193 m.
An der Hütte beginnt ein Steig, der uns durch zunehmend steilere Almwiesen in eine **Scharte** ❹, 2500 m, im Ostkamm des Reiterecks bringt. (In dieser Scharte zweigt der schwierige Maurilius-Mayr-Steig ab, der in östlicher Richtung über die Wandspitze zur Torscharte führt.)
Wir halten uns jedoch links entlang der Abbrüche der Glockenwände, unterhalb derer sich die weite Almmulde der Lasörn erstreckt. Ungefähr 45 Min. nach der Scharte stehen wir auf dem Gipfel des **Reiterecks** ❺, 2790 m, mit Gipfelkreuz, Gipfelbuch und großem Steinmann. Die schöne Aussicht reicht zur Hochalmspitze, in die Reißeckgruppe und über die Berge im Süden Kärntens bis zu den Julischen Alpen.
Abstieg wie Aufstieg.

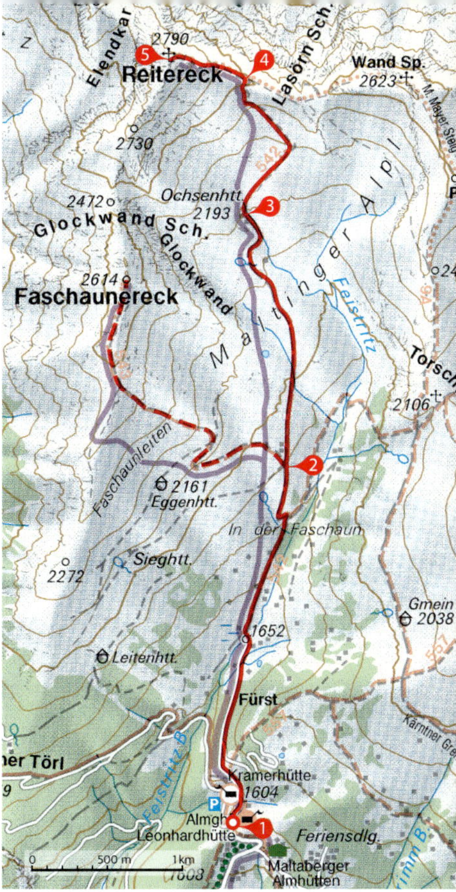

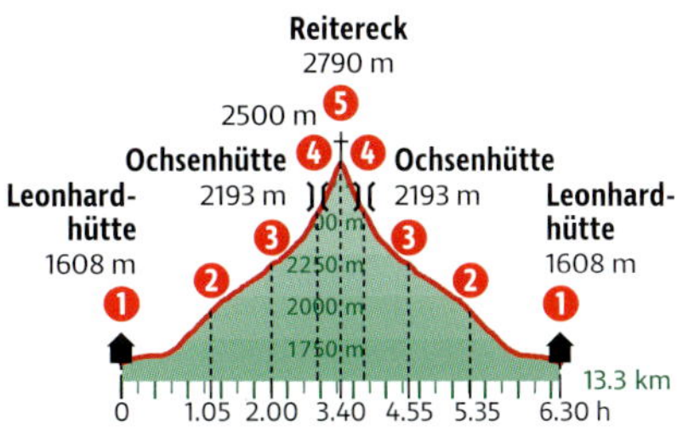

↗ 650 m | ↘ 650 m | 13.8 km

6 Laußnitzsee – Schereck, 2181 m

5.00 h

Durchatmen und die Weite genießen

Eingebettet zwischen den mächtigen Gipfeln der Hohen Tauern und den sanften Hügeln der Nockberge liegt die Region Rennweg am Katschberg. Hier herrscht weitläufiges, sanftes Almgelände vor. Die Almlandschaft um die Neue Bonner Hütte gehört zu den weniger überlaufenen Wandergebieten. Lärchenwälder umrahmen die Weiden; an ihren glühenden Gelb- und Orangetönen kann man sich vor allem im Herbst, kurz nach dem Almabtrieb Mitte September, erfreuen. Es ist ein Gebiet, in dem man sommers als Wanderer und winters als Skitourengeher tief durchatmen kann.

Ausgangspunkt: Neue Bonner Hütte, 1712 m (Navi: N47.03692, E13.67970). In der Nähe beschränkte Parkmöglichkeiten. Auf der A 10 Tauern-Autobahn die Ausfahrt Rennweg/Katschberg nehmen und der B 99 in Richtung Rennweg folgen. In den Ortsteil Frankenberg fahren und der Beschilderung zur Bonner Hütte folgen; etwa 8 km auf Forst- und Schotterstraßen. Alternativ guter Zustieg aus dem Tal oder ab Frankenberg. Kärnten-Bus 5132 von Spittal/Drau über Gmünd nach Rennweg.
Anforderungen: Lange, aber gemütliche Almwanderung mit kurzem Steilstück von der Laußnitzerhütte bis zum See, gerade nicht mehr leichte (blaue) Wanderung. Für berggewohnte Kinder gut geeignet. Auch in Teilstrecken lohnend. Einzelne Abschnitte nur sparsam markiert, daher Vorsicht bei Nebel. Nicht bei Gewittergefahr begehen!
Einkehr: Neue Bonner Hütte (DAV, bew. Anf. Juni–Mitte Okt., 17 B., Tel. +43 699 11521051, neue-bonner-huette.at), Laußnitzerhütte (auch Biohof Laußnitzer, Übernachtungsmöglichkeit, geöffnet zur Weidezeit Mitte Juni–Anfang Okt., Tel. +43 676 4181238, laussnitzer.at).
Karten: f&b 202, 221; K 66, 67; ÖK 3230-W.

Laußnitzerhütte.

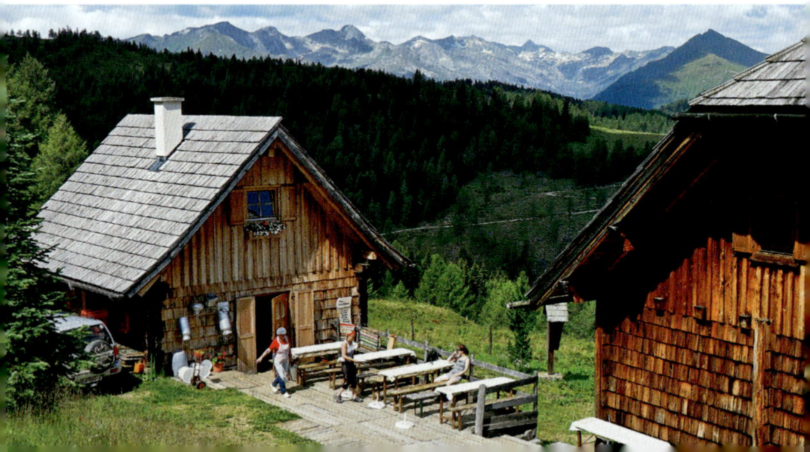

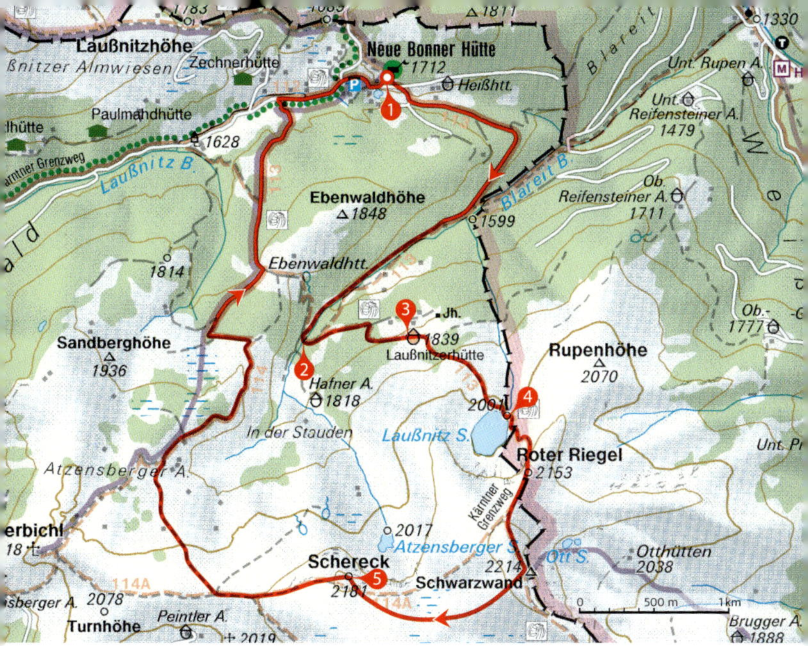

Von der **Neuen Bonner Hütte** ❶ folgen wir kurz dem gut markierten Fahrweg Nr. 113 ostwärts in Richtung Heißhütte und durch die schöne Moorlandschaft am Ufer des Blareitbachs. An einer schmalen **Holzbrücke** ❷, 1738 m, stoßen wir auf den Kärntner Grenzweg, der um ganz Kärnten herumführt. Wir queren den Bach und gehen einen steiler werdenden Wanderweg hinauf zur **Laußnitzerhütte** ❸, 1839 m. Nach einer kurzen Rast auf der schönen Sonnenterrasse wandern wir auf dem von Wurzeln und Steinen gesäumten Steig zum **Laußnitzsee** ❹, 2001 m. Der wunderschön gelegene, stille Bergsee knapp unterhalb des Roter-Riegel-Kammes lädt zum Verweilen ein. Die besten Fotozeiten sind am frühen Morgen, wenn die Sonne über den Roten Riegel schaut, oder am späteren Nachmittag, wenn die Sonne aus dem Westen hereinleuchtet.

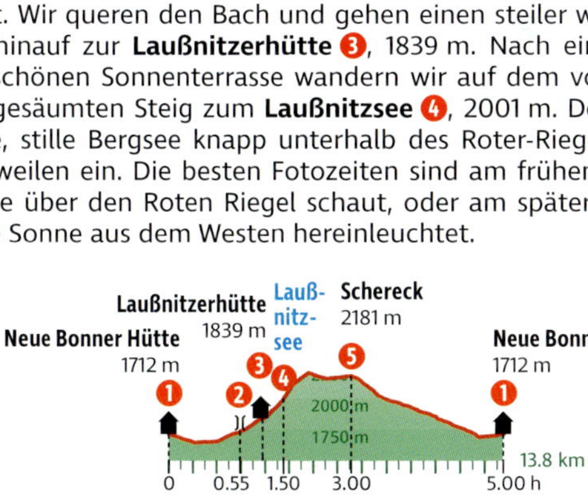

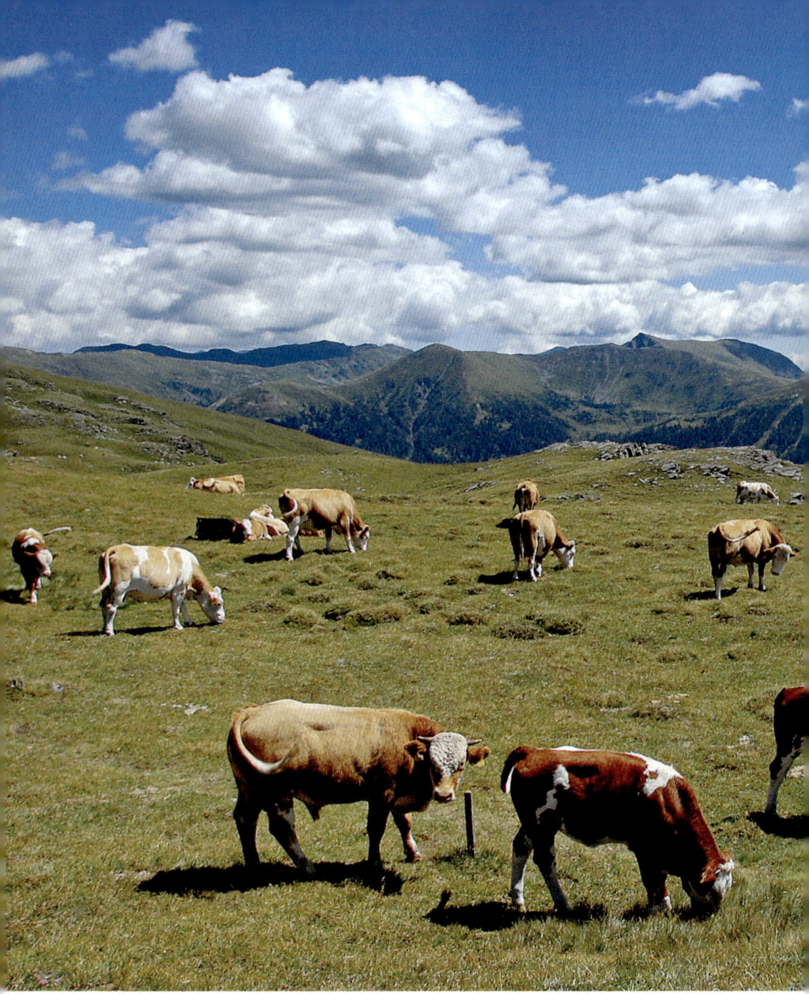

Herrliche Almweide im Gebiet des Laußnitzsees.

Weiter geht es dann vom Laußnitzsee über den Roten Riegel, 2153 m, auf die Schwarzwand, 2214 m, wo wir den Kärntner Grenzweg verlassen. Ab hier wandern wir weglos über einen sanften Rücken auf das **Schereck** 5, 2181 m. Der Atzensberger See unter dem Schereck, der kleine Bruder des Laußnitzsees, lohnt einen Abstecher. Im gesamten Almgebiet gibt es viel

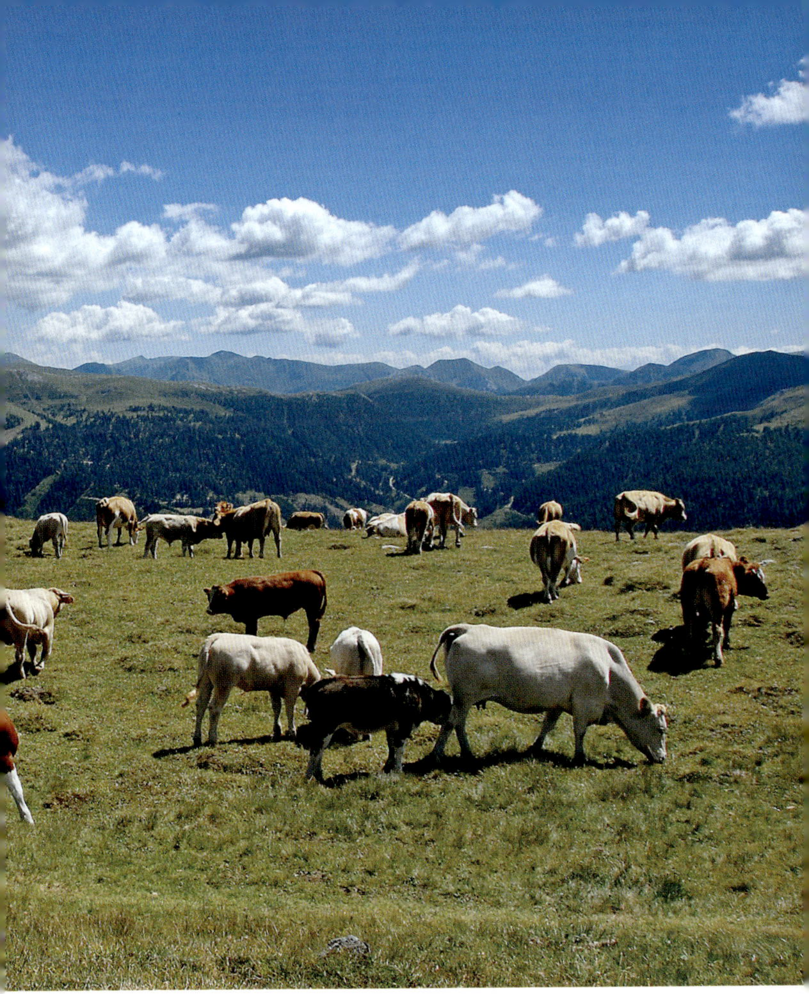

Weidevieh, das seine Einsamkeit oft durch langes Nachtrotten ausdrückt. Auch mit einigen Zudringlichkeiten muss hier hin und wieder gerechnet werden.
Für den weiteren Abstieg vom Schereck folgen wir dem Weg Nr. 114 und gelangen schließlich auf den Forstweg Nr. 113. Ab hier geht es auf dem Kärntner Grenzweg zurück zur **Neuen Bonner Hütte** ❶.

↗ 850 m | ↘ 850 m | 12.7 km

7 Vom Katschberg aufs Kareck, 2481 m

5.30 h

Anspruchsvolle Rundtour am östlichen Ende der Hohen Tauern

Der 1641 m hohe Katschbergpass trennt die im Westen gelegenen Hohen Tauern von den im Osten anschließenden Nockbergen. Wir wollen auf unserer Tour, die zu beiden Seiten der Landesgrenze zwischen Kärnten und Salzburg verläuft, den markanten Kareck-Gipfel besteigen. Dabei erreichen wir bald freies Almgelände, das einen wohltuenden Kontrast zu den vielen Liften und Pisten darstellt, die im Bereich der touristisch stark genutzen Passhöhe errichtet worden sind.

Ausgangspunkt: Katschberghöhe, Parkplatz nahe dem Gasthof Bacher, 1720 m (Navi: N47.06103, E13.60557). Beschilderte Zufahrt von der B 99 am Katschbergpass nach Westen, 1,3 km. Bus zum Katschbergpass von Spittal/Drau, Gmünd, Rennweg und St. Michael/Lungau.

Anforderungen: Im Abstieg nach der beschriebenen Route sind Orientierungsvermögen und unbedingte Trittsicherheit im steilen Gelände unabdingbar; Weg bis zur Gontalscharte ist nicht mehr markiert, aber immer gut zu erkennen, an der Schlüsselstelle eine Leiter. Gute Kondition für den Auf- und Abstieg erforderlich, da der Gipfelbereich sehr steil ist. Alle Arten von Wegen: Güterwege, gute Wanderwege und schmale Steige.

Einkehr: Gasthof Bacher am Ausgangspunkt (etwa Mitte Juni–Ende Okt., Tel. +43 4734 318, gasthof-bacher.at), Pritzhütte (Mitte Mai–Ende Okt., Tel. +43 664 2844583, pritzhuette.com), Gamskogelhütte (Ende Mai–Nov., Tel. +43 664 3376678, gamskogelhuette.at).

Variante: Weniger geübte Bergsteiger gehen vom Kareck 4 auf dem Aufstiegsweg zurück bis zum Weg 97/20 3. Von hier geht es auf den Wegen Nr. 18 und 19 mit geringer Gegensteigung in 30 Min. in die Gontalscharte 5 und auf der Hauptroute zurück zum Startpunkt.

Karten: f&b 202, 221; K 50, 66, 67; ÖK 3229-O.

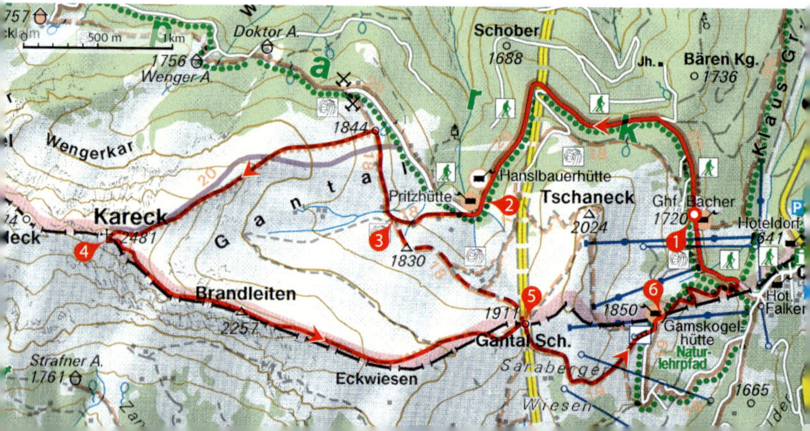

Vom Parkplatz nahe dem **Gasthof Bacher** ❶ gehen wir auf einer beinahe ebenen, unbefestigten Forststraße (Weg Nr. 97/20) ca. 2,5 km um die Nordseite des Tschanecks zur **Pritzhütte** ❷, 1735 m. Kurz danach verlassen wir bei einem Wegweiser die Straße und folgen einem alten Almweg, der nach kurzer Zeit wieder auf den **Weg 97/20** ❸, 1825 m, stößt. Wir folgen dem Steig, der uns fast eben zum Nordost-Rücken des Karecks führt. Hier zweigen wir scharf nach links vom geradeaus weiterführenden Arnoweg ab. Durch Almgelände geht es zum Gipfel des **Karecks** ❹, 2481 m. Ein schöner Panoramablick nach Norden zu den Radstätter Tauern sowie nach Süden und Westen in die Ankogelgruppe mit der »Tauernkönigin«, der Hochalmspitze, belohnt uns für die Mühen des Aufstiegs.

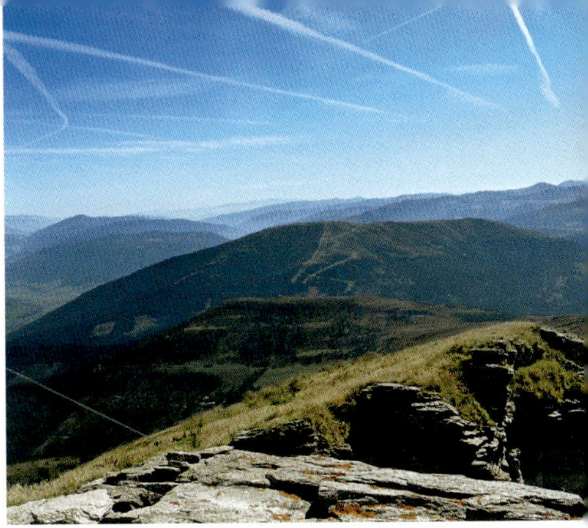

Blick auf Murtal (links) und Aineck (Bildmitte).

Für den Abstieg wählen wir den Südostgrat. Achtung! Dieser Weg ist nicht markiert und wird auch nicht betreut, er ist aber immer zu erkennen. Zunächst führt er in Serpentinen durch die Ostflanke, bevor wir zur Schlüsselstelle dieser Tour kommen. Am Fuße des Absprungs, 2288 m, hilft uns eine kurze Stahlleiter weiter. Im Anschluss daran geht es mit einer kurzen Umgehung um den Absprung herum wieder zum Kamm, der sich ab hier zu einem Rücken verbreitert. Auf diesem Rücken folgen wir dem immer gut sichtbaren Steig hinunter bis zur **Gontalscharte** ❺, 1911 m (auf der Karte »Gantal Sch.«). Von hier bringt uns der Weg Nr. 19 bald zur **Gamskogelhütte** ❻, 1850 m. Auf der Rodelbahn gehen wir hinunter zur Zufahrtsstraße zum Parkplatz beim **Gasthof Bacher** ❶, den wir nach wenigen Hundert Metern erreichen.

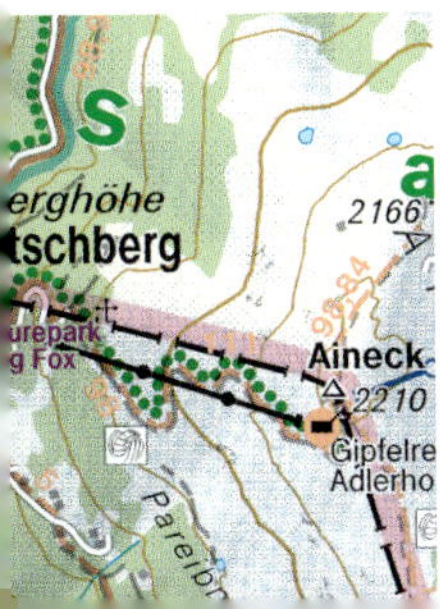

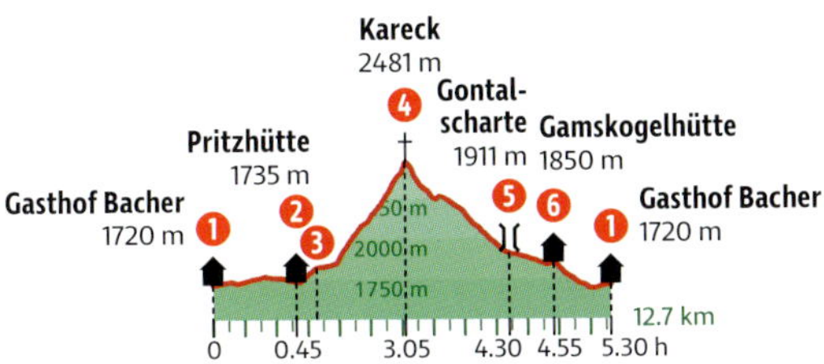

↗ 740 m | ↘ 740 m | 10.0 km

8 Stubeck, 2370 m, von der Frido-Kordon-Hütte

4.00 h

Über sanfte Almmatten zum Gletscherblick

Seit 1937 steht die Frido-Kordon-Hütte auf der »Sonnalm Stubeck«, wie dieses Gebiet an der Waldgrenze oberhalb der kleinen Stadt Gmünd auch genannt wird. Von der in vielen Jahrzehnten braun gebrannten Hütte wandern wir sehr angenehm auf das Stubeck. Wegen seiner Lage am Südostrand der Hohen Tauern bietet dieser Gipfel eine umfassende Rundsicht, die von der vergletscherten Hochalmspitze über die Nockberge bis zu den schroffen Kalkbergen der Karawanken und der Julischen Alpen reicht. Im Frühsommer erfreuen sich die Wanderer an der reichen Blumenpracht der Almlandschaft, im Winter ist das Stubeck ein beliebtes Ziel für Skitourengeher.

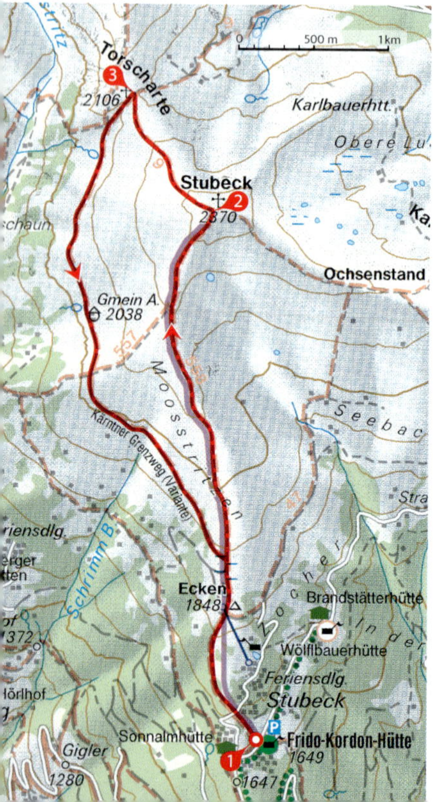

Ausgangspunkt: Frido-Kordon-Hütte, 1649 m (Navi: N46.9618, E13.54153). Beschilderte Auffahrt ab dem östl. Stadttor von Gmünd zum Parkplatz kurz vor der Hütte. Ende Juni–Ende Sept. am Mi Wanderbus von Gmünd auf telefonische Vorbestellung bis 18 Uhr des Vortags unter Tel. +43 4732 37175 (Stand 2022). Anfahrt nach Gmünd über die A 10 Tauern-Autobahn (Anschlussstelle Gmünd/Maltatal) oder mit dem Kärnten-Bus 5132 von Spittal/Drau und Rennweg am Katschberg oder dem Kärnten-Bus 5130 von Malta.

Anforderungen: Problemlose und technisch einfache Rundwanderung auf sanften Almsteigen und Almwegen.

Einkehr: Frido-Kordon-Hütte (ÖAV, bew. Anf. Mai–Ende Okt., 10 B. 15 L., Tel. +43 664 1567706 oder +43 4733 528, sonnalm-gmuend.at). Unterwegs keine.

Tipp: Besichtigung der Stadt Gmünd, die bereits im Mittelalter große Bedeutung hatte. Sehenswert sind Stadtbefestigung mit Toren und Mauern, Burgruine, Neues Schloss, Porsche-Automuseum u. a. stadtgmuend.at.

Karten: f&b 221; K 50, 66, 67; ÖK 3105-O.

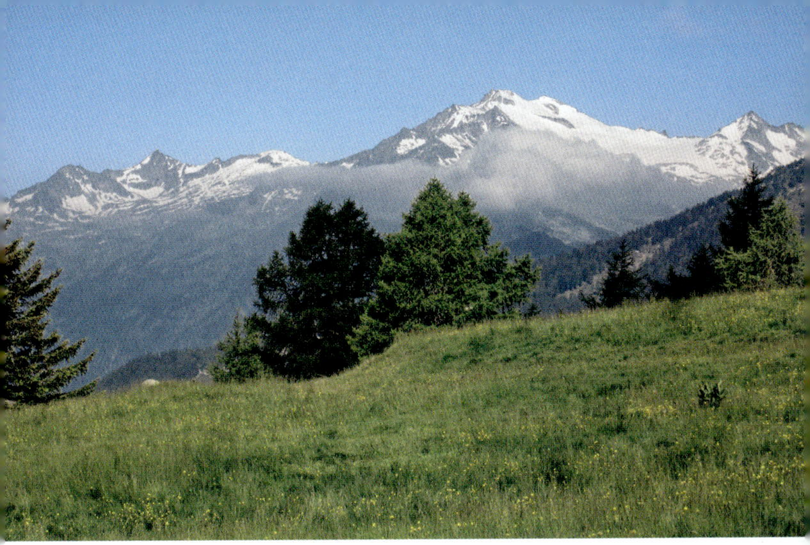

Blick zur Hochalmspitze.

Von der **Frido-Kordon-Hütte** ❶, deren Namensgeber ein früher Alpinist und Apotheker aus der Region war, folgen wir dem direkt gegenüber der Hütte beginnenden Wanderweg Nr. 558 nach Norden über die Almwiesen stetig bergauf zum Ecken. Weiter wandern wir über den lang gestreckten, aussichtsreichen Bergrücken auf den Gipfel des **Stubecks** ❷, 2370 m. Am Gipfelkreuz erwartet uns eine herrliche Rundsicht auf die Hohen Tauern, deren Firnfelder und Gletscher bis hierher leuchten, und auf die näher liegenden Nockberge. Unser Abstieg führt uns nordwestwärts in die **Torscharte** ❸, 2106 m, mit einem Bittkreuz, unterwegs eröffnen sich herrliche Aussichten zum ewigen Eis der Ankogelgruppe. An der Torscharte biegen wir links auf den Kärntner Grenzweg ab. Ihm folgen wir zuerst auf einem Pfad, dann auf einem Almweg zurück zur **Frido-Kordon-Hütte** ❶.

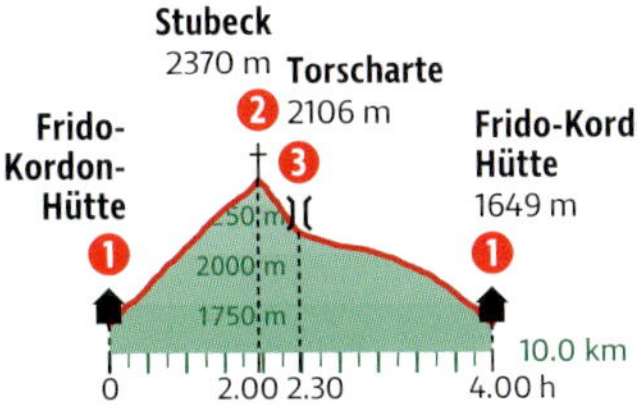

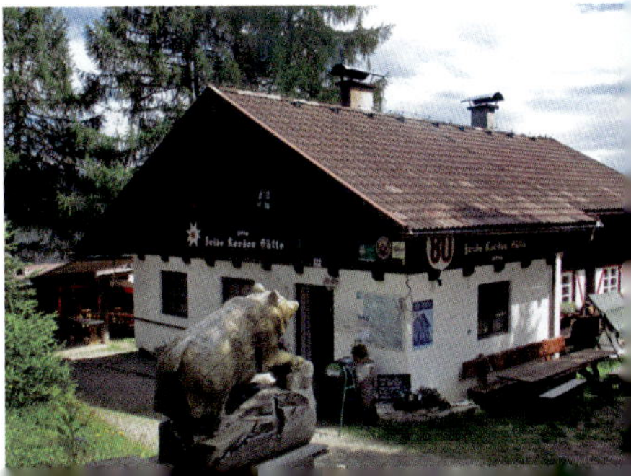

Frido-Kordon-Hütte.

↗ 1300 m | ↘ 1300 m | 10.4 km

9 Gmeineck, 2592 m, über die Kohlmaierhütte

6.30 h

Große Tour auf den südlichen Eckpfeiler der Reißeckgruppe

Fährt man von Villach das Drautal aufwärts Richtung Spittal, so fesselt – neben der charakteristischen, vergletscherten Hochalmspitze – ein Berg den Blick: Es ist das Gmeineck mit seinen weiten, steilen Hängen, die auch im Winter beliebte Tourenziele darstellen. Obwohl man mit dem Pkw bis kurz vor die Kohlmaierhütte auffahren kann, ist das Gmeineck wegen des großen Höhenunterschieds auch für geübte Bergsteiger ein recht anspruchsvolles und daher nie überlaufenes Gipfelziel.

Ausgangspunkt: Großer Parkplatz unterhalb der Kohlmaierhütte, 1380 m (Navi: N46.86852, E13.42632). Zufahrt auf Asphaltstraße von Lendorf über den Hühnersberg (u. a. Wegweiser »Kolmwirt«) in einen Sattel oberhalb des Kolmwirts, 6 km; von dort noch 3,5 km auf teils schmaler Erdstraße. Zufahrten auch von Lieserhofen oder von der B 99 nördlich Spittal/Drau über Altersberg möglich. Bahn und Bus von Spittal/Drau nach Lendorf.
Anforderungen: Lange Tour mit großem Höhenunterschied, daher gute Kondition erforderlich. Meist deutliche und gut markierte Steige, lediglich im Abstieg zwischen der Abzweigung zur Bergfriedhütte und dem Aufstiegsweg nicht betreut und nur sparsam markiert. Im Hochsommer wegen des südseitigen Aufstiegs recht schweißtreibend. Vorsicht bei Gewittergefahr!
Einkehr: Kohlmaierhütte, 1512 m (bew. Anfang Mai–Okt., je nach Witterung geöffnet, Tel. +43 676 7297003, kohlmaierhuette.at).
Karten: f&b 221; K 49, 50, 63, 66; ÖK 3105-W.

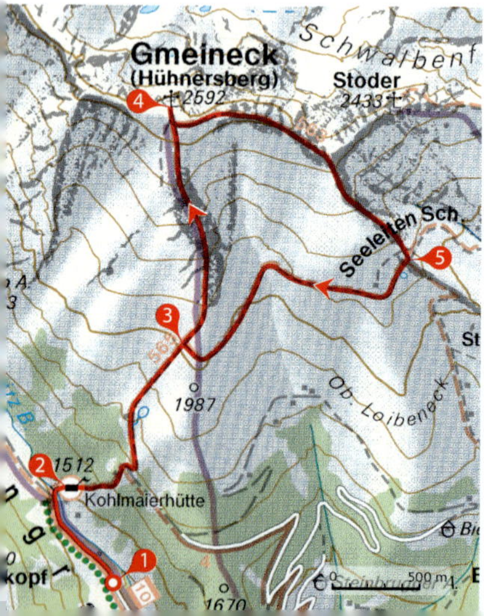

Vom **Parkplatz Kohlmaierhütte ❶**, der am Beginn einer großen Wiese liegt, wandern wir auf dem Fahrweg talein und über die Brücke hinauf zur im Sommer bewirtschafteten **Kohlmaierhütte ❷**, 1512 m. Ab hier geht es recht steil durch schütteren Wald bis auf ca. 1800 m Höhe, von wo sich die weiten Almhänge bis zum Gipfel des Gmeinecks hinaufziehen. Unser Weg Nr. 565 ist gut markiert und beschildert und immer gut zu erkennen. Nach etwa 1.45 Std. kommen wir bei einem Wegweiser zum **Abzweig Bergfriedhütte ❸**, 2010 m; hier stoßen wir beim Abstieg wieder auf unseren Aufstiegsweg. Zunächst aber

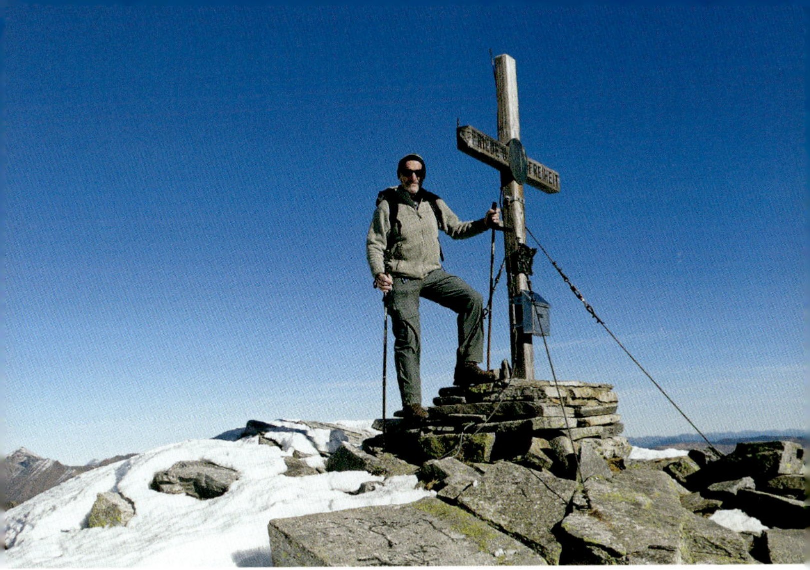

Der Gipfel des Gmeinecks ist erreicht.

wandern wir mit dem Weg 656 recht steil hinauf gegen den Gipfel; nach einem etwas steinigen Schlussstück erreichen wir das Gipfelkreuz auf dem **Gmeineck** ❹, 2592 m. Die Aussicht ist lediglich in Richtung Norden etwas beschränkt, sonst aber fast grenzenlos.

Im Abstieg folgen wir dem Weg Nr. 563, der sich knapp unter dem Gipfel nach Osten wendet. Wir wandern hinunter bis zu einem **Wegweiser** ❺, 2120 m, bei einer Abzweigung zur Bergfriedhütte. Hier halten wir uns rechts an einen Weg, der nicht betreut wird, nur gelegentlich markiert ist und ein wenig Spürsinn erfordert. Zunächst gehen wir fast eben, bis wir zu einem Rücken kommen, der den steilen Kessel unter dem Gmeineckgipfel begrenzt. In einem weiten Bogen durchqueren wir diese eindrucksvolle Mulde. Wir kommen zum gegenüberliegenden Rücken, wo wir kurz darauf am **Abzweig** ❸ mit Wegweiser wieder auf den Aufstiegsweg stoßen. Wir kehren zur einladenden **Kohlmaierhütte** ❷ zurück und schließlich zum etwas unterhalb liegenden **Parkplatz Kohlmaierhütte** ❶.

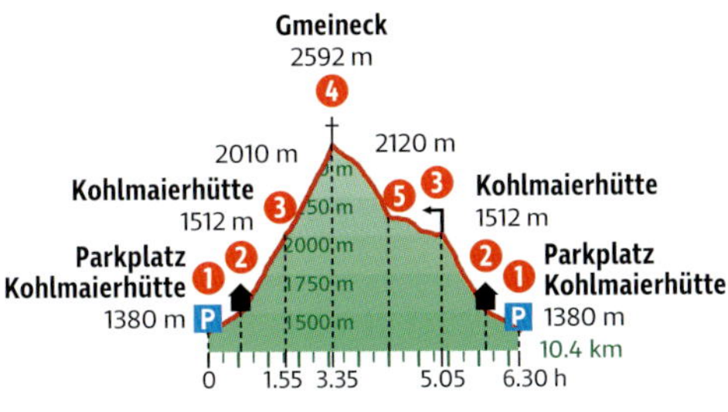

↗ 710 m | ↘ 710 m | 15.5 km

10 Gaipahöhe, 2192 m

5.00 h

Schöne Rundtour auf der Blutigen Alm

Diese Bergwanderung liegt im nördlichen Teil der Kärntner Nockberge und verläuft längs der Grenze zu Salzburg auf einer Teiletappe des Kärntner Grenzweges. Sie führt über die Blutige Alm zu den tiefblauen Anderlseen, fünf kleinen Bergseen, die zum romantischen Verweilen und Jausen einladen. Auf der Blutigen Alm, deren Name auf Kämpfe um 600 n. Chr. zurückgehen soll, bei denen der Bajuwaren-Herzog Diet den gewaltsamen Tod fand, gibt es im Frühjahr wie im Sommer eine bezaubernde Almflora mit Alpenrosen, Enzian und Arnika zu bewundern. Auch das Schwarze Kohlröschen ist hier zu finden – während seiner Blütezeit zwischen Mitte Juni bis Ende Juli duften die kleinen Blüten dieser tiefroten Orchideenart angenehm nach Vanille. Wer daran intensiv riecht, bekommt Nasenbluten, weshalb das Schwarze Kohlröschen auch Blutströpfchen genannt wird – vielleicht ein weiterer Grund für den Namen der Alm. Nach der Runde über die Gaipahöhe bietet die derzeit geschlossene Blutige-Alm-Hütte leider keine Einkehrmöglichkeit.

Auf der Blutigen Alm mit schönem Blick auf die Nockberge.

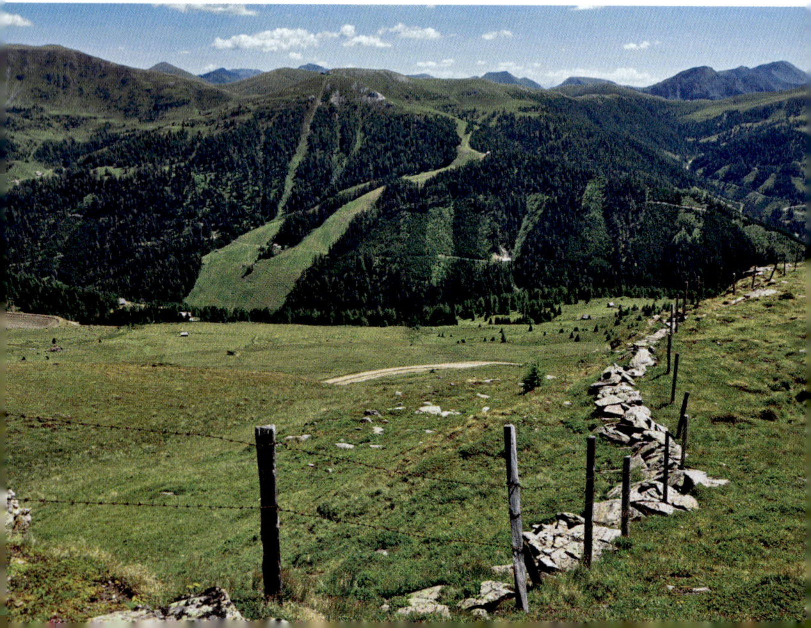

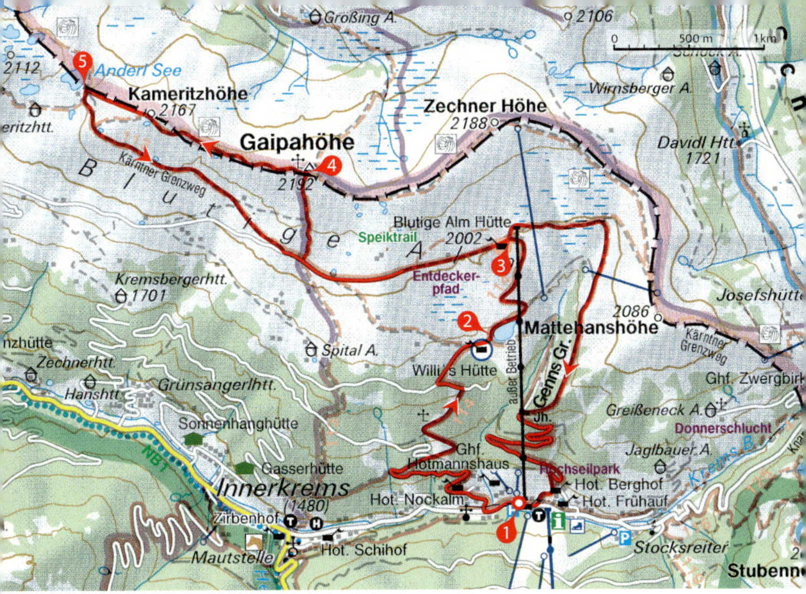

Ausgangspunkt: Innerkrems, Parkplatz gegenüber der Talstation der Doppelsesselbahn Blutige Alm, 1537 m (Navi: N46.97113, E13.74700). Die Anfahrt erfolgt auf der A 10 Tauern-Autobahn, Ausfahrten Gmünd/Maltatal oder Rennweg/Katschberg, dann Richtung Nockalmstraße. In Kremsbrücke der Beschilderung nach Innerkrems folgen.
Anforderungen: Abwechslungsreiche und technisch einfache Alm- und Waldwanderung auf markierten Wegen (Wetter beachten). Bei Nebel besser über den Aufstiegsweg absteigen.
Einkehr: Unterwegs keine. Die Blutige-Alm-Hütte öffnet voraussichtlich erst im Jahr 2024 wieder, wenn der Sessellift in Betrieb ist.
Tipp: Eine Besonderheit der Region ist der Speik (Valeriana celtica), eine aromatisch duftende Baldrianart. Direkt bei der Blutige-Alm-Hütte ist ein 500 m langer Speik-Trail eingerichtet worden, auf dem man Wissenswertes über den Speik erfährt.
Hinweis: Der Sessellift Blutige Alm nimmt vermutlich im Jahr 2024 seinen Betrieb wieder auf.
Karten: f&b 202, 221, 222; K 063, 66, 67; ÖK 3106-W.

In der Innerkrems gehen wir vom Parkplatz an der **Talstation des Doppelsessellifts Blutige Alm** ❶, der derzeit außer Betrieb ist, auf der Straße kurz talaus. Nach etwa 5 Min. zweigen wir rechts auf den Wanderweg Nr. 114 ab, der auf einem Fahrweg westlich des Genns-Grabens bergauf führt. Nach etwa 1¼ Std. erreichen wir den **Speichersee** ❷, 1880 m, der im Winter das Wasser für die Beschneiungsanlagen des Skigebiets Innerkrems lieferte. Die geschlossene Blutige-Alm-Hütte und die ebenfalls geschlossene Bergstation des Doppelsessellifts sind von hier aus bereits sichtbar. An der **Berg-**

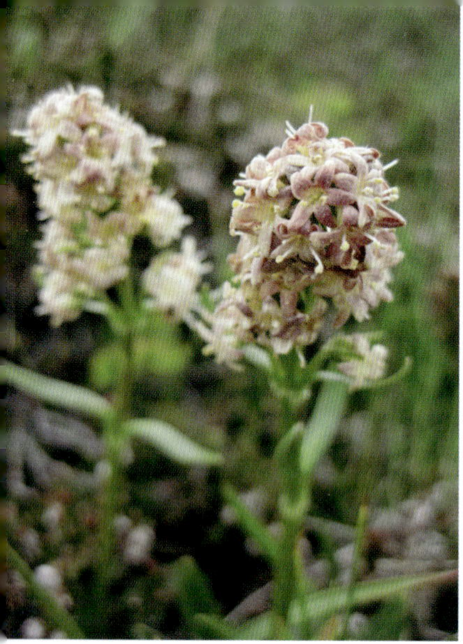

Der echte Speik.

station ❸, 2002 m, ist der Kärntner Grenzweg Nr. 113 zu den Anderlseen ausgeschildert, dem wir nun gemütlich auf einem alten, ebenen Heuweg in westliche Richtung folgen. Nach weiteren 30 Min. halten wir uns rechts und folgen dem Weg zum Gipfel der **Gaipahöhe** ❹, 2192 m. Vom Gipfelkreuz genießen wir die umfassende Aussicht auf die Hohen Tauern, vom Hafner bis zur Hochalmspitze. Auf dem breiten Rücken wandern wir weiter kammabwärts mit einer letzten kurzen Steigung zur Kameritzhöhe, 2167 m, deren fast zwei Meter hoher Steinturm aus der Ferne Orientierung bietet. Bald erreichen wir die **Anderlseen** ❺, ca. 2100 m. Der größte der Seen ist besonders fischreich und befindet sich im Privatbesitz der Hüttenpächter der Blutige-Alm-Hütte. An seinen felsig-grasigen Ufern setzen wir uns zum Verweilen nieder, während zutraulich-aufdringliche Rinder uns umkreisen. Über einen Teppich aus Gemsheide und Isländischem Moos wandern wir auf dem Weg Nr. 113 zurück zur Blutige-Alm-Hütte an der **Bergstation** ❸, wo wir uns vor dem Abstieg ins Tal derzeit nur eine Jause aus dem eigenen Rucksack gönnen und dabei die schöne Aussicht zu den Nockbergen im Süden genießen können.

Für den Abstieg ins Tal wählen wir den Forstweg, der vorerst Richtung Mattehanshöhe und dann östlich des Genns-Grabens zur **Talstation des Doppelsessellifts Blutige Alm** ❶ in der Innerkrems hinunterführt. Als Alternative können wir auch auf dem Aufstiegsweg (Weg Nr. 114) absteigen.

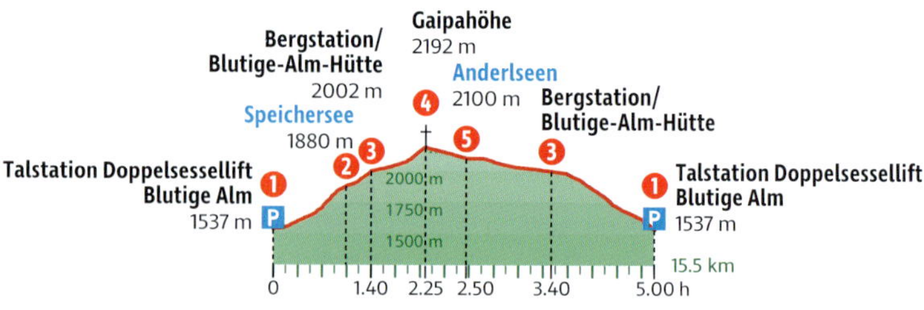

↗ 800 m | ↘ 800 m | 11.5 km

TOP

5.15 h

Königstuhl, 2336 m, von der Dr.-Josef-Mehrl-Hütte

11

Gipfelrunde im Dreiländereck Kärnten–Salzburg–Steiermark

Der Königstuhl – manchmal auch »Großer Königstuhl« genannt – zählt zwar nicht zu den höchsten, sicher aber zu den bekanntesten und meistbesuchten Gipfeln der Nockberge. Wir beschreiben in diesem Führer daher auch vier verschiedene Anstiege auf den Königstuhl. Während der Berg nach Westen und nach Süden die für die Nockberge typischen runden Formen zeigt, fällt er nach Norden und Osten mit dunklen, steilen Wänden ab. Wir wählen für unseren Aufstieg den Weg durch das zauberhafte Rosanintal und über die Königstuhlscharte. Der Abstieg bringt uns entlang der Landesgrenze Kärnten/Salzburg über fünf Gipfel zurück zur Dr.-Josef-Mehrl-Hütte.

Ausgangspunkt: Dr.-Josef-Mehrl-Hütte, 1730 m, große Parkplätze (Navi: N46.97917, E13.77535). Von Innerkrems ca. 5 km bis zur Hütte.
Anforderungen: Überwiegend leichte Bergtour (gerade schon rot) auf gut markierten Wegen und Steigen. Anstieg zur Königstuhlscharte etwas mühsam. Im Abstieg vom Saureggnock und vom Stubennock Trittsicherheit erforderlich.
Einkehr: Dr.-Josef-Mehrl-Hütte, 1730 m (ÖAV, bew. Mitte Juni–Ende Sept., 23 B., 16 L., Tel. +43 4736 320). Unterwegs keine Einkehrmöglichkeit.
Karten: f&b 221, 222; K 063, 66, 67; ÖK 3106-W.

Der einsam gelegene Rosaninsee.

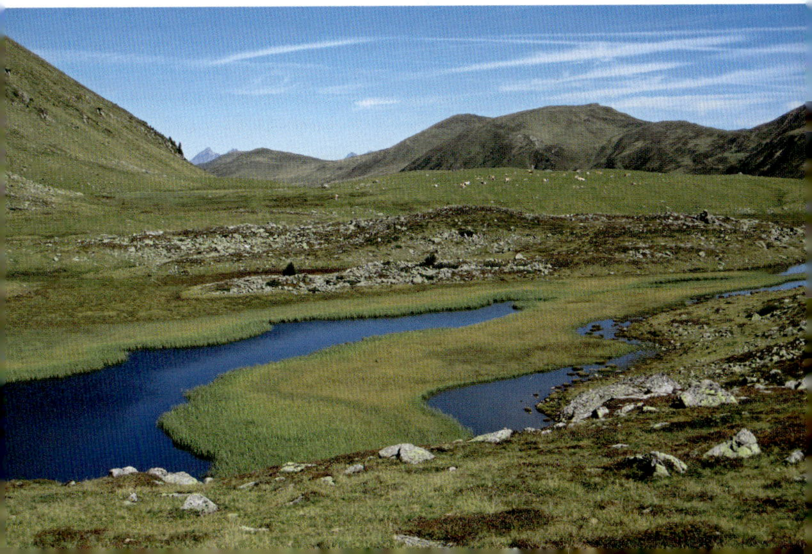

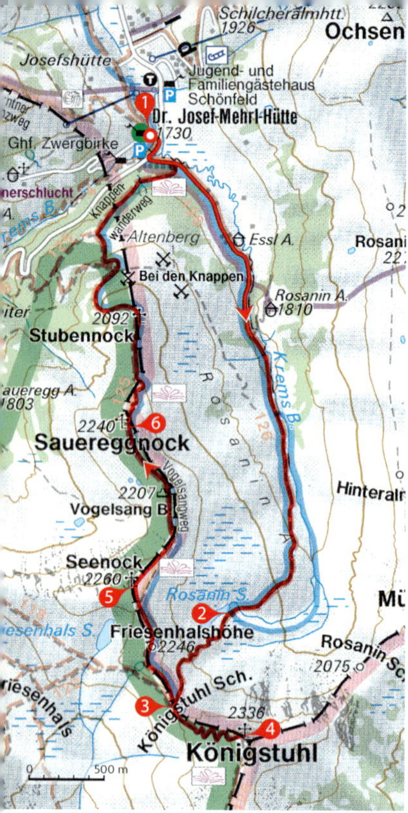

Von der **Dr.-Josef-Mehrl-Hütte ❶** gehen wir kurz Richtung Innerkrems und gleich nach der Brücke (Wegweiser, Weg Nr. 126) links auf einem Fahrweg ins breite Rosanintal. Jenseits der Esslalm sehen wir rechts im Hintergrund schon das Ziel unserer Wanderung, den Königstuhl. Nach etwa 45 Min. zweigen wir rechts auf einen Steig ab, der uns zum stark verwachsenen **Rosaninsee ❷**, 2060 m, bringt; schöner Rastplatz! Über eine etwas mühsame Steilstufe erreichen wir die **Königstuhlscharte ❸**, 2190 m, wo wir auf den breiten Weg treffen, der vom Parkplatz Eisentalhöhe an der Nockalmstraße herüberkommt. Von hier sind es nur mehr knapp 30 Min., bis wir den viel besuchten, aussichtsreichen Gipfel des **Königstuhls ❹**, 2336 m, erstiegen haben.

Wir kehren zurück zur **Königstuhlscharte ❸** und folgen den Wegweisern »Seenock, Saureggnock, Weg 125« mit nicht ganz zutreffenden Angaben für die Gehzeiten. Immer nach dem Kamm bringt uns der Steig in schönem Auf und Ab über die Friesenhalshöhe, 2246 m, den **Seenock ❺**, 2260 m, und den Vogelsangberg, 2207 m, auf den **Sauereggnock ❻**, 2240 m. Dann geht es fast 200 Hm etwas steiler hinunter in einen flachen Sattel und kurz hinauf auf den Stubennock (auch Feldhöhe), 2092 m, den letzten Gipfel auf dieser Wanderung. Hier wenden wir uns scharf nach links (Westen), bald aber nach Norden, um in den steilen Hängen an der Waldgrenze Reste des früheren Bergbaus zu sehen. Auf einem streckenweise etwas feuchten Karrenweg wandern wir durch den Zirbenwald hinunter ins Rosanintal und zurück zur **Dr.-Josef-Mehrl-Hütte ❶**.

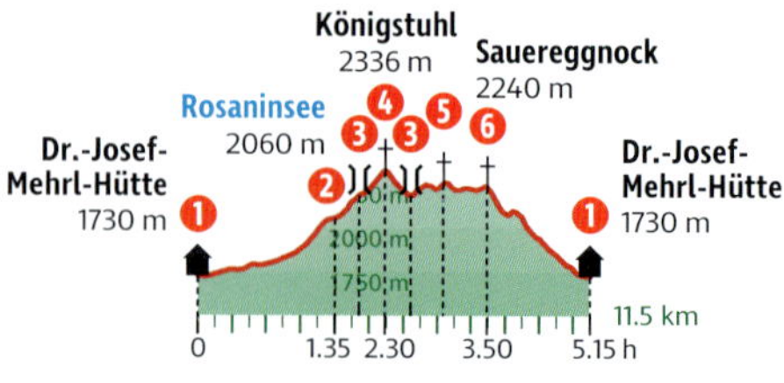

↗ 700 m | ↘ 700 m | 9.5 km

4.15 h

Pfannnock, 2254 m, von der Grundalm

12

Rundwanderung im Herzen des Biosphärenparks Nockberge

Diese abwechslungsreiche Tour führt von der Grundalm durch schöne Zirben- und Lärchenwälder, über weite Almböden, an einem stillen See vorbei und durch ein ehemaliges Bergbaugebiet. Mit dem Pfannnock und seinem kleinen Bruder können wir gleich zwei Gipfel ersteigen.

Ausgangspunkt: Grundalm (mit Erlebnisraum Silva Magica) an der Nockalmstraße, 1688 m (Navi: N46.89450, E13.77412). Großer Parkplatz. 18 km von Ebene Reichenau, 17 km von Innerkrems.
Anforderungen: Aufstieg vom Oswalder Bocksattel zu den Pfannseen etwas steil, steinig und mühsam. Im Abstieg vom Kleinen Pfannnock ist unbedingt Trittsicherheit in steilem Gelände erforderlich. Sonst alle Arten von Wegen und Steigen, streckenweise etwas sumpfig.
Einkehr: Erlacher Bockhütte (Anf. Mai–Ende Okt., Tel. +43 699 11975944, langalmtal.at); etwas abseits des Weges Oswalder Bockhütte (Ende Mai–Ende Okt., Tel. +43 664 4023231, friesengestuet.at) und (Klein-)Kirchheimer Wolitzenhütte, auch bekannt als Wolitzenalm (Anf. Juni–Ende Okt., Tel. +43 664 9236874).
Variante: Nicht bez. Abstieg vom Kleinen Pfannnock 5 nach Süden entlang des Kammes oder knapp daneben Richtung Arkersattel, kurz vorher bei Wegweiser nach links etwas mühsam bergauf zu den Pfannseen 3 und zurück zur Grundalm. Nur für erfahrene, trittsichere Bergsteiger! Mehrere felsige Steilstufen (eine Seilsicherung); nicht bei Schnee begehen.
Karten: f&b 221, 222; K 63, 063, 66; ÖK 3106-W.

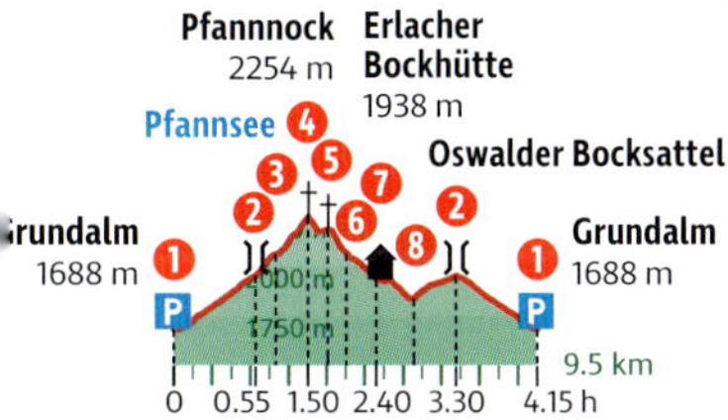

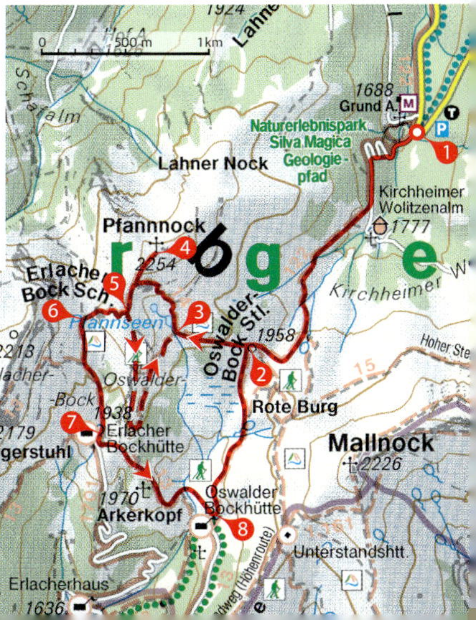

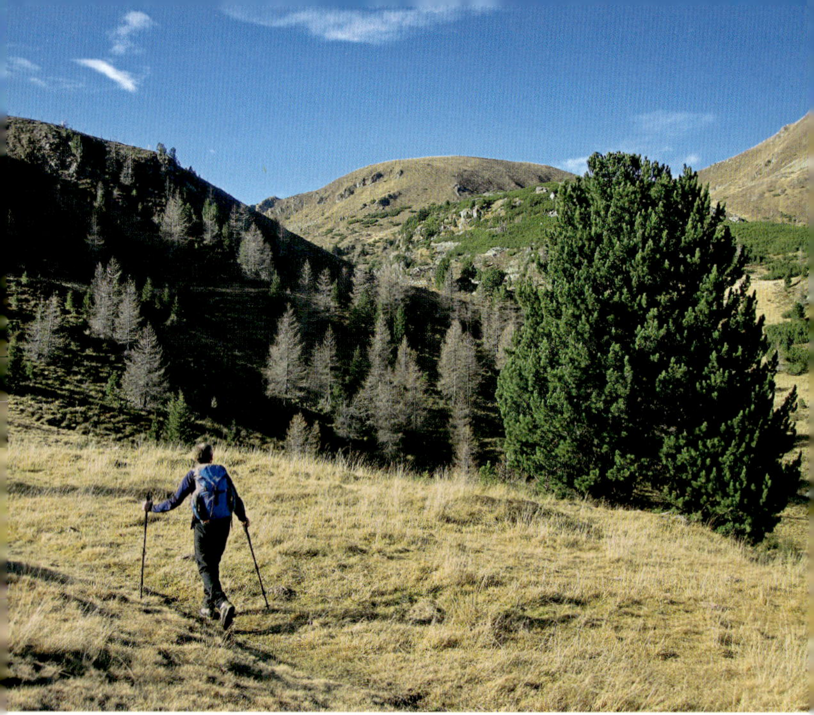

Aufstieg durch die Kirchheimer Wolitzen zum Oswalder Bocksattel.

Nahe der **Grundalm** ❶ zweigen wir in der Kehre der Nockalmstraße bei den Wegweisern auf den Fahrweg Richtung Oswalder Bocksattel und Pfannnock ab. Kurz hinter einem Tor halten wir uns rechts an einen Steig, der uns durch Wiesen und lichten Baumbestand in den **Oswalder Bocksattel** ❷, 1958 m, führt. Von dort geht es etwas mühsam, steil und steinig hinauf zu den kleinen, ziemlich zugewachsenen **Pfannseen** ❸, 2065 m, wo wir einen Wegweiser vorfinden. In einem großen Bogen steigen wir hinauf in einen weiteren Sattel und rechts dem Rücken folgend auf den **Pfannnock** ❹, 2254 m. Wir kehren in den Sattel zurück und gehen geradeaus weiter auf den in Karten nicht bezeichneten **Kleinen Pfannnock** ❺, 2190 m. Kurz vor dessen Gipfel zweigt rechts ein steiler, markierter Steig zur **Erlacher Bockscharte** ❻, 2070 m, ab. In der Umgebung sehen wir zahlreiche Reste des früheren Eisenerzbergbaus. Nun wandern wir gemütlich talaus zur schön gelegenen **Erlacher Bockhütte** ❼, 1938 m. Weiter geht es Richtung Oswalder Bockhütte, erst kurz hinauf in den Arkersattel, 1950 m, und danach in wenigen Minuten hinunter zu einem Wegweiser bei der **Abzweigung** ❽,

1840 m, zur Oswalder Bockhütte. Wer dort nicht einkehren möchte, folgt dem breiten Weg hinauf in den **Oswalder Bocksattel** 2 und geht auf dem Aufstiegsweg zurück. Wenn man kurz vor dem Wald auf den Fahrweg trifft, kann man rechts noch den kleinen Abstecher zur Kirchheimer Wolitzenhütte, 1777 m, machen. Von dort sind es wenige Minuten hinunter zur **Grundalm** 1.

Der Rücken zum Gipfel des Pfannnocks.

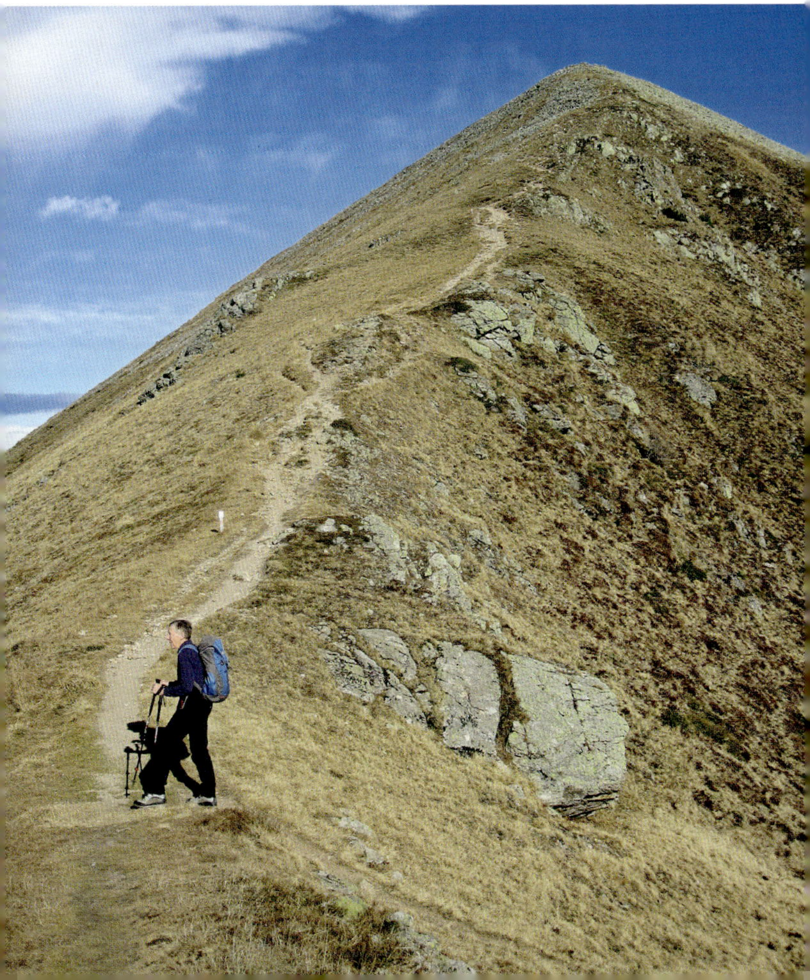

TOP

13 Hohe Pressing, 2370 m

↗ 800 m | ↘ 800 m | 9.6 km

4.45 h

Schöne Kammwanderung über drei Nockgipfel

Die Hohe Pressing ist der höchste Gipfel im Nordwesten der Nockberge. Sie bietet daher eine weite Rundsicht, die nur nach Süden vom etwas höheren Rosennock ein wenig eingeschränkt wird: Der Blick reicht von den östlichen Hohen Tauern mit der vergletscherten Hochalmspitze über die Niederen Tauern und die Gurktaler Alpen bis zu den Karawanken, den Julischen, den Karnischen und den Gailtaler Alpen.

Ausgangspunkt: Nockalmhof, 1673 m, mit Biosphärenpark-Zentrum (Navi: N46.95438, E13.72710). Großer Parkplatz. Zufahrt von Innerkrems auf der mautpflichtigen Nockalmstraße, 2,7 km.
Anforderungen: Trittsicherheit auf einigen etwas steileren Abschnitten. Zwischen Bärenaunock und Hoher Pressing Steigspuren, nicht markiert, aber einfache Orientierung. Im letzten Teil des Abstiegs vom Peitlernock zur Bärengrubenalm nur dürftig markiert. Insgesamt wenig schwierige Tour auf meist guten Wegen und Steigen, auf den Almböden westlich der Bärengrubenalm streckenweise sumpfig. Nicht bei Gewittergefahr!
Einkehr: Nockalmhof (Imbiss).
Tipp: Museum im Nockalmhof mit einer Ausstellung schöner Versteinerungen.
Karten: f&b 221, 222; K 63, 063, 66, 67; ÖK 3106-W.

Vom **Nockalmhof** ❶ geht es kurz auf der Nockalmstraße bergauf bis zur Abzweigung einer Forststraße. Dieser folgen wir bis zu den Hütten der **Bärengrubenalm** ❷, 1800 m. Auf einem Steig wandern wir durch lichten Wald zu weiten Almböden. An einer Abzweigung können wir entweder den Weg links durch die etwas feuchten Wiesen wählen oder – auf trockenerem Grund – kurz

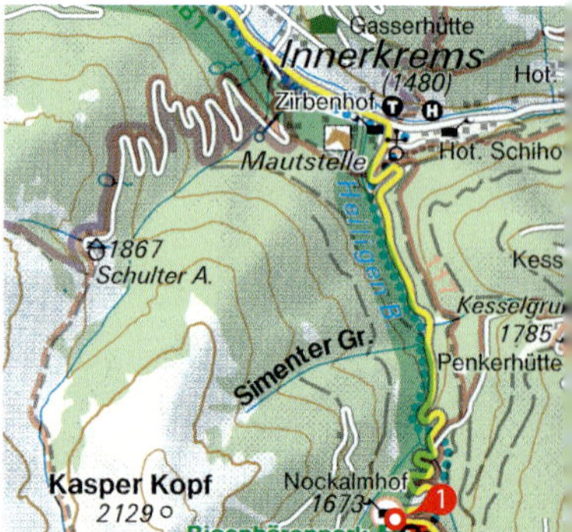

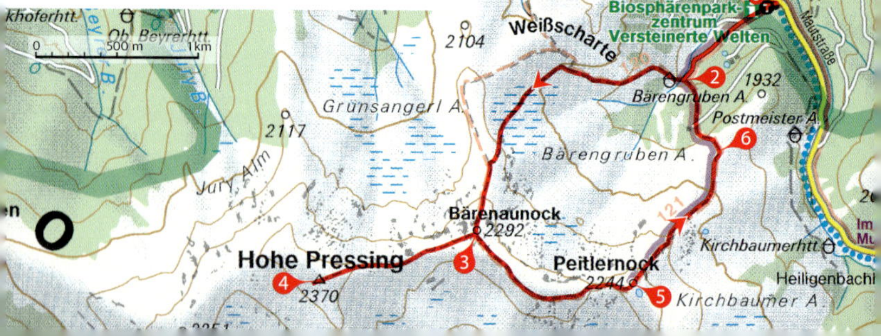

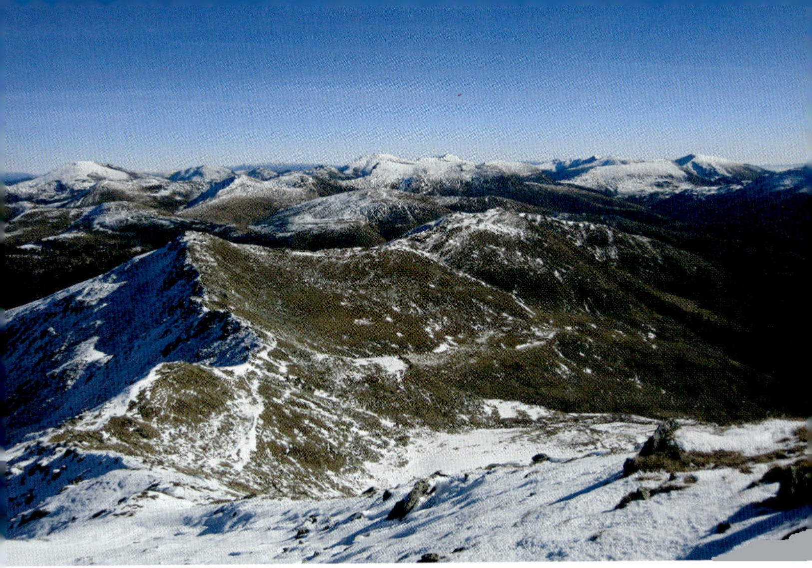

Blick Richtung Bärnaunock; in Bildmitte hinten der Eisenhut, davor der Königstuhl.

nach rechts hinauf in die Weißscharte und zum Nordrücken, der uns auf den auch Pernaunock genannten **Bärenaunock 3**, 2292 m, bringt. Nun folgen wir den Steigspuren, auf denen wir in Richtung Westen mit ein wenig Auf und Ab und zuletzt etwas steiler den Gipfel der **Hohen Pressing 4**, 2370 m, erreichen. Hier hat man eine herrliche, fast grenzenlose Aussicht. Auf dem Rückweg geht es zuerst wieder auf den **Bärenaunock 3**. Dann wandern wir auf dem nun markierten Steig in einem weiten Bogen über eine unbenannte Erhebung zum **Peitlernock 5**, 2244 m. Von ihm steigen wir am Rand des breiten Nordost-Rückens hinunter bis vor einen flachen, grünen Sattel. Wir gehen links zu einer großen **Zirbe mit Markierung 6**, 1935 m. Auf dem etwas verwachsenen Steig kommen wir zu einem Fahrweg, der hier bei einer Wildfütterung und einem Teich endet. Wir überqueren den Fahrweg und ein Gerinne und halten uns etwas links (Markierungen beachten) hinunter zur **Bärengrubenalm 2**, von der wir auf dem bekannten Weg zu unserem Ausgangspunkt am **Nockalmhof 1** zurückkehren.

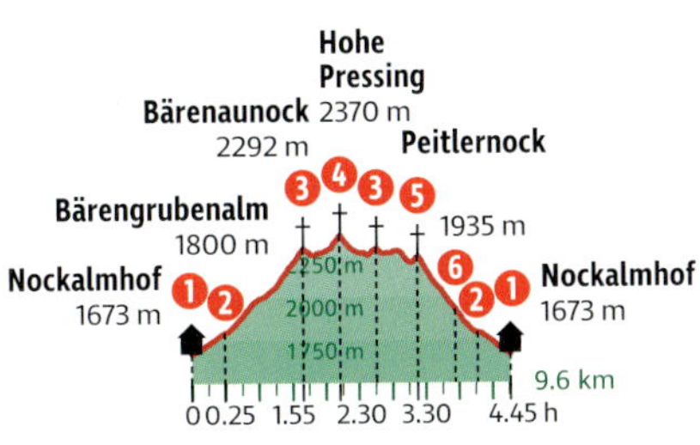

↗ 400 m | ↘ 400 m | 6.2 km

14 Königstuhl, 2336 m, von der Eisentalhöhe

2.30 h

Der kürzeste Weg auf einen der bekanntesten Nockberge

Wenn wir vom höchsten Punkt der Nockalmstraße zum Königstuhl gehen, so werden wir sicher nie allein unterwegs sein. Denn dieser Gipfel ist so begehrt, dass ihn wohl kaum ein Wanderer auslassen wird, der auf der Nockalmstraße durch die Nockberge fährt. Wer es – mit Ausnahme des Gipfels – etwas ruhiger haben möchte, wählt die Routen von der Dr.-Josef-Mehrl-Hütte oder vom Karlbad aus.

Ausgangspunkt: Eisentalhöhe, 2049 m (Navi: N46.9356675, E13.75940). Höchster Punkt der Nockalmstraße, 8 km von Innerkrems, 27 km von Ebene Reichenau. Große Parkplätze entlang der Straße.
Anforderungen: Leichte Bergwanderung auf meist breiten, gut markierten Wegen und Steigen. In der Querung zur Königstuhlscharte bis in den Sommer hinein Schneefelder möglich. Anstieg zum Gipfel etwas steinig. Nicht bei Gewittergefahr begehen!
Einkehr: Im Bauernladen Eisentalhöhe am Ausgangspunkt. Unterwegs keine Einkehrmöglichkeit.

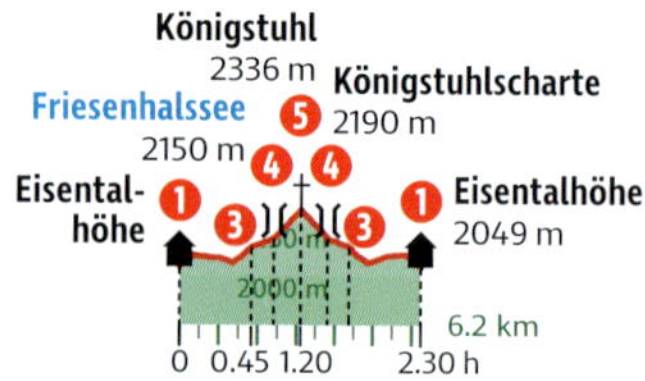

Varianten: Abstieg vom Gipfel zur Dr.-Josef-Mehrl-Hütte (2.45 Std.) oder zum Karlbad (1.30 Std.).
Karten: f&b 221, 222; K 063, 66, 67; ÖK 3106-W.

Die letzten Meter zum Gipfel des Königstuhls.

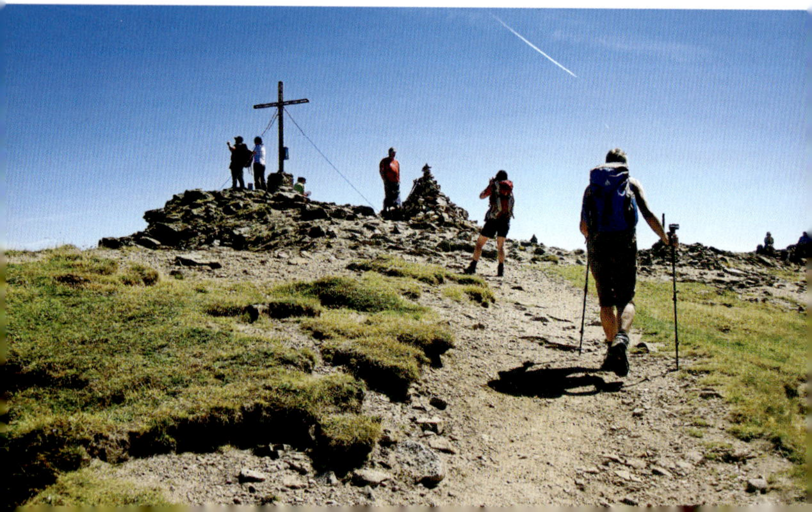

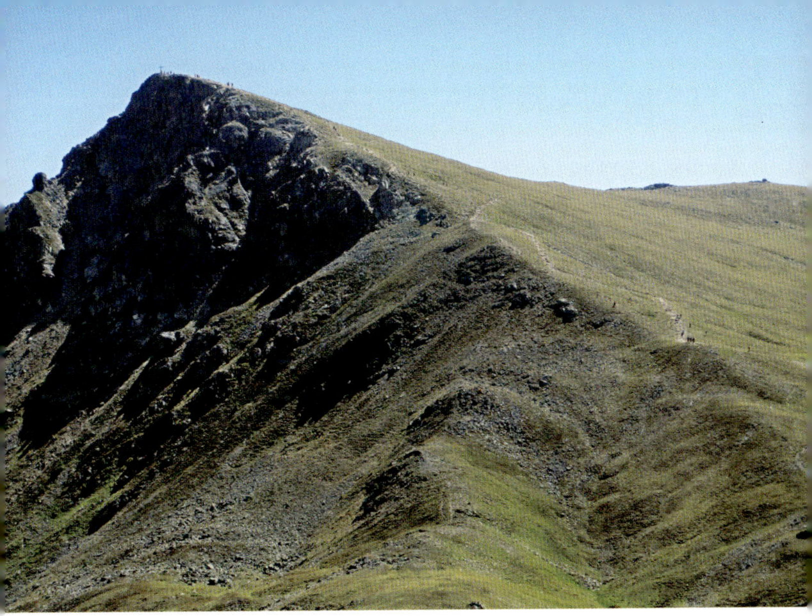

Blick von der Friesenhalshöhe zum Königstuhl.

Vom **Parkplatz Eisentalhöhe ❶** gehen wir auf dem breiten Weg in einen sanften Sattel hinauf und dann leicht bergab, später eben durch den Osthang der Eisentalhöhe. Bei einem **Wegweiser ❷**, 2070 m, erreichen wir den Weg Nr. 122, der vom Karlbad heraufkommt. In einem großen Bogen kommen wir zu einem weiteren Wegweiser beim kleinen, einsamen **Friesenhalssee ❸**, 2150 m, der nur wenige Schritte von unserem Aufstiegsweg entfernt liegt. Nun queren wir auf dem Weg Nr. 118 unter der Friesenhalshöhe zur **Königstuhlscharte ❹**, 2190 m, wo wir auf den Aufstiegsweg von der Dr.-Josef-Mehrl-Hütte treffen. Von hier erreichen wir in nur rund 30 Min. den aussichtsreichen Gipfel des viel besuchten **Königstuhls ❺**, 2336 m.

Der Abstieg zum Ausgangspunkt am **Parkplatz Eisentalhöhe ❶** erfolgt auf dem Weg des Aufstiegs.

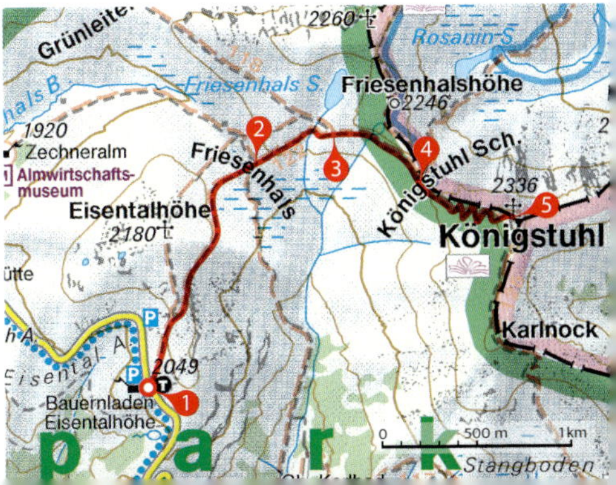

↗ 660 m | ↘ 660 m | 8.0 km

15 Königstuhl, 2336 m, vom Karlbad

3.30 h

Rundwanderung über weite Almböden und sanfte Rücken

Während die Nockalmstraße noch nicht einmal 50 Jahre alt ist, kann man im Karlbad schon seit mehr als 300 Jahren nach uralter Tradition belebende und gesunde Bäder genießen. Dazu werden mineralhaltige Steine erhitzt und in Quellwasser gegeben, das in 14 großen Holztrögen auf die Badegäste wartet. Wir beginnen unsere Wanderung beim Karlbad, gehen durch lichten Wald, später über Wiesen zu einem einsamen See, überschreiten den Königstuhl und kehren über den Stangboden zum Karlbad zurück.

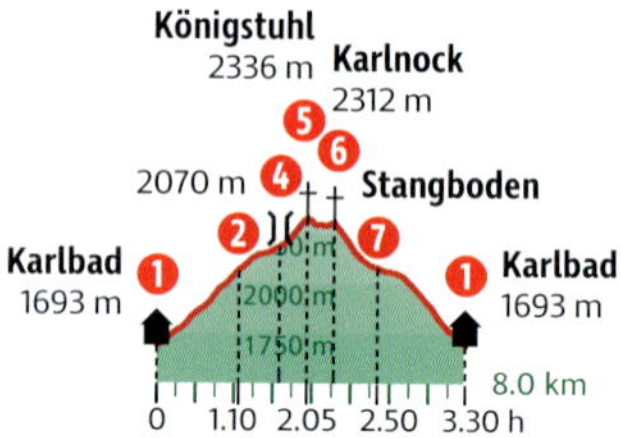

Ausgangspunkt: Whs. Karlbad an der Nockalmstraße, 1693 m (Navi: N46.92937, E13.76893). 12 km von Innerkrems, 23 km von Ebene Reichenau. Ausreichend Parkplätze.
Anforderungen: Wenig schwierige Almwanderung mit einigen kurzen steileren Strecken. Tour nicht bei Gewittergefahr unternehmen!
Einkehr: Whs. Karlbad am Ausgangspunkt. Unterwegs keine.
Tipp: »Wellness« im Karlbad, Badezeit ist nur am Vormittag (Voranmeldung unter Tel. +43 664 2812495 oder 1schi@aon.at erforderlich).
Karten: f&b 221, 222; K 063, 66, 67; ÖK 3106-W.

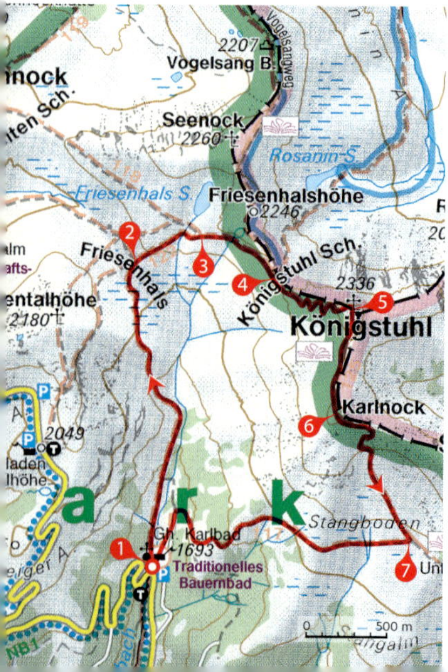

Vom **Karlbad ❶** wandern wir auf dem Weg Nr. 122 entlang des Baches talein. Bald wenden wir uns aufwärts und erreichen den **breiten Pfad ❷**, 2070 m, der vom Parkplatz an der Eisentalhöhe zum Königstuhl führt. Auf diesem gehen wir rechts am Wegweiser oberhalb des **Friesenhalssees ❸**, 2150 m, vorbei in die breite **Königstuhlscharte ❹**, 2190 m, und in Kehren dem etwas steinigen Rücken folgend auf den gut besuchten und äußerst lohnenden Gipfel des **Königstuhls ❺**, 2336 m.

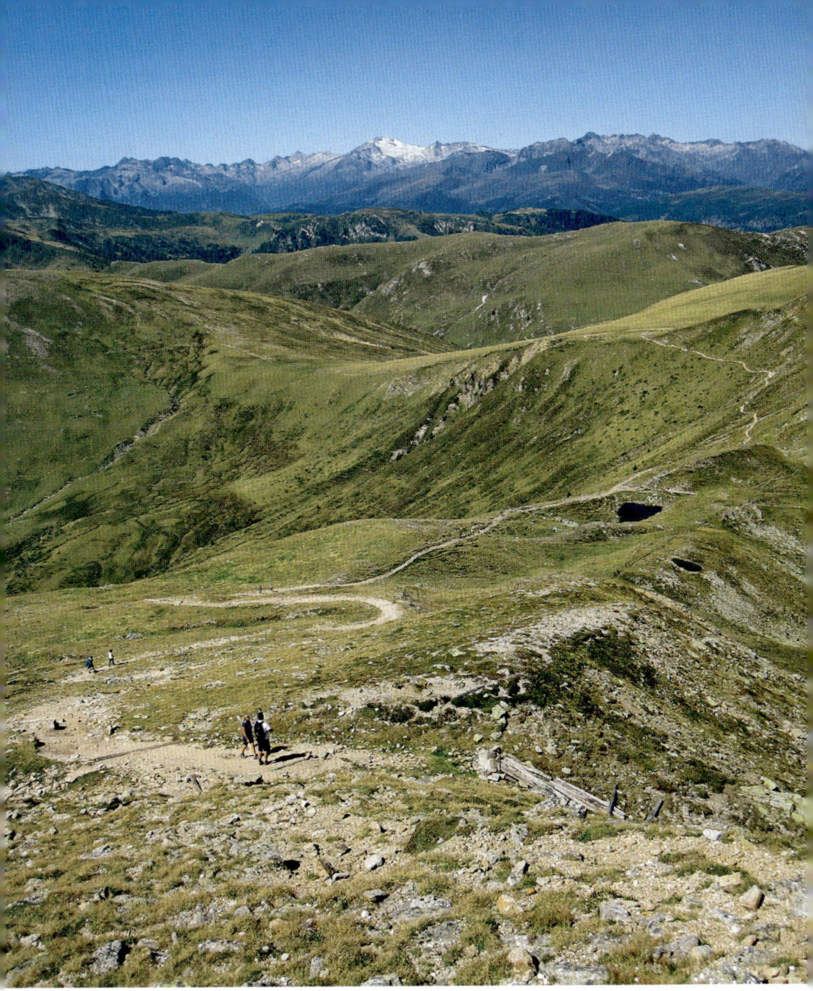

Aufstieg zum Gipfel des Königstuhls, am Horizont die Hochalmspitze.

Der Abstieg bringt uns über den Südkamm auf den **Karlnock** 6, 2312 m, und durch die breite Mulde hinunter zum Wegweiser im **Stangboden** 7, 2081 m. Von ihm geht es auf dem Weg Nr. 117 erst sanft, dann steiler nach Westen zurück zum **Karlbad** 1. Hier kann man nach der Tour auf jeden Fall gut essen und vielleicht sogar einen Blick in die Badekammern werfen.

↗ 550 m | ↘ 550 m | 7.9 km

16 Klomnock, 2331 m, von der Schiestelscharte

3.45 h

Interessante Rundwanderung für gute Geher

Der Aufstieg von der Schiestelscharte auf den Klomnock zählt zu den anspruchsvollsten Wegen auf diesen Berg. Vor allem bei Schneelage und Nässe ist große Vorsicht geboten. Doch die Aussicht vom Gipfel entschädigt für alle Mühen. Der Weiterweg über den Mallnock und die Rückkehr auf dem recht einsamen »Hohen Steig« gleichen einer Panorama-Wanderung.

Ausgangspunkt: Glockenhütte an der Nockalmstraße in der Schiestelscharte, 2024 m (Navi: N46.88995, E13.79428). Großer Parkplatz. 14 km von Ebene Reichenau, 21 km von Innerkrems.

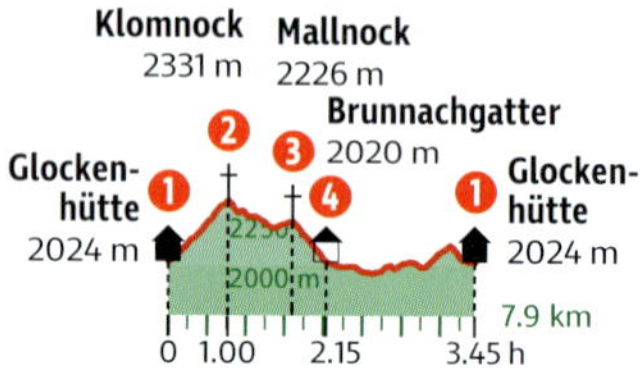

Anforderungen: Bergtour, teils schmale Steige. Zum Klomnock steile, felsdurchsetzte Hänge, stellenweise gesichert; Vorsicht bei Schnee! Trittsicherheit erforderlich! Nicht bei Gewittergefahr begehen!

Einkehr: Glockenhütte. Unterwegs keine.

Tipp: »Multivisions-Show« über den Biosphärenpark Nockberge in der Glockenhütte.

Karten: f&b 221, 222; K 63, 063, 66; ÖK 3106-W.

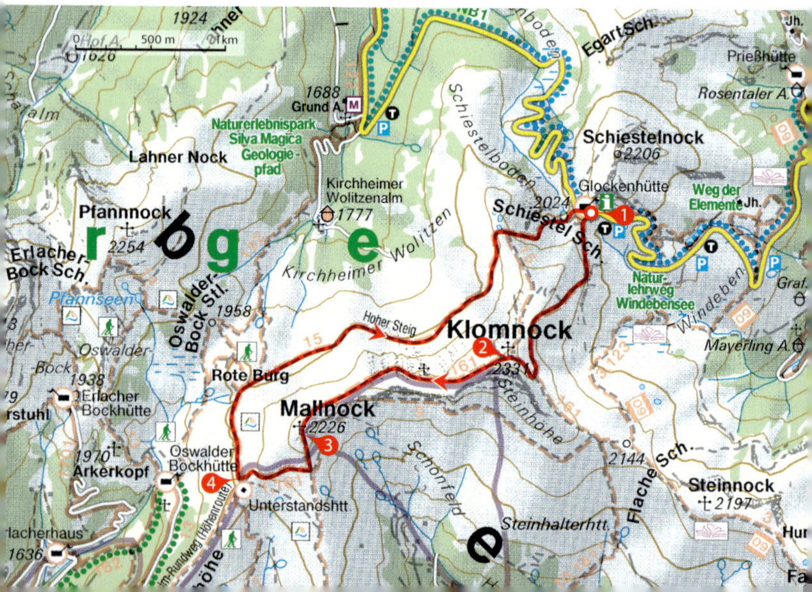

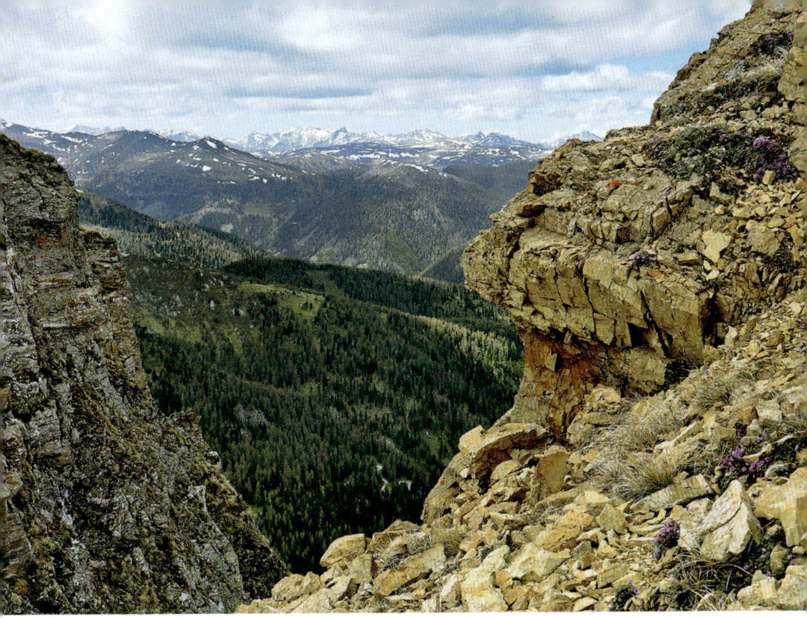

Felsige Scharte zwischen Klomnock und Mallnock.

Von der **Glockenhütte** ❶ in der Schiestelscharte folgen wir jenseits des Parkplatzes vom Wegweiser dem Weg Nr. 1 Richtung »Klomnock«. Durch recht steile Hänge erreichen wir nach etwa 1 Std. den **Klomnock** ❷, 2331 m, mit einer weiten Aussicht. Nun geht es auf dem Weg Nr. 161, einer Teilstrecke der neuen Mallnock-Alpinrunde, an einem Gedenkkreuz vorbei auf den **Mallnock** ❸, 2226 m, und hinunter zum **Brunnachgatter** ❹, 2020 m (in der Nähe Unterstand). Hier halten wir uns am Wegweiser rechts (u. a. in Richtung »Hoher Steig, Weg Nr. 15«). Auf breitem Weg kommen wir in die Nähe der Gesteinsformation »Rote Burg« und auf dem Hohen Steig in eine kleine Scharte, von der aus wir schon zum Ziel unserer Rundwanderung, der **Glockenhütte** ❶, hinuntersehen können.

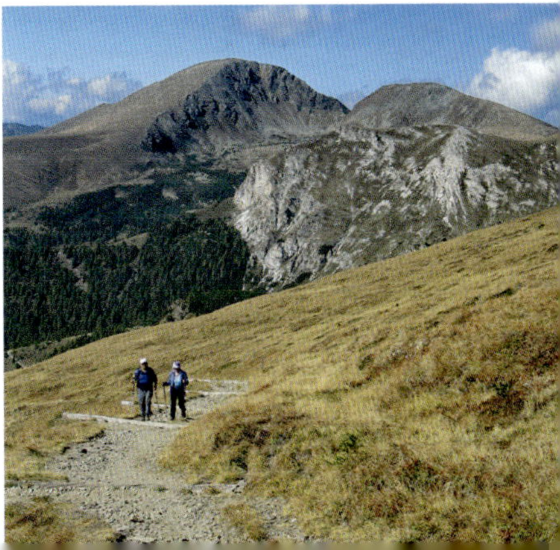

Blick zum Rosennock.

↗ 180 m | ↘ 180 m | 1.6 km

17 Schiestelnock, 2206 m, von der Schiestelscharte

0.50 h

Kurzer Ausflug auf einen Gipfel direkt über der Nockalmstraße

Von der Schiestelscharte mit ihrem großen Parkplatz und der einladenden Glockenhütte können wir in kurzer Zeit einen kleinen Gipfel besteigen, auf dem wir meist allein sind. Obwohl der Schiestelnock mit seinen steilen, felsdurchsetzten Wiesen oberhalb der Nockalmstraße und der Glockenhütte ziemlich unnahbar aussieht, ist er auf einem guten Steig, der durch seine Westflanke führt, ohne Schwierigkeiten zu erreichen.

Ausgangspunkt: Schiestelscharte, großer Parkplatz bei der Glockenhütte, 2024 m (Navi: N46.88990, E13.79413). 21 km von Innerkrems, 14 km von Ebene Reichenau.
Anforderungen: Kurze, unschwierige Bergtour ohne Gefahrenstellen. Teils etwas steil und anstrengend. Für bergerfahrene Kinder gut geeignet. Nicht markiert, aber keine Orientierungsprobleme. Nicht bei Nebel oder Schneelage begehen! Vorsicht bei Gewittergefahr!
Einkehr: Am Ausgangspunkt Glockenhütte. Unterwegs keine.
Variante: Rote bzw. mittelschwere Tour! Nur für Geübte! Abstieg vom Schiestelnock ❷ auf Steigspuren nach Süden (Richtung Klomnock), dann links (!) an den rechten Rand der Mulde, die zur Nockalm abfällt. An einem großen Felsen unbedingt links vorbeigehen, bis wir rechts unten eine Kehre der Nockalmstraße mit Tischen und Bänken sehen. Noch kurz bergab zu einem deutlichen Steig, der nach rechts, erst eben, dann leicht fallend zu den Steinschlagnetzen und zur Schiestelscharte führt; unmittelbar vor der Glockenhütte ist ein Durchgang durch die Netze möglich. Zeit für den Abstieg etwa 30 Min.
Karten: f&b 221, 222; K 63, 063, 66; ÖK 3106-W.

Die Glockenhütte in der Schiestelscharte.

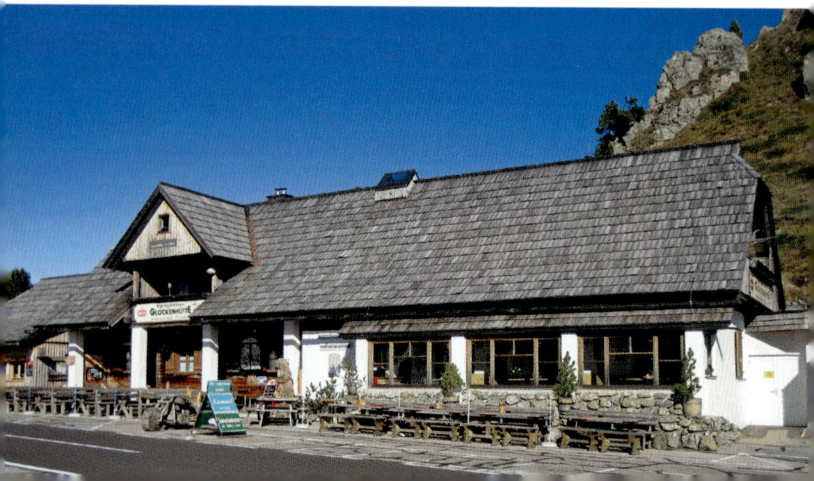

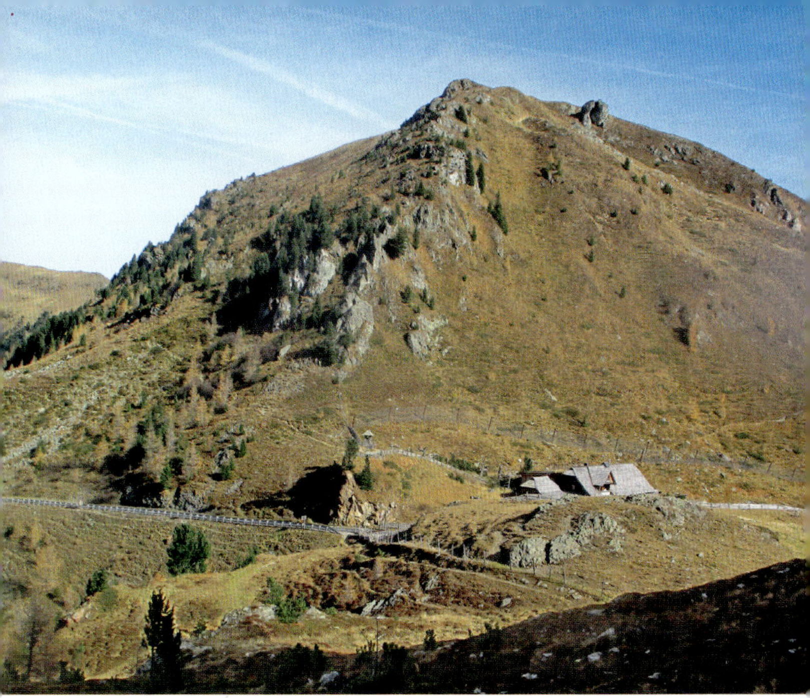

Schiestelnock mit Glockenhütte.

Vom Parkplatz in der **Schiestelscharte** ❶ gehen wir zwischen der Glockenhütte und dem Verkaufskiosk hindurch zur Wunschglocke. Wir steigen über den Zaun und folgen dem deutlich sichtbaren Steig, der durch die Westflanke des Schiestelnocks zum Nordrücken und nach einer scharfen Rechtskurve zum Gipfel des **Schiestelnocks** ❷, 2206 m, mit Steinmann und kleinem Gipfelkreuz führt. Abstieg wie Aufstieg.

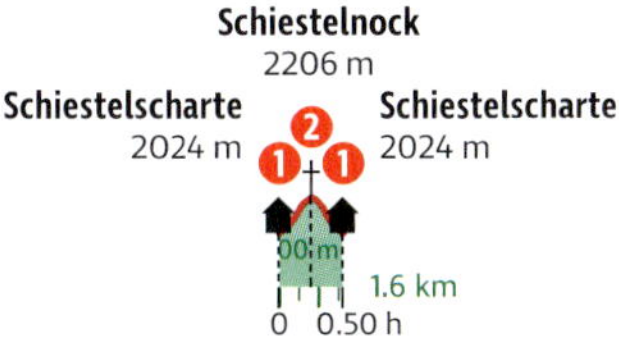

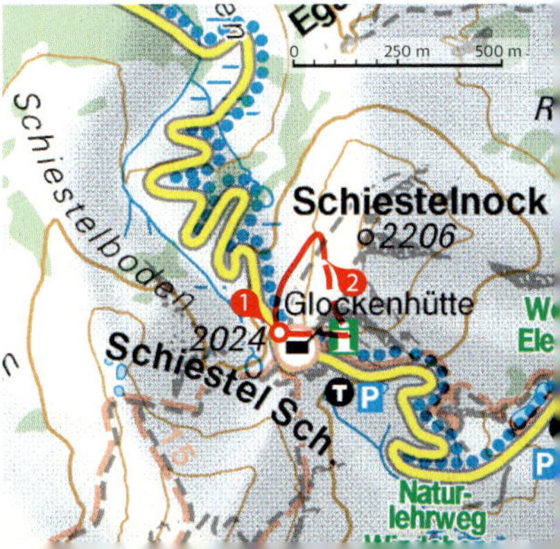

↗ 120 m | ↘ 120 m | 3.0 km

18 Windebensee (Naturlehrweg) und Weg der Elemente

1.10 h

Zwei idyllische Erlebniswege an der Nockalmstraße

Unmittelbar neben der Nockalmstraße sind zwei Wege angelegt worden, die ein besonderes Naturerlebnis bieten. Der Naturlehrweg Windebensee führt um einen nicht einmal 0,5 ha großen und nur 2 m tiefen See, der in einer flachen Mulde unterhalb des Schiestelnocks liegt. Nicht ganz 1 km und nur zwei Kehren weiter bergab finden wir den Einstieg zum Weg der Elemente, einem ebenso idyllischen Rundweg – mit Steinkreisen samt Anleitungen zur persönlichen Krafterfahrung. Wir wollen die beiden kurzen Wege zu einer lohnenden Wanderung verbinden.

Ausgangspunkt: Parkplatz Windebensee an der Nockalmstraße, 1900 m (Navi: N46.88772, E13.80368). 12,5 km von Ebene Reichenau, 22,5 km von Innerkrems.
Anforderungen: Ganz leichte Wanderung. Das kurze Verbindungsstück zwischen beiden Wegen führt auf nicht markierten Steigspuren durch Almgelände, daher sind gute Wanderschuhe empfehlenswert. Die oben angegebene Zeit von 1.10 Std. stellt die Summe der reinen Gehzeiten (siehe unten, Varianten) samt Verbindung der beiden Wege dar. Wir empfehlen, sich für den Naturlehrweg Windebensee und für den Weg der Elemente je etwa 1 Std. Zeit zu nehmen.
Einkehr: Unterwegs keine, aber die Glockenhütte in der Schiestelscharte ist auf der Straße nur rund 1,5 km vom Windebensee entfernt; man kann sie (mit gutem Schuhwerk!) auch in etwa 25 Min. auf einem markierten Steig erreichen, der vom Windebensee zur Straßenkehre unterhalb der Glockenhütte führt. Zur Prießhütte, die Richtung Reichenau etwas abseits der Straße liegt, sind es

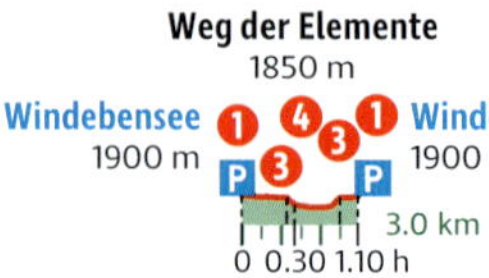

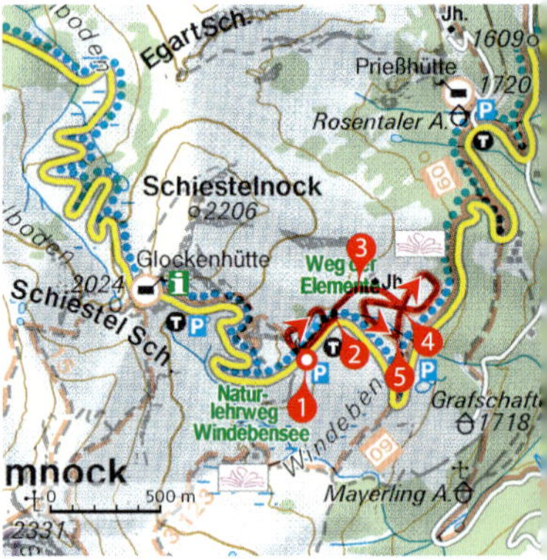

vom Parkplatz beim Weg der Elemente 1,7 km.
Varianten: Begehung jedes einzelnen Weges. 1. Naturlehrweg Windebensee, ganz leichter Spazierweg, Höhenunterschied wenige Meter, reine Gehzeit etwa 10 Min. – 2. Weg der Elemente, Ausgangspunkt am Parkplatz Weg der Elemente an der Nockalmstraße, 1830 m, 11,5 km von Ebene Reichenau, 23,5 km von Innerkrems (Navi: N46° 88.810, E13° 80.981). Leichter Wanderweg, Höhenunterschied ca. 60 m, reine Gehzeit etwa 30 Min.
Karten: f&b 221, 222; K 63, 063, 66; ÖK 3106-W.

Am Parkplatz am **Windebensee** ❶ überqueren wir die Straße, um den See im Uhrzeigersinn zu umrunden. Wir kommen gleich zu den ersten von mehreren Schautafeln des Naturlehrweges »Alpine Lebensgemeinschaften«, der um den See führt. Themen der Tafeln sind unter anderem die Alpenpflanzen des Gebietes, die Zirbe und die Lärche als vorherrschende Bäume der Region, Pflanzen im und am Wasser, das Tierleben im Wasser und die Vogelwelt im Gebirge. Besonders auffallend sind die schönen Bestände an Wollgras und die zwei kleinen Inseln, die aus Schnabel-Seggen bestehen. Um den See wachsen schöne Zirben – einige von ihnen auf großen Felsblöcken.

Nach der Runde um den See gehen wir kurz entlang der Nockalmstraße bergab und vor der nächsten Kurve links auf einen **Fahrweg** ❷, 1890 m. Wir überqueren den Ausfluss des Windebensees, kommen an einigen schönen Zirben vorbei und halten uns vor der **Jagdhütte** ❸, 1890 m, rechts. Auf Steigspuren stoßen wir bald auf die Markierungen des **Weges der Elemente** ❹, 1850 m, nach denen wir links weitergehen. Dieser Weg ist nach einer Idee von Dr. Wolfgang Hofmeister in Form einer Acht angelegt worden. Auf etwas mehr als 1 km Länge passieren wir Steinkreise mit Kurzbeschreibungen für Übungen, die in eine uralte und doch zeitgemäße Gedankenwelt einführen, die Elemente westlicher und östlicher Philosophie zusammenbringt. Wir nutzen den spirituellen Ausflug zum Entspannen und Genießen. Bemerkenswert ist auch hier am Wegesrand der ungewöhnlich große Bestand an Zirben.

Wir gehen die erste Schleife der Acht des Elementewegs im Uhrzeigersinn, die zweite gegen den Uhrzeigersinn bis zu einer **Abzweigung** ❺, 1840 m, von der ein Steig zur Nockalmstraße und dem für den Weg der Elemente eingerichteten Wanderparkplatz führt. Wir beachten diesen Abstieg jedoch nicht und kehren zu dem Punkt zurück, an dem wir zuvor auf den **Weg der Elemente** ❹ gestoßen sind. Unmarkiert, aber auf bekannter Route kehren wir zu unserem Ausgangspunkt beim Parkplatz am **Windebensee** ❶ zurück.

Am Windebensee.

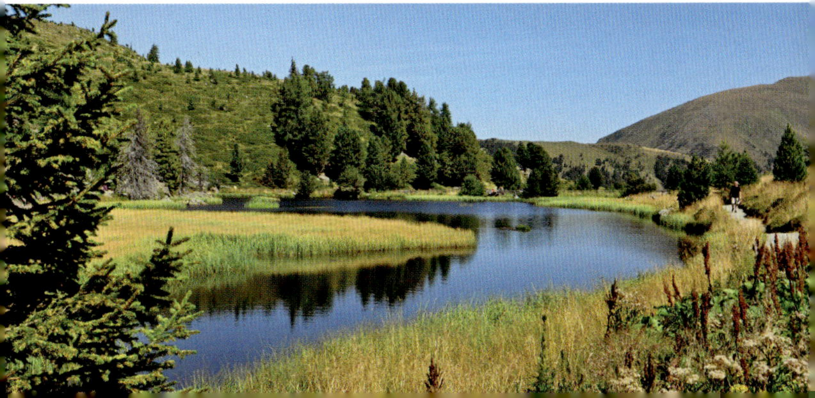

↗ 600 m | ↘ 600 m | 6.6 km

19 Koflernock, 2277 m, von der Prießhütte

3.15 h

Einsamer Gipfel über weiten Almböden

Etwa in der Mitte zwischen Königstuhl und Klomnock liegt der Koflernock, von den Einheimischen auch Bauernock genannt. Gegen Westen, zum Grundtal hinunter, zeigt er mäßig steile Bergwiesen, auf denen im Sommer Kühe und Pferde weiden. Nach Osten, gegen das Rosental, sind die Hänge steiler und oft felsdurchsetzt. Beim Aufstieg öffnet sich in der Egartscharte eine weite Aussicht in die westlichen Nockberge und zu den Hohen Tauern. Der Anstieg zum Gipfel stellt dann eine herrliche Panoramawanderung dar.

Ausgangspunkt: Parkplatz Prießhütte, 1700 m, Km 25,2 der Nockalmstraße (Navi: N46.89748, E13.81355). Parkmöglichkeit für etwa 15 Pkw.
Anforderungen: Mäßig schwierige, unmarkierte Bergtour mit einigen etwas steileren, mühsamen Abschnitten. Ein wenig Orientierungssinn und Trittsicherheit auf kurzen weglosen Abschnitten erforderlich. Etwa die Hälfte der Strecke bis zur Egartscharte erst schottriger, dann grüner Karrenweg. Ab der Egartscharte teils Steigspuren, teils weglos. Oberhalb der Baumgrenze freies Wiesengelände. Nicht bei Gewittergefahr begehen!
Einkehr/Übernachtung: Prießhütte, 1710 m, nahe dem Ausgangspunkt. Urige, alte Almhütte, die jetzt als Jausenstation dient (Übernachtungsmöglichkeit, Tel. +43 664 6542751; Mi Ruhetag).
Variante: Tendenz gegen schwarz/schwierig! Abstieg vom Gipfel ❸ nach Norden und über den Schneegrubensattel zurück. Bis zum Schneegrubensattel weglos oder nur Steigspuren. Nur für erfahrene, trittsichere Bergsteiger mit gutem Orientierungsvermögen. Vom Gipfel auf dem anfangs breiten Rücken nach Norden, bald gegen Nordosten entlang des teils schmalen, felsigen Kammes (die Felsen werden alle links umgangen). Es folgt ein grusiger Steilhang, nach dem man eine grüne Mulde erreicht. Links von kleinen Erhebungen hält man sich nach Osten in Richtung Schneegrubensattel, wo man nach der Überquerung einiger Weidezäune den markierten Weg erreicht, der vom Königstuhl zur Prießhütte führt. (Man kann auch schon vorher über steile Wiesenhänge zu diesem Weg absteigen.) 1.45 Std. vom Gipfel bis zur Prießhütte.
Karten: f&b 221, 222; K 63, 063, 66; ÖK 3106-W.

Vom **Parkplatz Prießhütte** ❶ gehen wir an der genannten Hütte vorbei und gleich vor einer Schranke durch ein Tor nach links auf einen breiten Karrenweg. Er bringt uns am Rand des Almgeländes in einen schönen Lärchen-Fichten-Zirbenwald. Nach etwa 30 Min. erreichen wir das Ende des Karrenweges. Hier beginnen Steigspuren, die uns zu einer markanten Baumgruppe führen. An ihr gehen wir links vorbei und durch eine Lichtung geradeaus zu einem

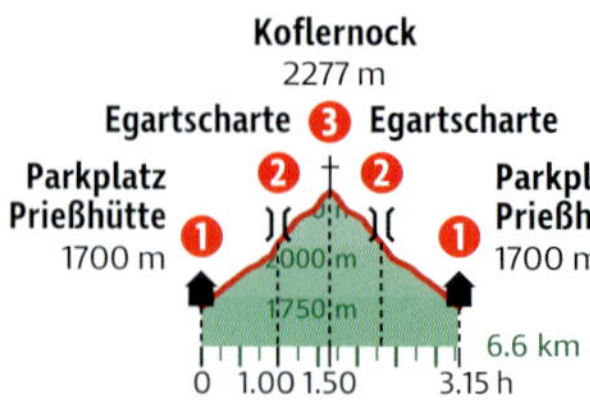

Ansitz. Wenn wir uns nun an den rechten Hangfuß halten, sehen wir bald einen Steig, der uns in eine Mulde bringt, durch die wir meist weglos die **Egartscharte** ❷, 2020 m, erreichen. Schöne Aussicht zu den Hohen Tauern mit der Hochalmspitze!

Von der Scharte gehen wir wenige Meter zurück zu einem gut sichtbaren Steig, dem wir links aufwärts durch eine felsdurchsetzte Rinne bis kurz vor ihr Ende folgen. Wir queren nach links auf einen Rücken, gehen auf ihm bis zu seinem Ende, dann nach links in eine Mulde, in ihr bergauf und vor ihrem Ende wiederum nach links in eine weitere Mulde. In ihr steigen wir bergauf zu einer Wiese und geradeaus weiter zu einem Zaun und einer Klaubsteinmauer, 2090 m. Von hier aus überblicken wir sehr gut unseren bisherigen Aufstiegsweg. Nun halten wir uns links und gehen mehr oder weniger in der Nähe des Zauns, häufig auf Steigspuren, durch die Bergwiese hinauf auf den **Koflernock** ❸, 2277 m, mit Steinmann, Gipfelbuch und einem beschädigten Gipfelkreuz. Die Aussicht von diesem zentral in den Nockbergen gelegenen Gipfel ist überraschend weit und schön.

Abstieg wie Aufstieg, mit lohnender Einkehr in der **Prießhütte**, unmittelbar vor dem **Parkplatz** ❶.

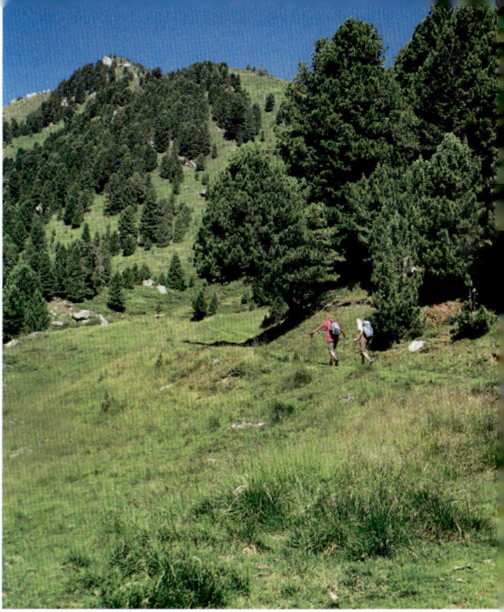

Aufstieg zur Egartscharte.

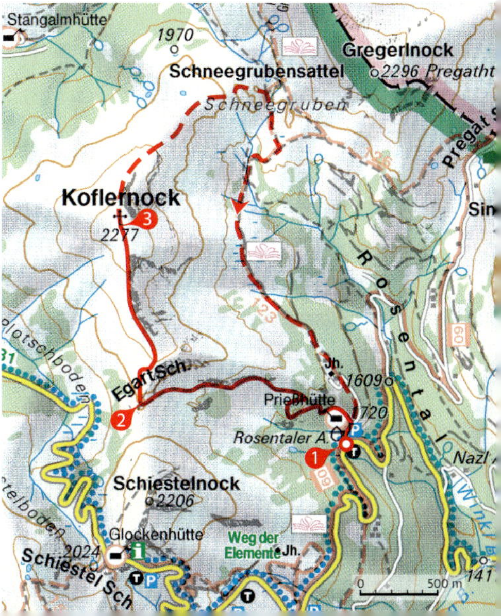

TOP

20 Königstuhl, 2236 m, von der Prießhütte

↗ 670 m | ↘ 670 m | 14.5 km

5.15 h

Einsame Tour durch herrliche Zirbenwälder und über weite Almflächen

Während die Anstiege vom Parkplatz Eisentalhöhe und vom Karlbad häufig begangen werden, ist man auf der etwas längeren Tour von der Prießhütte zum Königstuhl meist allein unterwegs. Dafür sind die wechselnden Landschaftsbilder umso schöner und vielfältiger. Sind es zu Beginn die für dieses Gebiet charakteristischen Zirbenwälder, so folgen oberhalb der Baumgrenze ausgedehnte, sanfte Almflächen. Dann bringt uns ein etwas steilerer Anstieg auf den Karlnock, einen Nachbargipfel des Königstuhls, der von hier aus in kurzer Zeit zu erreichen ist.

Ausgangspunkt: Parkplatz Prießhütte, 1700 m (Navi: N46.89760 E13.81342). Parkmöglichkeit für etwa 15 Pkw.
Anforderungen: Recht lange, aber abwechslungsreiche Bergtour; auch für berggewohnte Kinder ab etwa 12 Jahren gut geeignet. Wenige etwas steilere, auch felsige Wegstücke, aber ungefährlich. Insgesamt gerade schon rote/mittelschwere Tour. Vor allem nach Niederschlägen können einzelne Wegstrecken feucht oder auch nass sein. Ab der Prießhütte bis vor den Anstieg zum Schneegrubensattel Forst- und Karrenweg, dann durchgängig gut markierte Steige. Nicht bei Gewittergefahr begehen!
Einkehr/Übernachtung: In unmittelbarer Nähe des Ausgangspunktes Prießhütte (Tel. +43 664 6542751, Mi Ruhetag). Unterwegs keine. Kleiner Notunterstand etwa auf halbem Weg, knapp unterhalb der Stangscharte.
Varianten: Auf dem Hinweg Überschreitung des Koflernocks bis zum Schneegrubensattel 3; auf dem Rückweg von der Stangscharte 4 auf den Gregerlnock und zurück auf die Hauptroute; jeweils etwa 2 Std. zusätzlich.
Karten: f&b 221, 222; K 63, 063, 66; ÖK 3106-W.

An der Einfahrt zum **Parkplatz Prießhütte** 1 sehen wir einen Wegweiser mit den Angaben »Königstuhl, Weg 123« und der etwas großzügig bemessenen Gehzeit 3 Std. Vom Parkplatz gehen wir auf dem Fahrweg an der Prießhütte vorbei in den Zirbenwald, der durch einige kleine Wiesen unterbrochen ist. Der Karrenweg endet und geht in einen Steig über. Nach der Querung eines Baches überwinden wir eine kurze, hohlwegartige Steilstufe

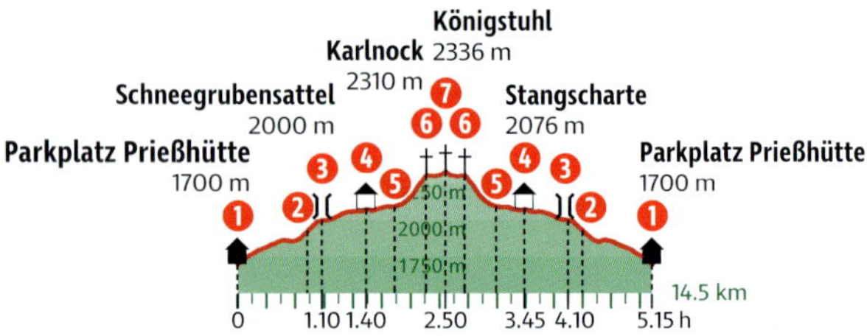

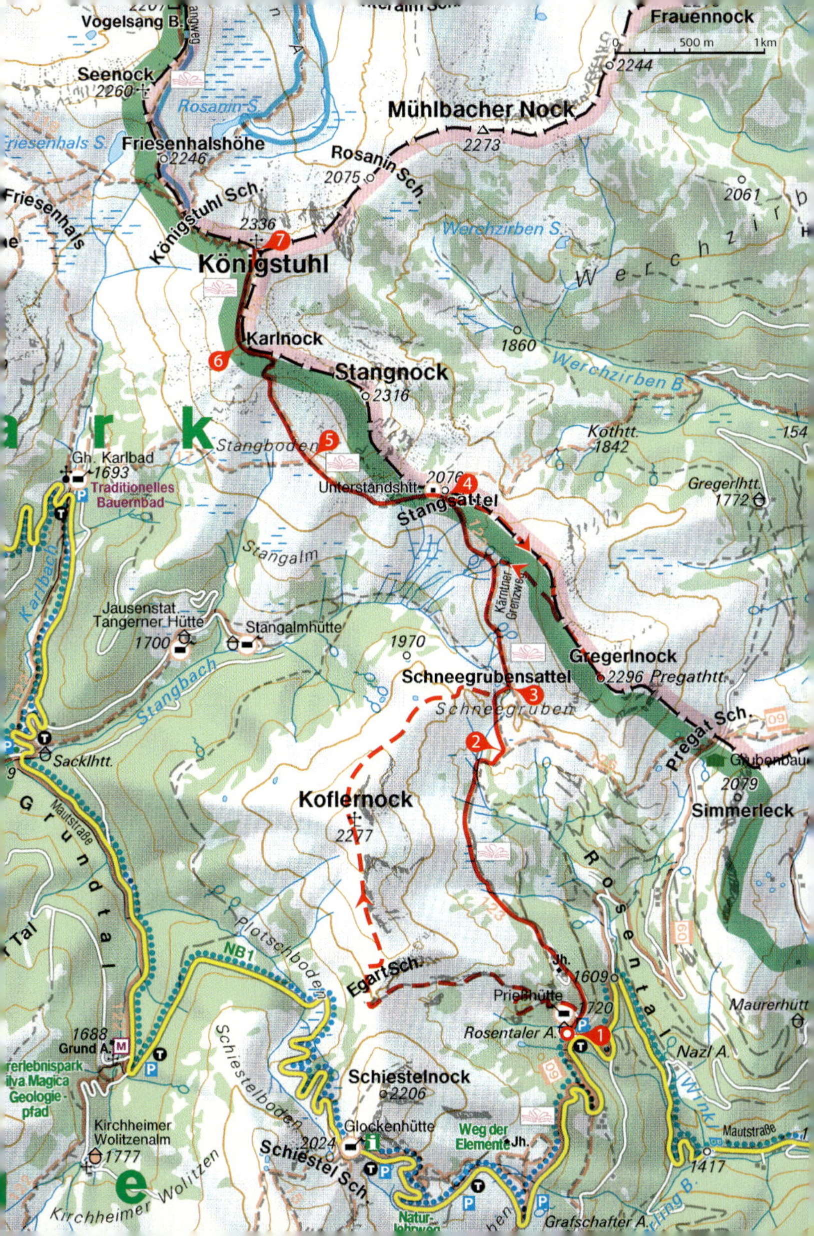

Vogelsang B.
Frauennock
0
500 m
1km
2244
Seenock
2260
Rosanin-S.
Mühlbacher Nock
2273
Friesenhals S.
Friesenhalshöhe
2246
Rosanin Sch.
2075
2061
Friesenhals
Königstuhl Sch.
2336
7
Werchzirben S.
Königstuhl
Werchzirb
Karlnock
6
1860
Werchzirben B.
Stangnock
2316
Kothtt.
1842
154
Stangboden
5
Gh. Karlbad
1693
Traditionelles
Bauernbad
Unterständshtt.
2076
4
Stangsattel
Gregerlhtt.
1772
Stangalm
Kärntner Grenzweg
Jausenstat.
Tangerner Hütte
1700
Stangalmhütte
1970
Schneegrubensattel
3
Gregerlnock
2296
Pregathtt.
Schneegruben
Pregat Sch.
Sacklhtt.
Stangbach
2
Grubenbau
2079
Koflernock
2277
Simmerleck
Grundtal
Mautstraße
Rosental
Plotschboden
NB1
Egart Sch.
Jh.
1609
Priefhütte
1720
Rosentaler A.
1
Maurerhütt
Nazl A.
1688
Grund A.
erlebnispark
ilva Magica
Geologie-
pfad
Schiestelboden
Schiestelnock
2206
Kirchheimer
Wolitzenalm
1777
Glockenhütte
2024
Weg der
Elemente
Jh.
Mautstraße
1417
Schiestel Sch.
Kirchheimer Wolitzen
Natur-
lehrweg
Grafschafter A.

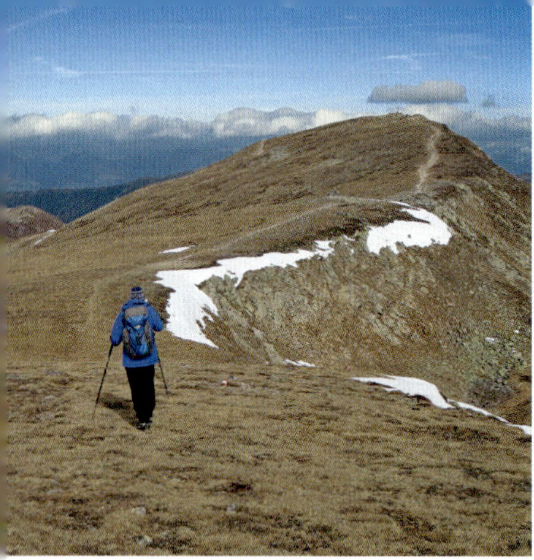

Letztes Stück zum Königstuhl.

zur **Abzweigung** ❷, 1930 m, eines Weges in Richtung »Pregatscharte, Turracher Höhe«. Wir bleiben auf dem Weg 123 und erreichen in wenigen Minuten den **Schneegrubensattel** ❸, ca. 2000 m (Wegweiser). Von hier öffnet sich ein weiter Blick, der bis zur vergletscherten Hochalmspitze in den Hohen Tauern reicht.

Mit wenig Auf und Ab wandern wir im Westhang des Gregerlnocks zum Wegweiser und einer kleinen Unterstandshütte knapp unterhalb der **Stangscharte** ❹, 2076 m. Wir queren den mit Latschen bewachsenen Hang unterhalb des Stangnocks und erreichen den sanften **Stangboden** ❺, ca. 2095 m (Wegweiser). Bald wird der Steig steiler und wir betreten den Verbindungskamm Stangnock–Karlnock, der uns in wenigen Minuten zum Steinmann auf dem **Karlnock** ❻, 2310 m, bringt. Nun ist es nicht mehr weit zu unserem Ziel, dem **Königstuhl** ❼, 2336 m, mit umfassender Rundsicht, Gipfelkreuz und Gipfelbuch – und meist vielen Wanderern, die hier rasten.

Der Abstieg erfolgt auf dem Weg des Aufstiegs.

Aus den Hohen Tauern grüßt die vergletscherte Hochalmspitze.

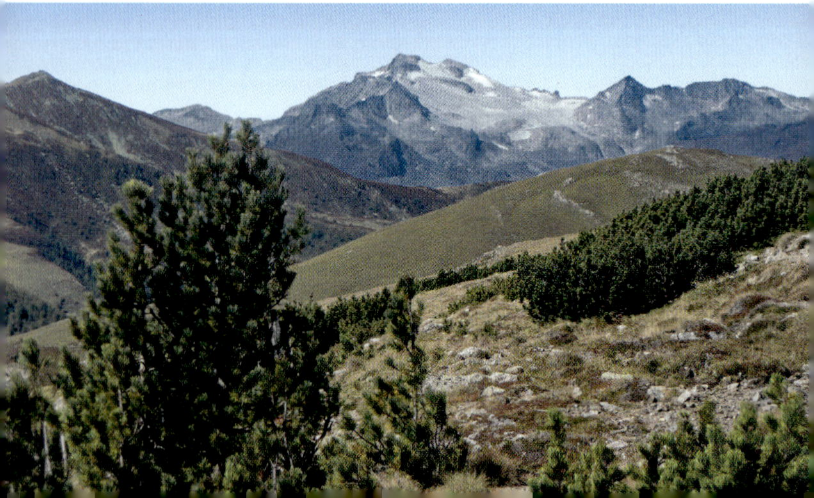

↗ 670 m | ↘ 670 m | 12.7 km

4.00 h

Gregerlnock, 2296 m, von der Prießhütte

21

Sehr selten besuchter Gipfel über dem Rosental

Der Gregerlnock (auch Grögerlnock genannt) wird wie der Koflernock meist nur von Einheimischen bestiegen. Und nur kundige Botaniker wissen, dass der Gregerlnock einer der interessantesten Blumenberge im gesamten Nockgebiet ist. Vor allem seine außerordentlich steile, weglose und daher sehr mühsam und schwierig zu begehende Südseite birgt so manche botanische Besonderheit wie den Wulfens Mannsschild, die Gewöhnliche Mondraute oder die Zottige Primel. Wir aber wählen für den Auf- und Abstieg den eher sanften Nordwestrücken, der ab dem Stangsattel auch die Landesgrenze zwischen Kärnten und der Steiermark trägt.

Ausgangspunkt: Parkplatz Prießhütte, 1700 m (Navi: N46.89758, E13.81337). Parkmöglichkeit für etwa 15 Pkw.
Anforderungen: Abwechslungsreiche Bergtour in großer Einsamkeit. Einige etwas steilere, auch felsige Wegstücke, aber ungefährlich. Insgesamt gerade schon rote/mittelschwere Tour. Vor allem nach Niederschlägen können einzelne Wegstrecken feucht oder nass sein. Ab der Prießhütte bis vor den Anstieg zum Schneegrubensattel Forst- und Karrenweg, dann bis zur Stangscharte gut markierte Steige. Von der Stangscharte zum Gipfel des Gregerlnocks nur Steigspuren, nicht markiert, aber keine Orientierungsprobleme, wenn man sich auf dem Rücken entlang des Zaunes hält. Achtung: Nicht bei Gewittergefahr begehen!
Einkehr/Übernachtung: In unmittelbarer Nähe des Ausgangspunktes Prießhütte (Tel. +43 664 6542751, Mi Ruhetag). Unterwegs nur kleiner Notunterstand etwa auf halbem Weg, knapp unterhalb der Stangscharte.
Varianten: 1. Vom Weg zwischen dem Schneegrubensattel und der Stangscharte kann man auch schon vor der Stangscharte zum Nordwestrücken des Gregerlnocks aufsteigen (oder auf dem Rückweg absteigen). Die zu Beginn äußerst steilen Hänge (Absturzgefahr vor allem im Abstieg und bei Nässe oder Schneelage!) werden gegen die Stangscharte zunehmend sanfter. – 2. Nicht markierter Abstieg vom Gregerlnock ❹ zur Pregatscharte (nur für erfahrene Bergsteiger und nur bei guter Sicht!): vom Gipfel eher am linken Rand der nach Osten abfallenden Mulde, dann in Richtung der schon von oben sichtbaren Pregathütte und rechts haltend in die Pregatscharte. Von hier entweder auf dem Weg 126 bis unter den Schneegrubensattel und von einem Wegweiser zurück zum Aufstiegsweg und zur Prießhütte. Oder von der Pregatscharte auf einem Fahrweg an der Grubenbauerhütte vorbei hinunter zur Nockalmstraße und auf ihr zurück zur Prießhütte. Jeweils etwa 2.30 Std. ab Gipfel.
Karten: f&b 221, 222; K 63, 063, 66; ÖK 3106-W.

Vom **Parkplatz Prießhütte** ❶ folgen wir dem Wegweiser mit dem Ziel »Königstuhl, Weg 123«. Auf dem Fahrweg wandern wir durch schöne Zirbenbestände bis kurz vor einen Graben, wo ein Steig beginnt. Er führt erst zu einem Bach hinunter und bald über eine kleine felsige Steilstufe in freies

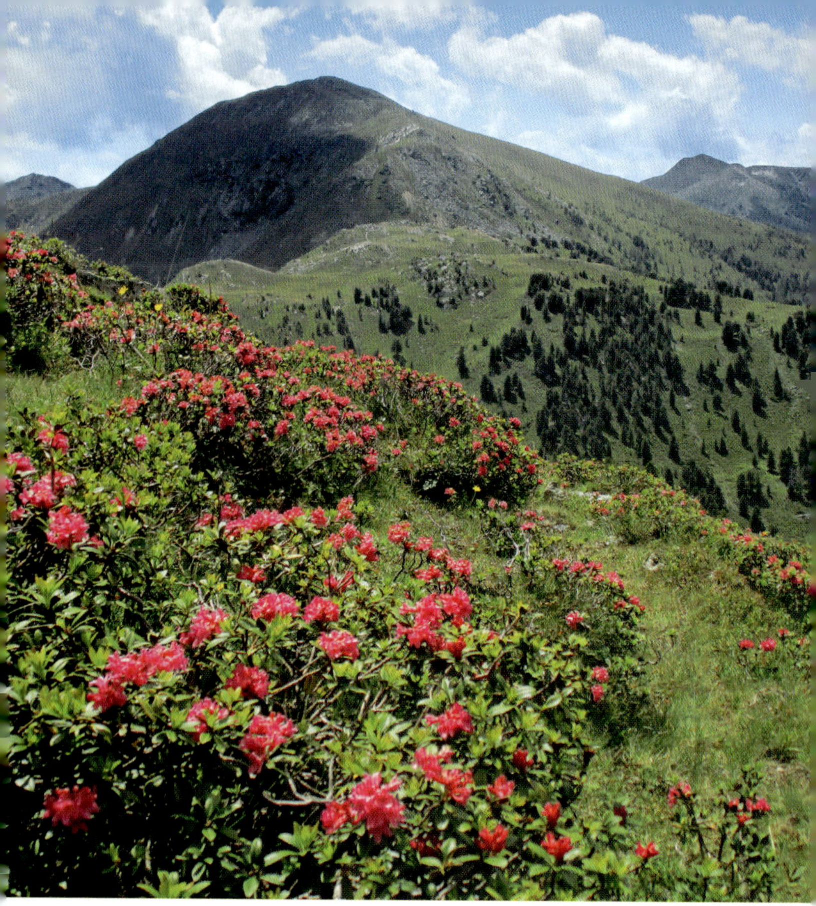

Der Almrausch blüht. Im Hintergrund der Koflernock.

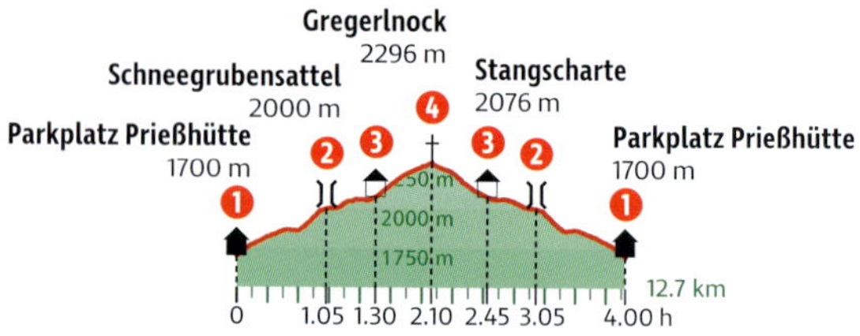

Gelände. Wir gehen am Wegweiser in Richtung »Turracher Höhe« vorbei in den **Schneegrubensattel** ❷, 2000 m, von dem aus wir weit im Nordwesten die vergletscherte Hochalmspitze sehen können. Mit wenig Auf und Ab führt uns der Steig durch teilweise etwas feuchtes Almgelände bis vor eine Unterstandshütte und kurz hinauf in die **Stangscharte** ❸, 2076 m. Von ihr (oder schon früher) geht es nun den Zaun entlang, der zugleich die Landesgrenze Kärnten/Steiermark bildet, recht gemütlich auf dem Rücken zum Gipfelkreuz auf dem nur wenig besuchten **Gregerlnock** ❹, auch Grögerlnock genannt, 2296 m, der das Rosental gegen Norden abschließt. Schöne Aussicht in alle Richtungen.
Abstieg am besten und sichersten wie Aufstieg.

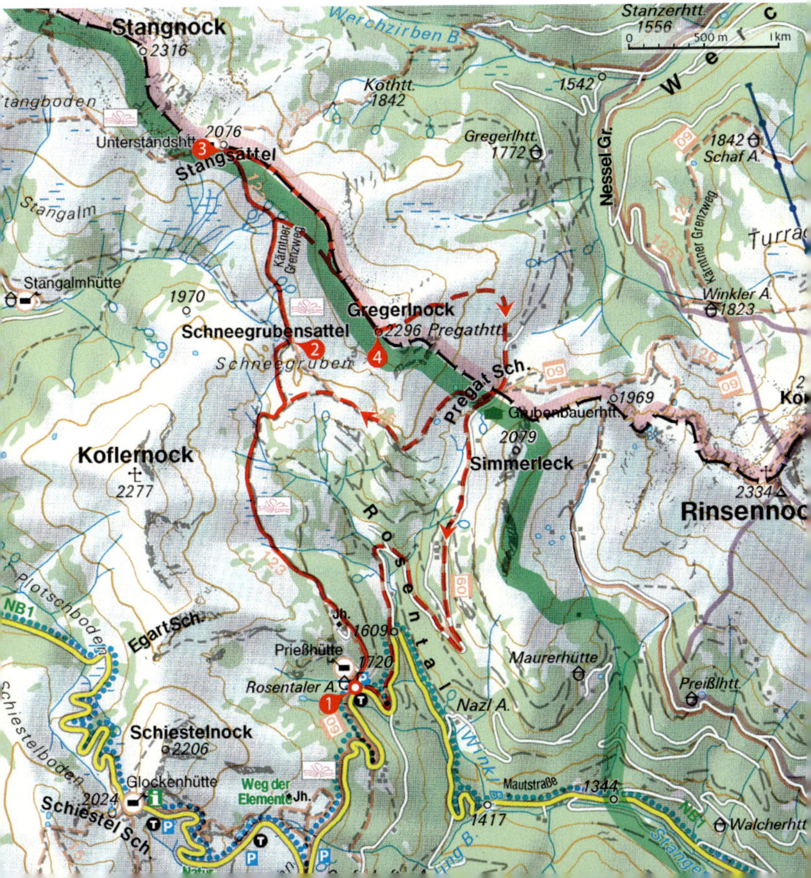

↗ 500 m | ↘ 500 m | 9.2 km

22 Schneegrubensattel von der Prießhütte 3.00 h

In den herrlichen Zirbenwäldern des Rosentals

Nicht nur im Süden Kärntens, sondern auch in den Nockbergen gibt es ein Rosental – allerdings ein sehr viel kleineres. In dem bewaldeten Gebiet finden wir große Bestände der Zirbe, einer Kiefernart. Sie ist der charakteristische Baum im Biosphärenpark Nockberge. Wind und Wetter können ihr kaum etwas anhaben, sonst würden nicht manche Bäume viele hundert Jahre alt.

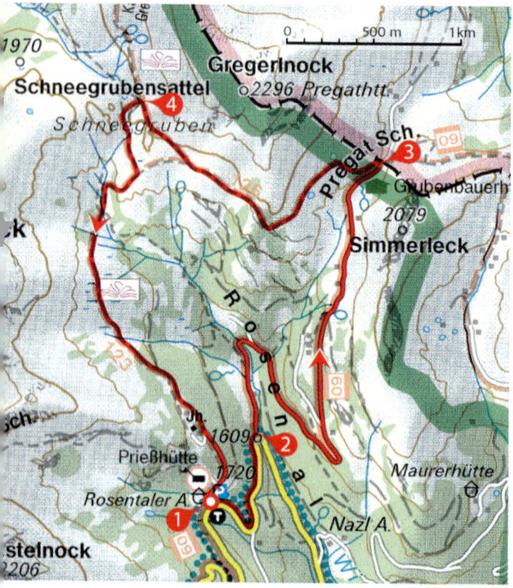

Die Jausenstation Prießhütte.

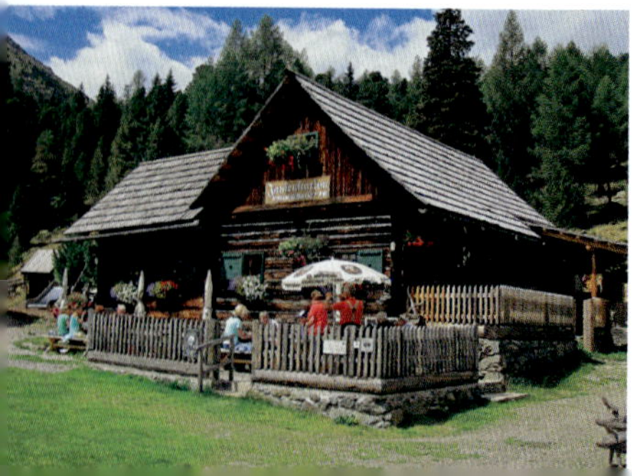

Ausgangspunkt: Parkplatz Prießhütte an der Nockalmstraße, 1700 m (Navi: N46.89760, E13.81338). 10 km von Ebene Reichenau, 25 km von Innerkrems.

Anforderungen: Eher leichte Wanderung auf Straßen, Güterwegen und Almsteigen.

Einkehr/Übernachtung: Jausenstation Prießhütte (Tel. +43 664 6542751, Mi Ruhetag). Unterwegs keine.

Variante: Die Wanderung lässt sich sehr gut auch in umgekehrter Richtung durchführen.

Karten: f&b 221, 222; K 63, 063, 66; ÖK 3106-W.

Vom **Parkplatz Prießhütte** ❶ müssen wir etwa 1 km talwärts an der Nockalmstraße entlangwandern. Am Schild in der **Kehre 49** ❷, 1609 m, biegen wir links auf einen Güterweg ab, der uns zuerst recht flach gegen den Gregerlnock bringt. Dann geht es nach rechts und im Hang des Simmerlecks, zuletzt durch Almgelände mit einigen Hütten, in die **Pregatscharte** ❸, 1899 m. Nun folgen wir dem Weg Nr. 126, zugleich Kärntner Grenzweg, der uns mit schöner Aussicht auf die nähere und weitere Um-

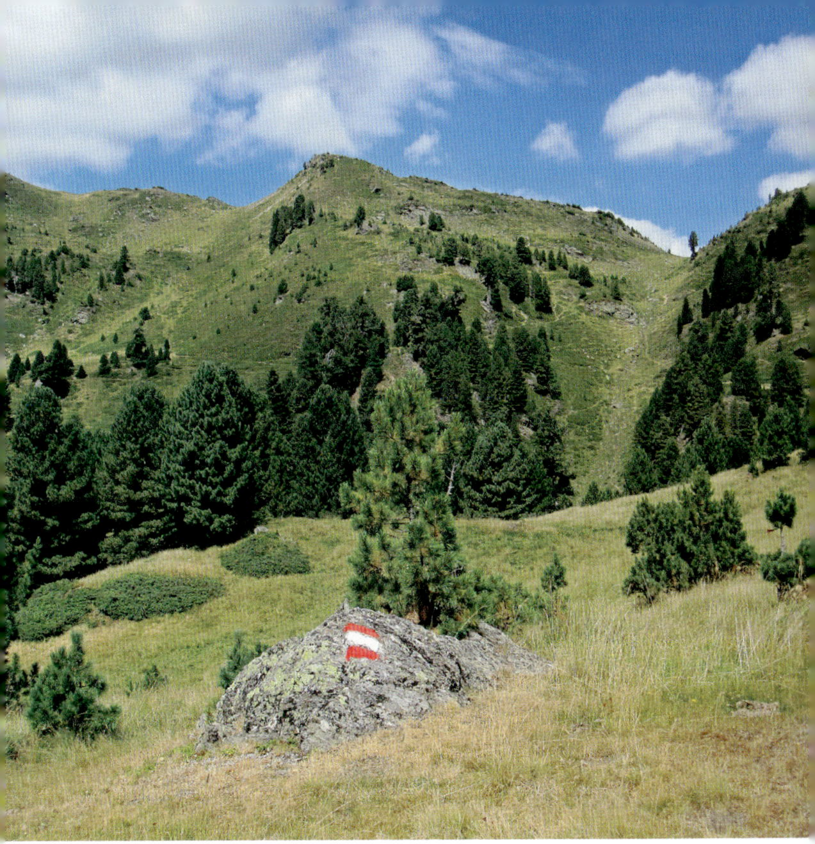

Rückblick zum Schneegrubensattel.

gebung um den Südkamm des Gregerlnocks herum in den **Schneegrubensattel** ❹, 2000 m, führt. In den benachbarten Tälchen kann bis weit in den Sommer hinein Schnee liegen. Nun halten wir uns an den Weg Nr. 123, auf dem wir durch blumenreiche Wiesen ins Rosental absteigen. Bald erreichen wir einen Güterweg, auf dem wir zur recht alten **Prießhütte** wandern, die uns zur verdienten Rast einlädt. Von hier sind es nur wenige Schritte zurück zum **Parkplatz** ❶.

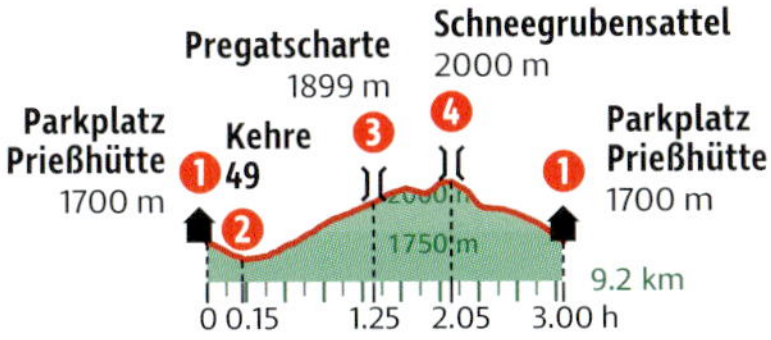

↗ 900 m | ↘ 900 m | 12.5 km

23 Stileck, 2179 m

5.45 h

Auf einen der schönsten Aussichtsberge Kärntens

Zwischen der Millstätter Alpe und dem Rosennock führt uns eine nicht häufig begangene Rundwanderung vom Bergbau Schwarzwald unterhalb der Millstätter Alpe auf den Rabenkofel, weiter auf das Stileck, über den Langnock zur Lamprechtalm und zurück zum Bergbau Schwarzwald. Die drei genannten Gipfel liegen entlang oder knapp abseits eines breiten Kammes, von dem aus man ein beeindruckendes Panorama mit der Hochalmspitze in den Hohen Tauern, dem Großen Rosennock, den Gailtaler Alpen mit dem markanten Dobratsch und den nahe gelegenen Seen, nämlich dem Feldsee (auch Brennsee genannt) und dem Afritzer See, genießen kann.

Ausgangspunkt: Beginn des Steiges Richtung Thomannbauerhütte, Lamprechthütte, Stileck an der Straße zum Nöringersattel (auch Nöringörl), 200 m nach der Abzweigung zum Bergbau Schwarzwald, 1470 m, Wegweiser (Navi: N46.84638 E13.65177). Im Sommer Zufahrt mit dem Nockmobil oder mit dem GO-Mobil von Radenthein aus möglich. Postbus 5140/44 von Spittal/Drau und Bad Kleinkirchheim sowie Postbus 5150 von Villach nach Radenthein. Mit dem Pkw von Radenthein 2,8 km Richtung Kaning, dann nach links Richtung Schwarzwald, Nöringtörl. Am Ausgangspunkt sehr beschränkte Parkmöglichkeit, besser im Bereich der Abzweigung zur Bergbausiedlung parken. Achtung, teilweise schlechte Straßenverhältnisse!
Anforderungen: Leichte Bergtour; lediglich im Aufstieg vom Ausgangspunkt und im Abstieg vom Langnock einige etwas steilere Abschnitte. Vorsicht bei Gewitter! Zwischen Rabenkofel und Stileck wäre ein kurzer Abstieg zur Thomannbauerhütte möglich.
Einkehr: Keine. Die beiden am Weg gelegenen Hütten sind nicht mehr bewirtschaftet!
Variante: Die Thomannbauerhütte kann man vom Nöringtörl auf flachem Fahrweg zu Fuß erreichen.
Karten: f&b 221, 222; K 63, 063, 66; ÖK 3105-O.

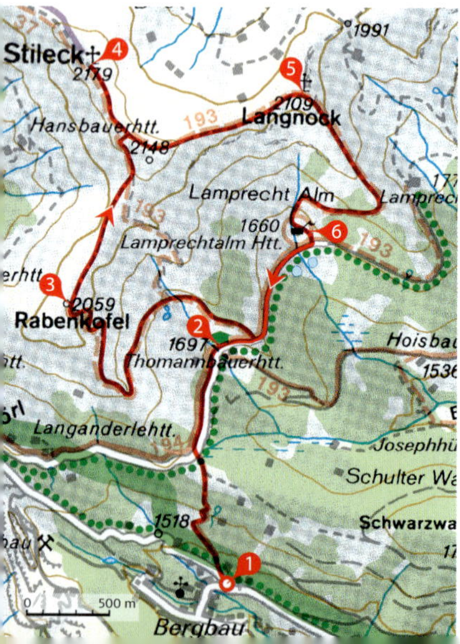

200 m nach der Abzweigung zum Bergbau Schwarzwald folgen wir vom **Wegweiser Bergbau Schwarzwald** ❶ dem Steig, der über Wiesen und durch Wald bergauf führt. Wir queren eine Forststraße und errei-

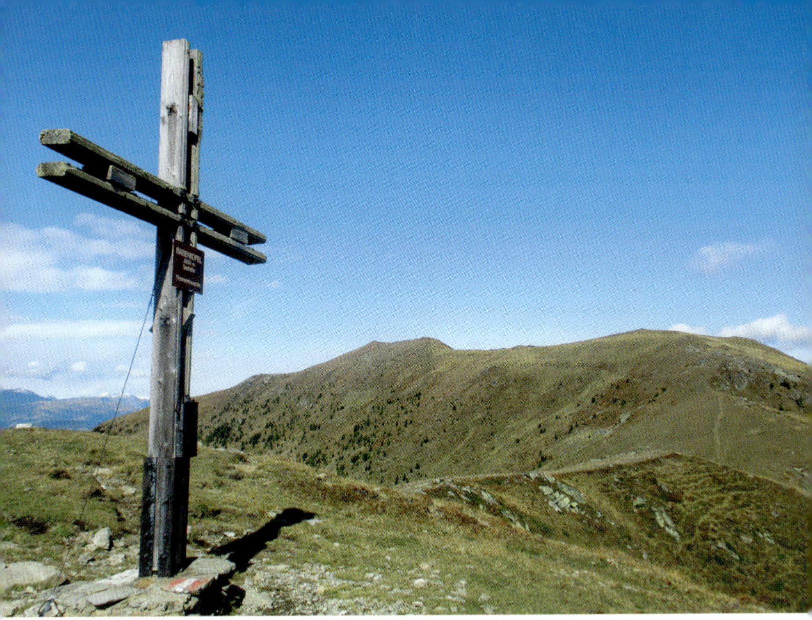

Vom Rabenkofel überblickt man den Weiterweg zum Stileck (rechts unter dem Kreuz).

chen einen Fahrweg, auf dem wir nach rechts zur **Thomannbauerhütte** ❷, 1697 m, kommen. Von ihr geht es nur ein kurzes Stück Richtung Lamprechtalmhütte. Beim Wegweiser an der alten Lärche halten wir uns links auf den Weg Nr. 193 Richtung Stileck. Er führt uns durch schönes Almgelände auf den **Rabenkofel** ❸, 2059 m.

Weiter wandern wir auf dem Rücken, dann nach links durch den Hang zu einem Wegweiser und nach links auf das **Stileck** ❹, 2179 m, mit Panoramaplatte. Dies ist sicher einer der schönsten Aussichtspunkte Kärntens.

Wir kehren zum Wanderweg Nr. 193 zurück und folgen ihm nach links auf den **Langnock** ❺, 2109 m. Vom Gipfel steigen wir recht steil über den Rücken und später durch eine Mulde zur **Lamprechtalmhütte** ❻, 1660 m, ab. Der Fahrweg bringt uns durch Almgelände zur **Thomannbauerhütte** ❷ und auf dem schon bekannten Weg zurück zum **Wegweiser Bergbau Schwarzwald** ❶.

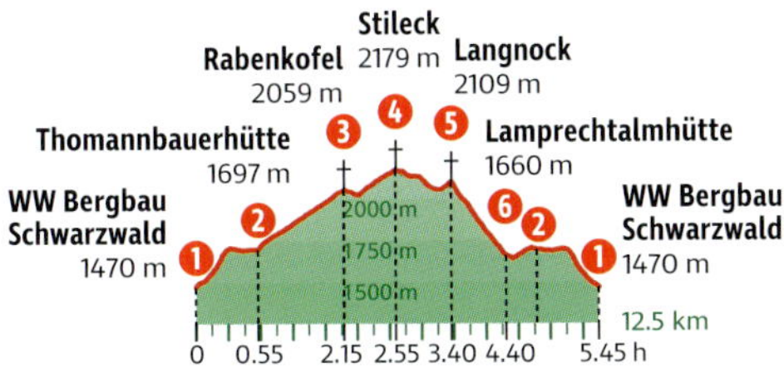

↗ 440 m | ↘ 440 m | 9.5 km

24 Tschiernock, 2088 m, von der Hansbauerhütte

3.00 h

Hoch über dem Millstätter See auf den Spuren der »hadischen Leit«

Tausende von Jahren sind vergangen, seit in den Kärntner Bergen die »hadischen Leit« (= heidnische Leute) lebten. Die sagenhaften Hünengestalten heidnischen Glaubens gelten als die ersten Geschöpfe in Menschengestalt, die die Bergwelt zwischen Innerkrems und Millstätter Alm bevölkert haben sollen. Sie wurden nach und nach von den Menschen vertrieben und zogen sich immer mehr in die Einsamkeit zurück, wo sie in versteckten Höhlen ihre Wohnstätten einrichteten. Einige Namen und Örtlichkeiten auf dieser Wanderung, wie z. B. der Steinerne Tisch, der Had'nbod'n oder der heidnische Friedhof, erinnern an die Haden.

Ausgangspunkt: Hansbauerhütte, 1700 m (Navi: N46.85848, E13.55580), Haltepunkt Nockmobil NM 9118 (nur im Sommer). Ausreichend Parkmöglichkeiten. Vom Kreisverkehr nahe der Kirche von Seeboden nach Treffling und auf der Panoramastraße Tschiernock (Mautstraße) zum Berggasthof Hansbauerhütte, 12 km. Haltepunkt Nockmobil. Postbus 5140 von Spittal, Millstatt und Bad Kleinkirchheim nach Seeboden; weiter mit Nockmobil.
Anforderungen: Aufstieg auf bequemem Serpentinensteig, ohne technische Schwierigkeiten. Oben, in 2100 m Höhe, leichte Almwanderung auf dem breiten Kamm.
Einkehr: Hansbauerhütte (Tel. +43 664 3603010 oder +43 4762 81823). Unterwegs keine.
Varianten: 1. Vom Hochpalfennock 4 in etwa 2 Std. bis zum Lammersdorfer Berg (Granattor), 2063 m. – 2. Ca. 300 m nordwestlich der Kote 2108 m beim Wegweiser hinunter zum Weg Nr. 12 und über die Sommeregger Hütte zurück.
Karten: f&b 221, 222; K 63, 66, 066; ÖK 3105-O.

Rosennock vom Hochpalfennock.

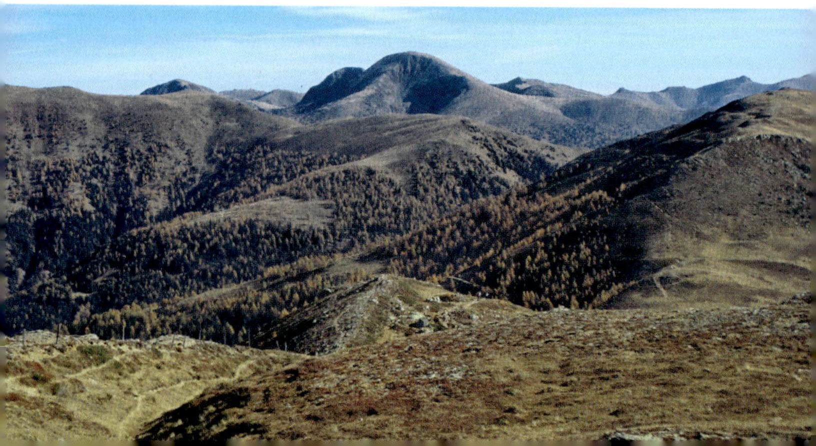

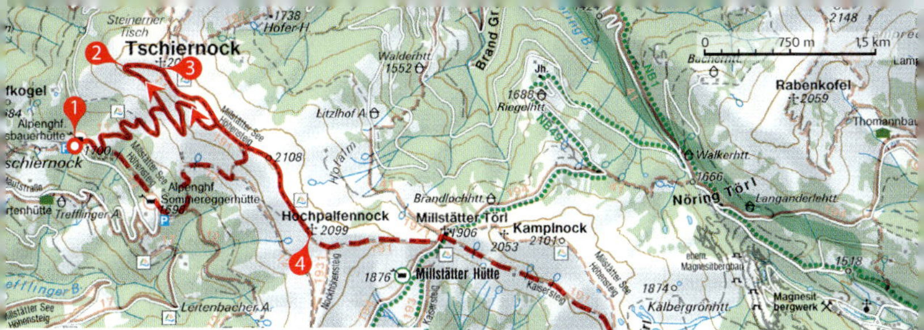

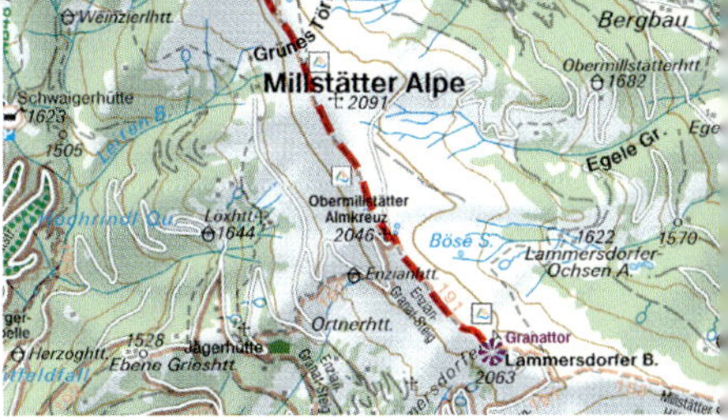

Von der **Hansbauerhütte** ❶ führt uns der breite Wanderweg Nr. 11 in wenigen Kehren bergauf bis zu einer Verzweigung auf der Kammhöhe, an der wir beim Abstieg wieder auf den Anstiegsweg treffen. Hier wandern wir fast eben nach links. Ein schöner Platz zum Verweilen gleich zu Beginn des Tschiernockkamms ist der **Steinerne Tisch** ❷, 2050 m, ein mächtiger Sockel aus Marmor-Bruchstein, der den Anschein erweckt, er wäre immer schon da gewesen. Er trägt eine überdimensionale Tischplatte, auf der die Geschichte der »hadischen Leut« nachzulesen ist. Wir folgen dem Wanderweg Nr. 191 – dem »Gamsbründelsteig« – über den Tschiernockkamm und genießen ein ausgezeichnetes Panorama mit Blick von den schneeglänzenden Kuppen von Hochalmspitze und Sonnblick in den Hohen Tauern bis hin zum glitzernden Millstätter See. Bald erreichen wir den breiten, sanften Gipfel des **Tschiernocks** ❸, 2088 m. Der Rundblick reicht in sieben Täler und vom Dachstein bis zu den Karnischen Alpen und den Karawanken. Im Osten erinnern die vielen Gipfelkuppen der Nockberge in zartem Frühjahrsgrün oder braunem Herbstgras an ein wogendes Meer. Wer Lust hat, setzt seine Wanderung zum **Hochpalfennock** ❹, 2099 m, fort, dort gibt es ein schönes Gipfelkreuz.

Auf dem Anstiegsweg geht es über den Kamm und dann entweder nach Variante 2 zurück oder bis zur Bergstation des ehemaligen Sessellifts, ca. 2020 m, wo wir den Steig Nr. 195 wählen. Er führt uns geradewegs zur Weggabelung, die wir vom Aufstieg her kennen, von dort gelangen wir zur **Hansbauerhütte** ❶ zurück. Auf der Sonnenterrasse genießen wir den hausgemachten Kaiserschmarrn und das herrliche Panorama.

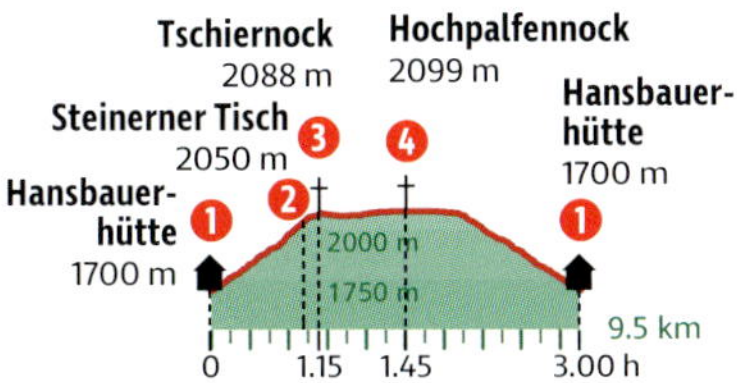

TOP

25 Mirnock, 2110 m, von Gschriet

↗ 920 m | ↘ 920 m | 9.6 km

5.00 h

Steile Wege auf einen viel besuchten Aussichtsberg

Der Mirnock ist der höchste Gipfel eines über 15 km langen, gewaltigen Bergstocks, der sich zwischen dem Drautal im Südwesten und dem Gegendtal im Nordosten erhebt. Wir wollen eine der vielen Bergstraßen benutzen, die zu den Bauernhöfen an der Westseite des Mirnocks führen. Dadurch können wir den Zeitaufwand für unsere Tour wesentlich verringern.

Ausgangspunkt: Renates Einkehr (früher Ghf. Possegger) in Gschriet, 1222 m (Navi: N46.76353, E13.67448). Gut beschilderte Zufahrt von der Glanzer Landesstraße (Döbriach–Feistritz/Drau), 5 km, oder Aufstieg von Döbriach, erst auf dem Weg Nr. 187, dann auf dem Weg Nr. 188 (2.30 Std.). Postbus 5140 nach Döbriach von Spittal/Drau, Radenthein und Bad Kleinkirchheim.
Anforderungen: Wanderung auf teils sehr steilen Steigen.
Einkehr: Keine. Renates Einkehr nur noch für Hausgäste!
Hinweis: Der Weg kann auch gut in umgekehrter Richtung begangen werden.
Tipps: 1. Rund um Renates Einkehr und den Gasthof Bergfried ist ein Kneipp-Panorama-Rundweg eingerichtet worden, Gehzeit ca. 3–3.30 Std. – 2. Zehn Bergbauern laden als »Mirnockbauern« ein zu »Ferien zwischen Berg und See«.
Karten: f&b 221, 222; K 63, 066; ÖK 3112-W.

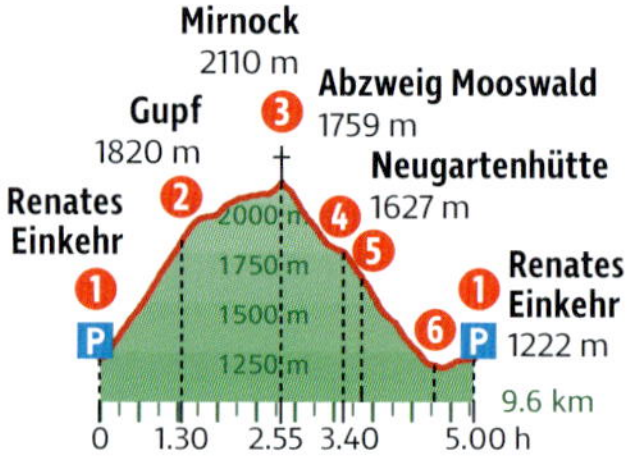

Von **Renates Einkehr** ❶ geht es auf dem Weg Nr. 188 sehr steil meist durch Wald, zuletzt über Almwiesen auf den **Gupf** ❷, 1820 m, eine kleine Kuppe oberhalb der Waldgrenze. Von hier wandern wir unter dem Bodeneck vorbei auf den **Mirnock** ❸, 2110 m, mit seinem großen Gipfelkreuz und

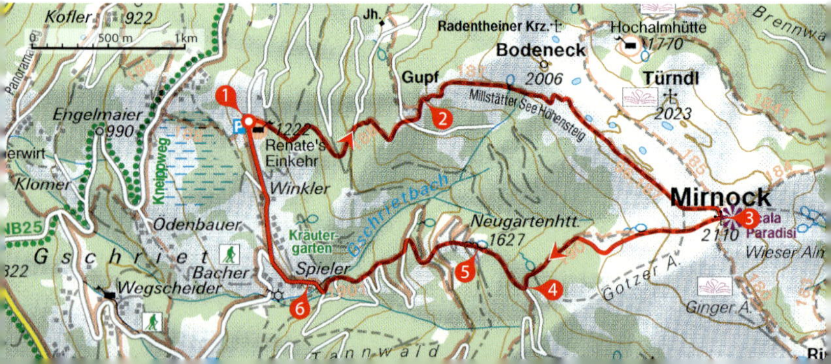

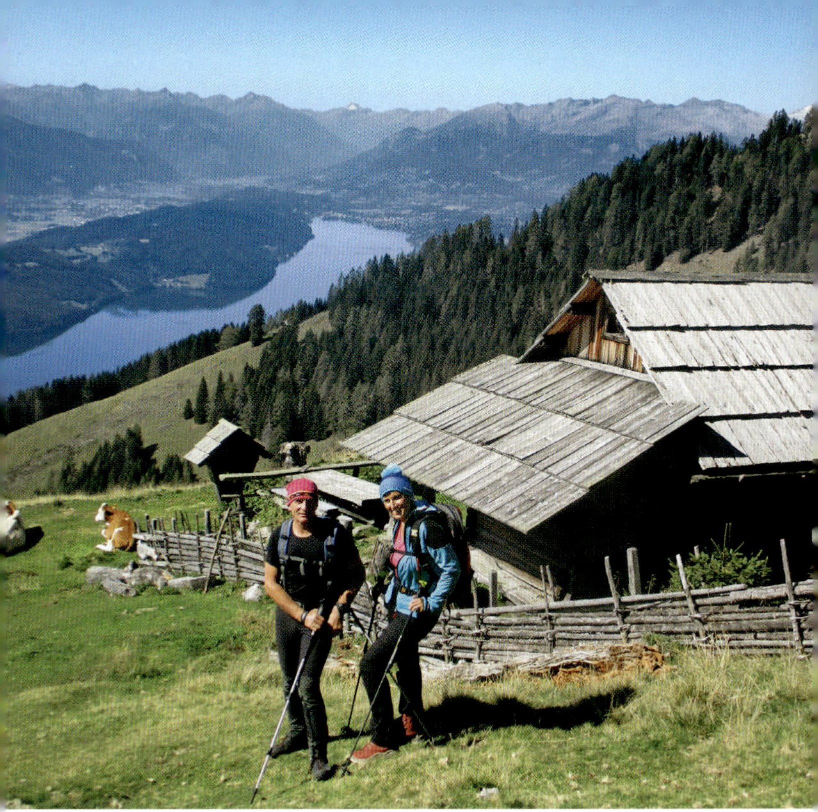

Die Neugartenhütte, dahinter der Millstätter See.

einigen Land-Art-Installationen. Hier treffen fünf Anstiege aus verschiedenen Richtungen zusammen. Die Aussicht von diesem höchsten Gipfel im äußersten Südwesten der Nockberge ist unglaublich schön und weit. Sie umfasst nahezu ganz Kärnten samt seiner Bergwelt und auch die hohen Gipfel der Julischen Alpen, die sich hinter den Karawanken und den Karnischen Alpen erheben.

Für den Abstieg wählen wir den Weg Nr. 190. Durch eine weite Mulde, später durch Wald, erreichen wir einen Rastplatz mit Brunnen. 100 m dahinter stoßen wir auf einen Abzweig nach **Mooswald** 4, 1759 m, an dem wir rechts dem Weg Nr. 1901 folgen, der uns ziemlich steil an der **Neugartenhütte** 5, 1627 m, vorbei zum **Anwesen Spieler** 6, 1189 m, bringt. Auf der Straße geht es zurück zu **Renates Einkehr** 1.

↗ 520 m | ↘ 520 m | 5.1 km

3.00 h

26 Mirnock, 2110 m, von der Wieser Hütte

Über Almen auf den höchsten Nock zwischen Drau- und Gegendtal

Eine alte Sage erzählt, dass man vom Mirnock aus einst das Meer sehen konnte. Damals hauste dort oben ein Riese, der die schönste Fischertochter aus dem Tal entführte, um mit ihr in seiner Höhle unter dem Gipfel zu leben. Dank eines Kräuterschnapses konnte der Riese in einen glücklichen Schlaf versetzt und die Jungfrau gerettet werden. Als er erwachte, war der Riese außer sich. Er rüttelte an der Bergkuppe und ließ sie schließlich ins Tal hinabstürzen. So erhielt der Berg seine heutige Höhe von 2110 m, die einen Meerblick verhindert. Dennoch zählt der Mirnock zu den schönsten Aussichtsbergen Kärntens, bei guter Sicht sind fast alle Kärntner Gebirgsgruppen zu sehen. Zudem wartet er mit einer intakten Umwelt und einer vielfältigen Pflanzenwelt auf, in welcher Almrausch und Enzian dominieren.

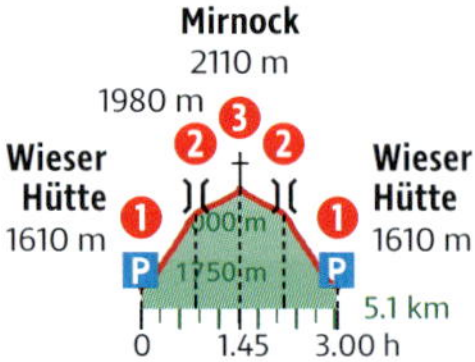

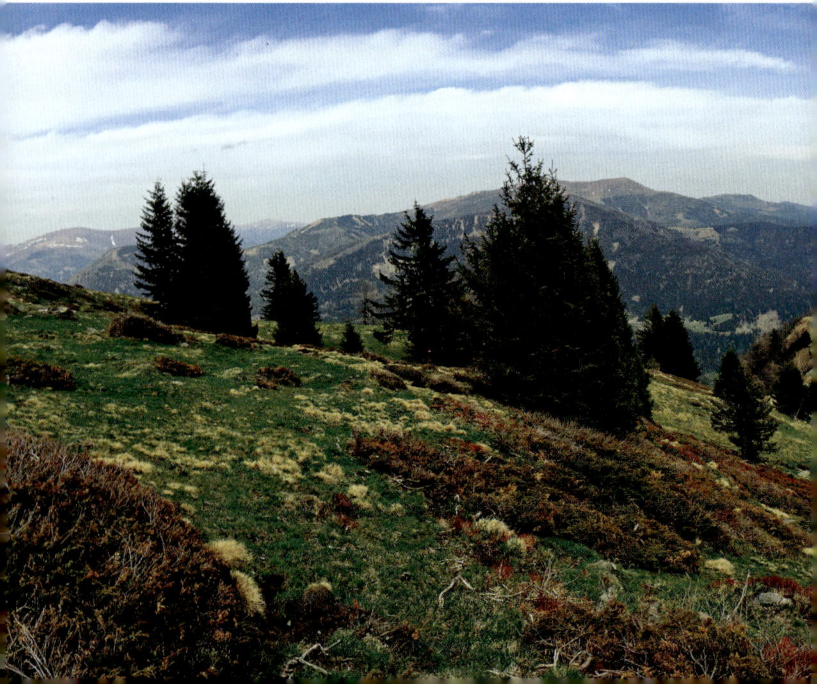

Ausgangspunkt: Parkplatz bei der Wieser Hütte, 1610 m (Navi: N46.75693, E13.73240). Am südlichen Ende des Afritzer Sees Richtung Lierzberg abbiegen. Nach 1,5 km beginnt die z. T. grobschottrige Mautstraße (5 € in Münzen mitführen!), auf dieser 9 km bis zur Hütte. Postbus 5150 nach Afritz von Villach und Radenthein.
Anforderungen: Vielfach steile Bergsteige, Vorsicht bei Gewitter!
Einkehr: Keine.
Varianten: 1. Aufstieg von Wiesen an der B 98 Millstätter Straße (Bushaltestelle) auf dem AV-Weg Nr. 183 zur Wieser Hütte ❶, 2.30 Std. – 2. Größere Rundtour mit Abstieg vom Gipfel ❸ nach Nordwesten auf dem Weg Nr. 185 zur bew. Hochalmhütte und auf den Wegen Nr. 1841 und 184 zurück zur Wieser Hütte (1.30 Std.).
Hinweis: Die in vielen Karten und auch auf Wegweisern genannte Kohlweißhütte ist nicht mehr bewirtschaftet; sie heißt jetzt »Kuchlerhof-Hütte«.
Karten: f&b 221, 222; K 63, 066; ÖK 3112-W.

An der **Wieser Hütte** ❶ wählen wir den Weg Nr. 183, der uns durch lichten Wald und über Almwiesen in einem weiten Bogen in einen **Sattel** ❷, 1980 m, nordwestlich des Rindernocks führt. Wir passieren einen kleinen See mit einladenden Relaxliegen zum Genießen. Auf dem Kamm folgen wir dem Weg Nr. 180 und wandern die letzten Meter bis zum Gipfel des **Mirnocks** ❸, 2110 m. Von hier erblicken wir die Hohen Tauern mit Groß-

Blick durch das Gegendtal zur Gerlitzen.

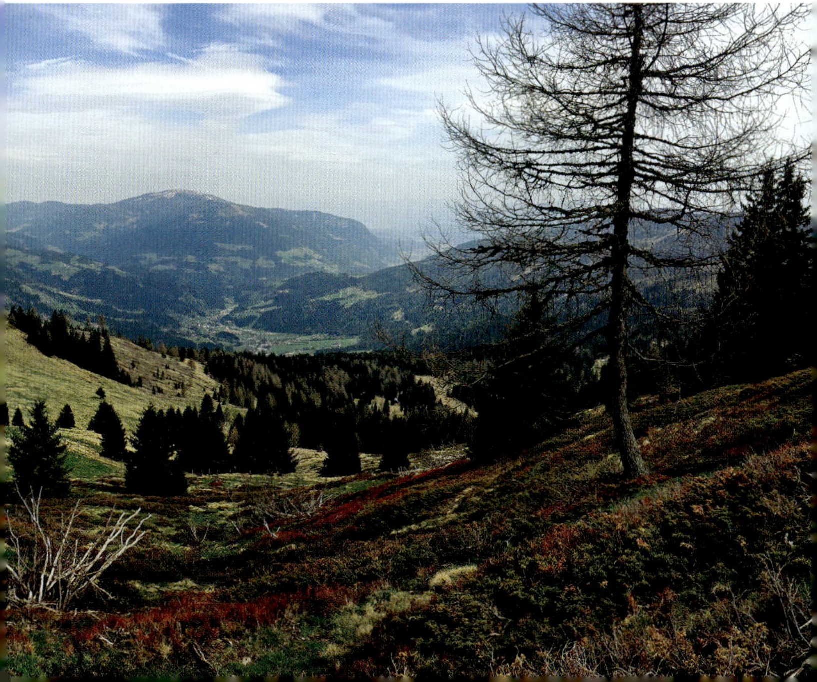

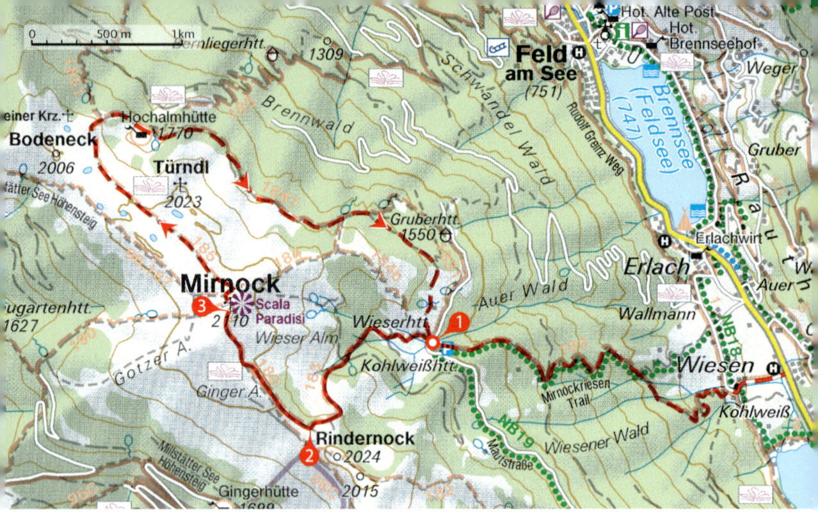

glockner, Hochalmspitze und Hafner, die Gailtaler Alpen mit dem Dobratsch, die Lienzer Dolomiten, die Karnischen Alpen, die Karawanken und die Julischen Alpen mit dem Mangart und natürlich die übrigen Nockberge. Der Rückweg führt uns auf demselben Weg oder auf den oben unter Variante 2 erwähnten Wegen wieder zurück zur **Wieser Hütte** ❶.

Im Abstieg Richtung Bodeneck. Links hinten die vergletscherte Hochalmspitze.

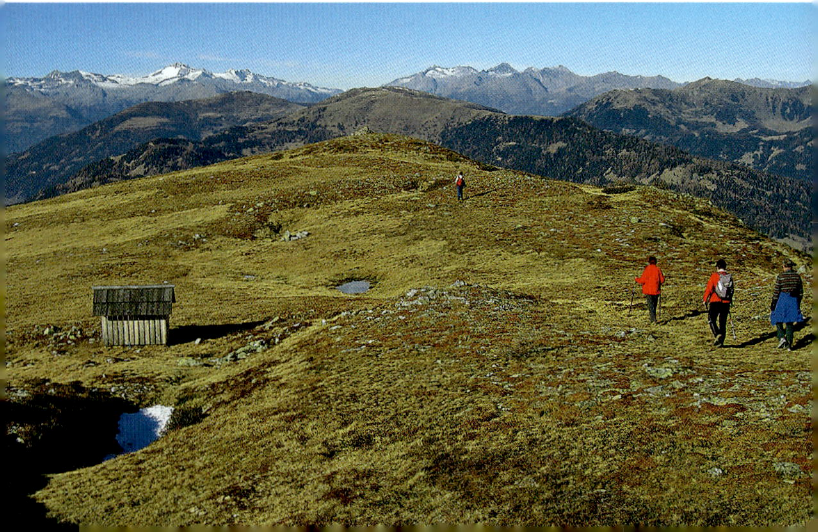

↗ 900 m | ↘ 900 m | 13.7 km

5.00 h

Plattnock, 2316 m, und Predigerstuhl, 2179 m

27

Ein einsamer und ein viel besuchter Gipfel

Nordöstlich des Rosennocks und etwa im Herzen des Biosphärenparks Nockberge liegt der Plattnock. Er erhebt sich über der Kaninger Wolitzenalm, einer fast 1000 ha großen Hochalm; darunter versteht man eine Alm, die höher als etwa 1700 m liegt. Der Plattnock bietet eine weite Rundsicht, die lediglich durch den Kleinen und Großen Rosennock etwas beschränkt ist. Wir besuchen diesen selten bestiegenen Gipfel auf einer Wanderung, die uns zum Teil als Rundtour vom Erlacherhaus in den Bereich der Zunderwand, durch weite Almwiesen zum Plattnock, über den Predigerstuhl als südöstlichsten Ausläufer der Zunderwand und über die Erlacher Bockhütte zurück zum Erlacherhaus führt.

Ausgangspunkt: Erlacherhaus, 1636 m (Navi: N46.86885, E13.74913). Parkplatz unmittelbar unterhalb des Hauses. Zufahrt von Kaning erst 1,6 km auf schmaler Asphaltstraße, dann 6 km auf guter, mautpflichtiger Schotterstraße; automatische Mautstelle, Tarif 2023: 4 € in Münzen. Kärnten-Bus 5142 von Radenthein nach Kaning (nur an Schultagen). Zum Erlacherhaus verkehrt im Sommer das Nockmobil (Haltepunkt NM 9113). Etwa 20. Juni–Ende Sept. am Do auch »Bachers Almexpress« von Döbriach nach Radenthein; Anmeldung bis 17 Uhr des Vortags unter Tel. +43 4762 81255-12.

Anforderungen: Streckenweise recht anspruchsvolle Bergtour auf teils schmalen Pfaden durch steile Hänge; hier Trittsicherheit und auch Schwindelfreiheit erforderlich! Alle Arten von Wegen (Forststraßen, Karrenwege, Steige), meist gut markiert und beschildert; lediglich einige kurze Strecken schlecht oder nicht markiert, aber keine Orientierungsprobleme. Nicht bei Gewittergefahr begehen! Wasser bei der Kaninger Wolitzenhütte und bei der Erlacher Bockhütte.

Einkehr/Übernachtung: Erlacherhaus, am Startpunkt (Übernachtungsmöglichkeit, geöffnet Mitte Mai–Ende Okt., Tel. +43 676 4210545, erlacherhaus.at). Erlacher Bockhütte (Übernachtungsmöglichkeit, geöffnet Mai–Okt., Tel. +43 699 1197944, langalmtal.at).

Varianten: 1. Rundtour Erlacherhaus–Törl–Predigerstuhl–Erlacher Bockhütte– Erlacherhaus. Wie unten beschrieben bis ins Törl ❷, dann nach rechts zum markierten Weg und über den Predigerstuhl ❺ zurück zum Erlacherhaus. Etwa 3.15 Std. – 2. Am häufigsten bestiegen wird der Predigerstuhl ❺ vom Erlacherhaus im Auf- und Abstieg über die Erlacher Bockhütte ❻. Etwa 2.45 Std. – 3. Rundtour Kaning–Koflachgraben–Plattnock–Törl–Erlacherhaus. Sehr lange, aber lohnende Wanderung durch den einsamen und besonders im oberen Teil landschaftlich sehr schönen Koflachgraben. Ab dem Bauernhof Granig im Koflachgraben für den Verkehr gesperrter Güterweg! Abstieg vom Törl zum Erlacherhaus wie unten für den Aufstieg beschrieben; Rückfahrt nach Kaning mit dem Nockmobil. Gesamtgehzeit etwa 8.00 Std.

Hinweis: Der noch in einigen Karten eingetragene Weg, der am Fuße der Zunderwand zum Törl hinaufführt, wird nach einem Felssturz nicht mehr gepflegt! Gefahr von Steinschlag!

Karten: f&b 221, 222; K 63, 063; ÖK 3106-W.

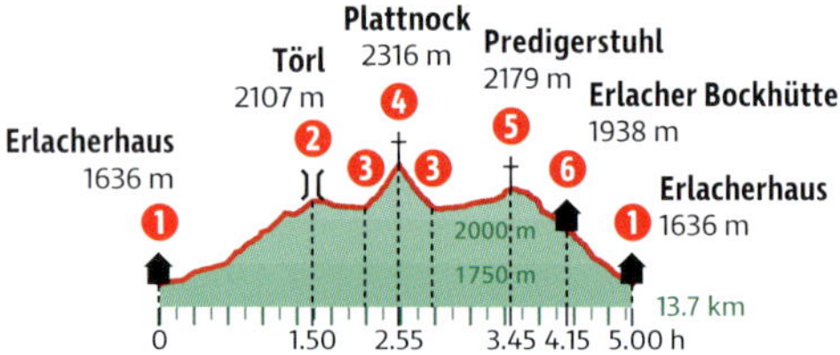

Vom **Erlacherhaus** ❶ gehen wir auf der breiten Forststraße mit der Weg-Nr. 170 in Richtung »Zunderwand, Predigerstuhl«. Nach etwa 30 Min. biegen wir nach rechts auf einen Karrenweg mit der Weg-Nr. 171 ab. Durch schönes Almgelände kommen wir in die Nähe einer neuen Hütte; hier geht der Karrenweg in einen Steig über, der uns zu einem Wegweiser unterhalb der Zunderwand bringt. Wegen der Sperre des direkten Anstiegs zum Törl halten wir uns nach links auf den Weg Nr. 13 Richtung Nassbodensee, Predigerstuhl. Durch Latschen geht es hinauf zu einem Wegweiser kurz vor dem Nassbodensee. Von hier gehen wir mit den Zielen »Erlacher Bockhütte, Erlacherhaus und Predigerstuhl, Weg Nr. 13«, nach rechts. Vorerst durch Blockwerk, später durch einen sehr steilen Hang erreicht der Steig das **Törl** ❷, 2107 m (Wegweiser). Nun bringt uns der Weg Nr. 169 am Fuße

Blick zur Zunderwand. Links von ihr sieht man das Törl.

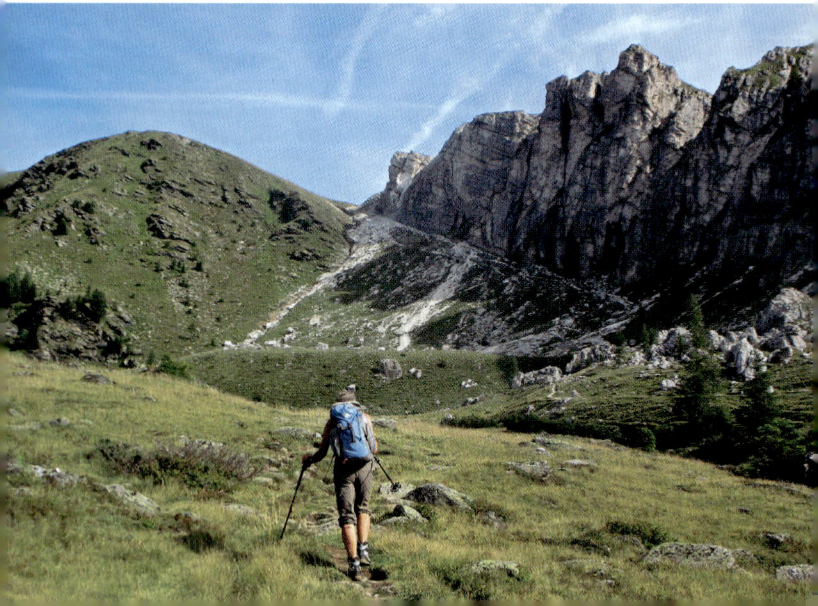

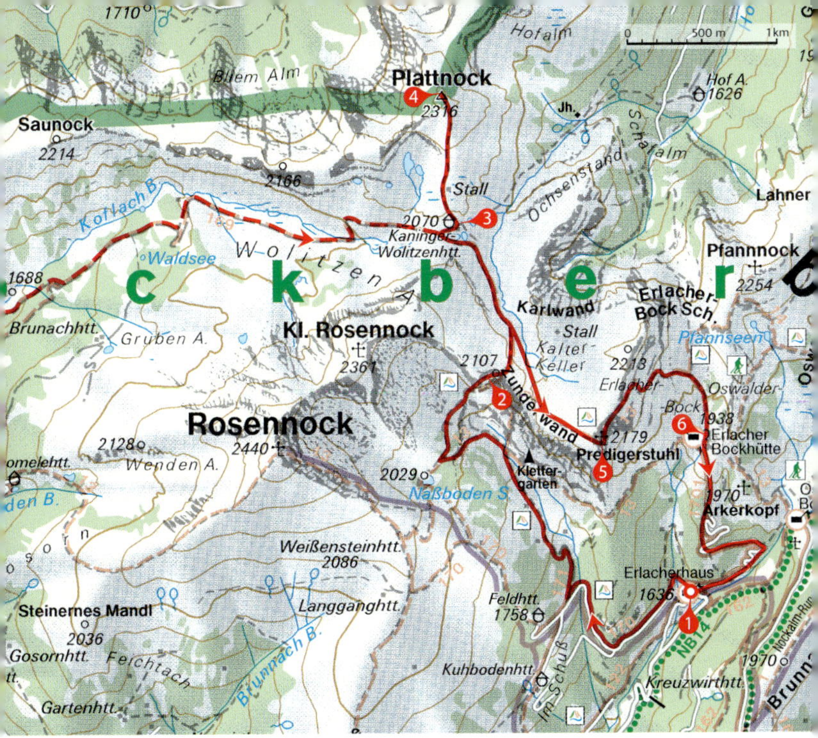

des Kleinen Rosennocks durch sanfte Almwiesen zur schon bald sichtbaren, unbewirtschafteten **Kaninger Wolitzenhütte** ❸, 2070 m, die wir im Uhrzeigersinn um die kleine Lacke erreichen. Auf nur schwach markierten Pfaden gehen wir bergauf in Richtung Plattnock. Eine felsige Nische mit der Ruine eines großen Stalles bleibt rechts von uns. Dann halten wir uns an den Rücken, der uns auf den breiten Gipfel des **Plattnocks** ❹, 2316 m, bringt. Schöner Rastplatz mit weiter Aussicht in fast alle Richtungen.

Wir kehren vom Gipfel zur **Kaninger Wolitzenhütte** ❸ zurück, können auch auf Steigen links um den Felskopf neben dem kleinen See herumgehen und treffen bald auf unseren Hinweg. Wir müssen ihm nicht bis ins Törl folgen, sondern können schon vorher auf einem deutlichen Steig zu dem markierten Weg wandern, der am oberen Rand der Zunderwand zum **Predigerstuhl** ❺, 2179 m, mit seinem Gipfelkreuz führt. Nun überschreiten wir auf dem markierten Weg nach links (Nordosten) eine sanfte Anhöhe, hinter der unser Abstieg recht schottrig durch einen sehr steilen Hang in die Mulde des Erlacher Bocks hinunterführt. Hier treffen wir auf den Weg

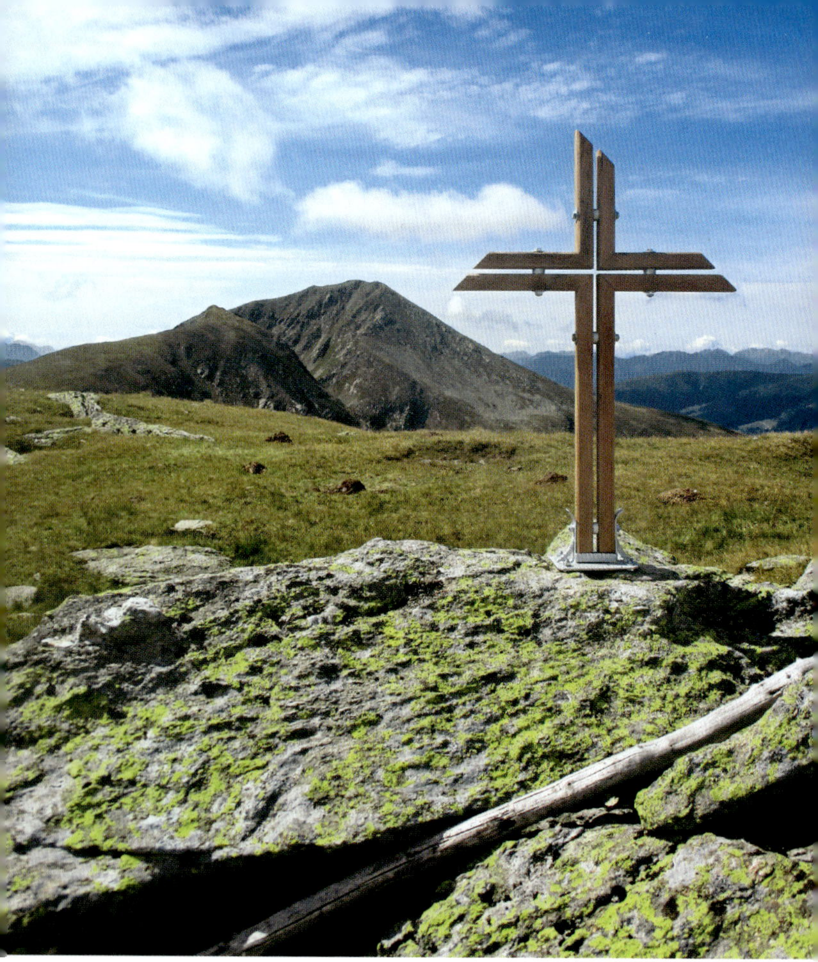

Gipfelkreuz auf dem Plattnock, links davon im Hintergrund der Rosennock.

Nr. 1701, der uns zur **Erlacher Bockhütte** 6, 1938 m, bringt. Wir gehen auf dem breiten Fahrweg bis kurz vor die ersten Bäume. Nach rechts können wir die Kehren des Fahrweges auf einem alten Fußweg abkürzen. Wenn wir wieder auf den Fahrweg treffen, folgen wir ihm bis zu den Almwiesen, über die wir wieder einige Kehren abschneiden können. Bald erreichen wir durch den Wald wieder unseren Ausgangspunkt, das **Erlacherhaus** 1.

↗ 900 m | ↘ 900 m | 10.9 km

5.00 h

Rosennock, 2440 m, vom Erlacherhaus

TOP 28

Große Runde auf den höchsten Kärntner Nock

In den Nockbergen gibt es mit dem in der Steiermark gelegenen 2441 m hohen Eisenhut nur einen einzigen Berg, der den Rosennock überragt – um einen Meter! Daher sieht man den Rosennock, der manchmal auch als Großer Rosennock bezeichnet wird, nicht nur aus allen Richtungen, sondern er bietet auch eine wahrhaft grenzenlose Aussicht. Wir wollen den Gipfel im Zuge einer schönen Rundwanderung ersteigen. Sie bringt uns zum einsam gelegenen Nassbodensee und unter die schroffe Zunderwand, die aus Dolomit aufgebaut ist und daher zu ihren Füßen eine reiche Blumenpracht zeigt.

Ausgangspunkt: Erlacherhaus, 1636 m (Navi: N46.86888, E13.74908). Parkplatz unmittelbar unterhalb des Hauses. Zufahrt von Kaning erst 1,6 km auf schmaler Asphaltstraße, dann 6 km auf guter, mautpflichtiger Schotterstraße; automatische Mautstelle, Tarif 2023: 4 € in Münzen. Kärnten-Bus 5142 von Radenthein nach Kaning (nur an Schultagen). Zum Erlacherhaus verkehrt im Sommer das Nockmobil (Haltepunkt NM 9113). Etwa 20. Juni–Ende Sept. Do auch »Bachers Almexpress« von Döbriach nach Radenthein; Anmeldung bis 17 Uhr des Vortags unter Tel. +43 4762 81255-12.
Anforderungen: Nicht schwierige, aber recht lange Bergtour, daher gute Kondition erforderlich, auf dem Steig zur Erlacher Bockhütte auch Trittsicherheit, einige kurze gesicherte Abschnitte. Im Abstieg zum Erlacherhaus alter Weg und Steig, der Orientierungsvermögen verlangt; Umgehung auf Güterweg möglich. Vorsicht bei Gewittergefahr! Auf dem Gipfel des Rosennocks häufig starker Wind.
Einkehr/Übernachtung: Erlacherhaus, am Ausgangspunkt (Übernachtungsmöglichkeit, geöffnet Mitte Mai–Ende Okt., Tel. +43 676 4210545, erlacherhaus.at); Erlacher Bockhütte (Übernachtungsmöglichkeit, geöffnet Mai–Okt., Tel. +43 699 1197944, langalmtal.at).
Varianten: 1. Vom Nassbodensee 4 oder von der Abzweigung unter der Zunderwand auf markierten Wegen direkter Abstieg zum Erlacherhaus möglich. – 2. Von Bad Kleinkirchheim aus nach St. Oswald, Auffahrt mit der Biosphärenparkbahn Brunnach. Von der Bergstation in etwas mehr als 30 Min. zum Erlacherhaus 1; Rückweg ca. 50 Min.
Karten: f&b 221, 222; K 63, 063, 66; ÖK 3106-W.

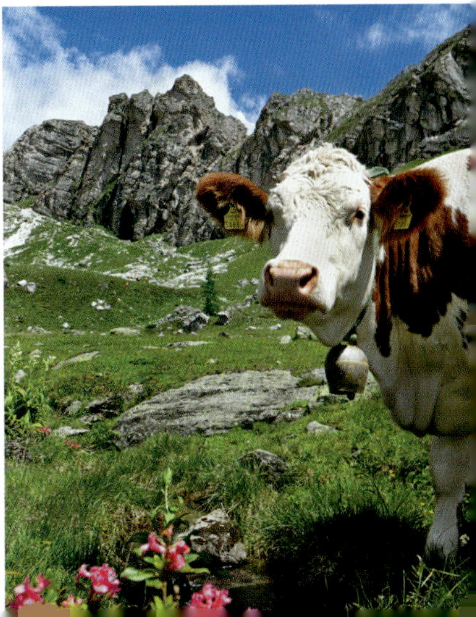

Sanfte Kuh vor der schroffen Zunderwand.

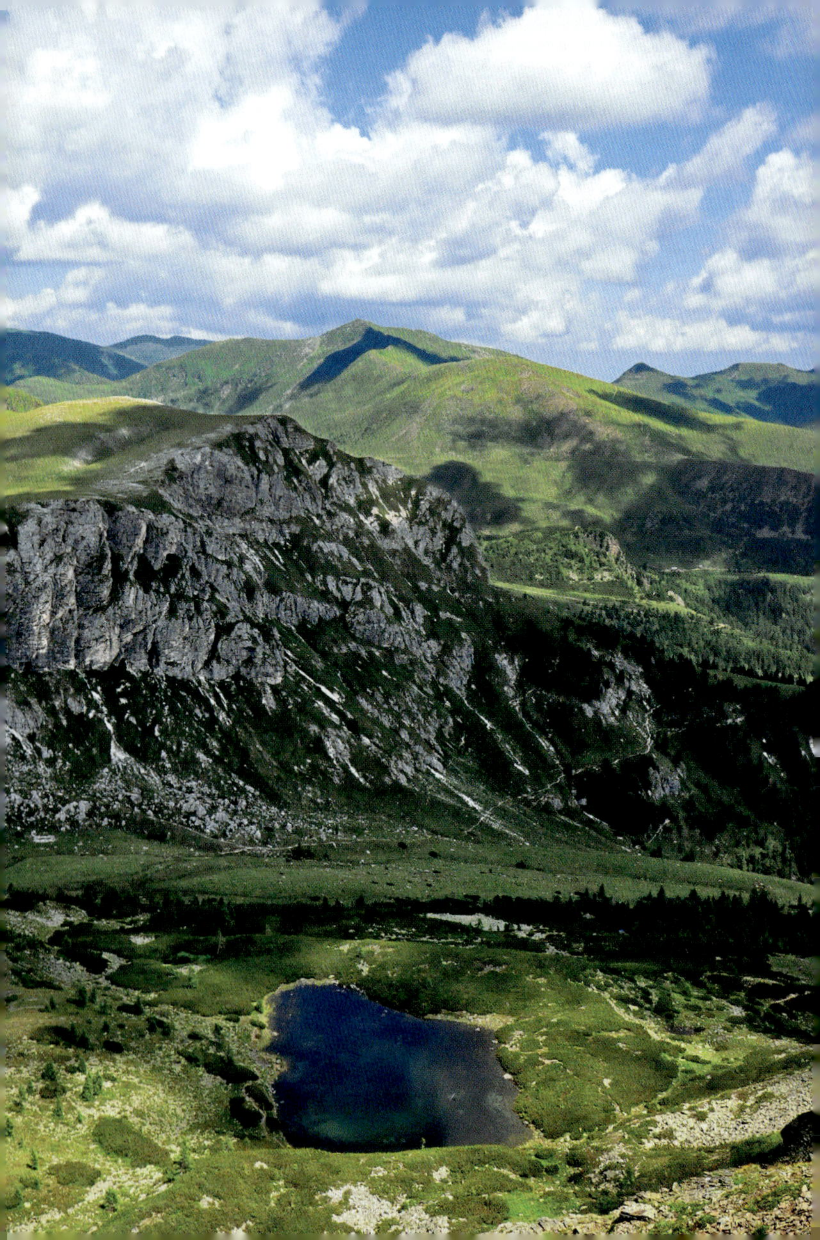

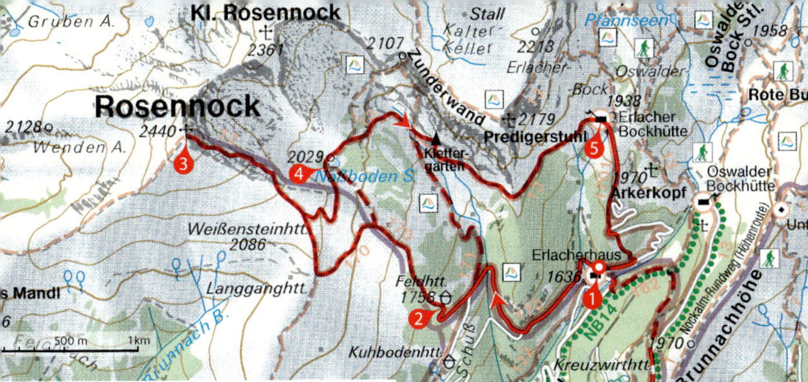

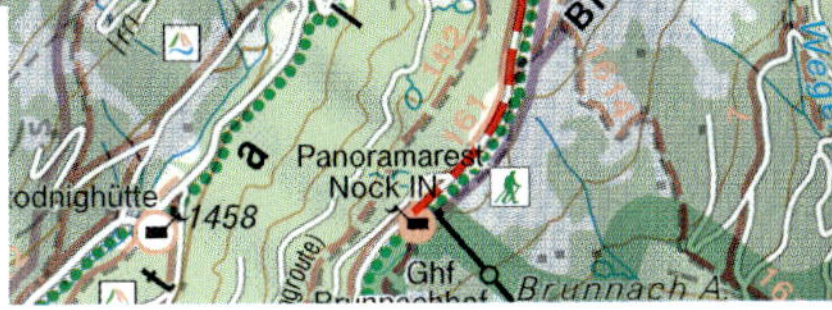

Vom **Erlacherhaus** ❶ folgen wir dem Wegweiser in Richtung »Feldhütte« und »Großer Rosennock« auf den Weg Nr. 170. Dieser Güterweg bringt uns durch zwei Gräben zur **Feldhütte** ❷, 1758 m. Ab hier geht es auf einem groben Karrenweg und auf Steigen zu einer Abzweigung zum Nassbodensee. Hier halten wir uns links gegen den breiten Rücken, über den wir – an einer weiteren Abzweigung zum Nassbodensee vorbei – zum Gipfelkreuz auf dem **Rosennock** ❸, 2440 m, aufsteigen. Der Abstieg erfolgt vorerst bis zur zuletzt erwähnten Abzweigung; dort gehen wir nun links hinab zum inmitten von Latschen gelegenen **Nassbodensee** ❹, 2029 m. Bald dahinter erreichen wir eine Abzweigung zum Predigerstuhl, an der wir uns rechts an den Weg Nr. 13 halten. Durch Blockwerk und Latschen geht es steil hinunter in die Almwiesen unterhalb der Zunderwand. Beim nächsten Wegweiser bleiben wir auf dem Weg Nr. 13, der uns durch blumenreiche Wiesen, lichten Wald und über einige Gräben unter dem Predigerstuhl zur **Erlacher Bockhütte** ❺, 1938 m, bringt. Der Name »Bock« kommt von »pochen«, also Erz verarbeiten, denn die Gegend war einst ein Bergbaugebiet. Von der Hütte gehen wir auf dem Fahrweg, dann auf einem alten Karrenweg und schließlich einem kaum sichtbaren Steig zum **Erlacherhaus** ❶; dieses letzte Stück kann man auch auf dem Güterweg umgehen.

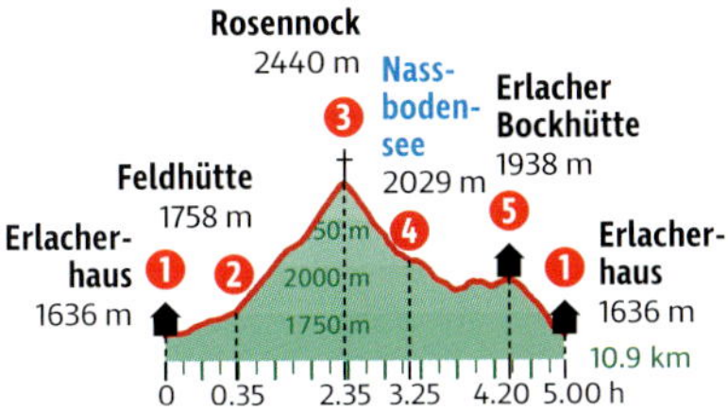

Tiefblick vom Rosennock auf den Nassbodensee.

↗ 560 m | ↘ 560 m | 8.4 km

29 Schwarzsee – Amberger Alpe, 1831 m, vom Verditz

3.15 h

Beliebte Wanderung zu einem kleinen See hoch über den Tälern

Der Verditz war einige Jahrzehnte lang durch Sessel- und Schlepplifte erschlossen. Nach mehreren schneearmen Wintern wurde der Betrieb 2012 eingestellt. Nun gehört das Gebiet wieder den Wanderern, die auch in schneearmen Wintern diese Tour unternehmen können. Unser Weg führt meist durch angenehm schattigen Wald zu einem stillen See, auf einen aussichtsreichen Gipfel und über eine gern besuchte Jausenstation zurück.

Ausgangspunkt: Ende der Verditzer Straße, 1280 m (Navi: N46.70092, E13.79557). Abstellmöglichkeit für einige Pkw. Auffahrt von Afritz mit dem Wegweiser Verditz bis zum Ende der Asphaltstraße. Postbus 5150 nach Afritz von Villach und Radenthein.

Anforderungen: Leichte Wanderung auf meist breiten Waldwegen und guten Steigen.

Einkehr: Schwarzseehütte (geöffnet Mai–Ende Okt, Tel. +43 650 2330042, schwarzseehuette.at).

Karten: f&b 224; K 61, 63; ÖK 3112-W.

Vom Ende der Asphaltstraße am **Verditz** ❶ gehen wir auf dem für den allgemeinen Verkehr gesperrten Zaunprecht-Almweg (Wegweiser »Schwarzsee«, Weg Nr. 180, später auch Nr. 27) an einigen Ferienhäusern vorbei bis zur Abzweigung eines Karrenweges. Dieser bringt uns – manchmal etwas steil – durch Wald bergauf. Wir queren eine **Forststraße** ❷, 1490 m, und erreichen nach einem flacheren Abschnitt die **ehemalige Skipiste** ❸, 1590 m. Wir bleiben im angenehm schattigen Wald auf dem Karrenweg, sehen zwei Quellen und kommen in die Nähe der Schwarzseehütte, die wir auf dem Rückweg besuchen wollen. Wir folgen dem markierten Weg und erreichen in etwa 15 Min. den **Schwarzsee** ❹, 1791 m. Wer Zeit und Lust hat, kann diesen kleinen See auch umrunden.

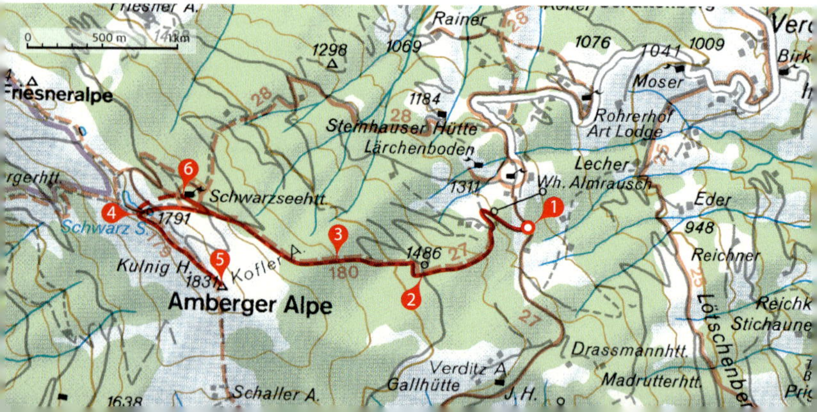

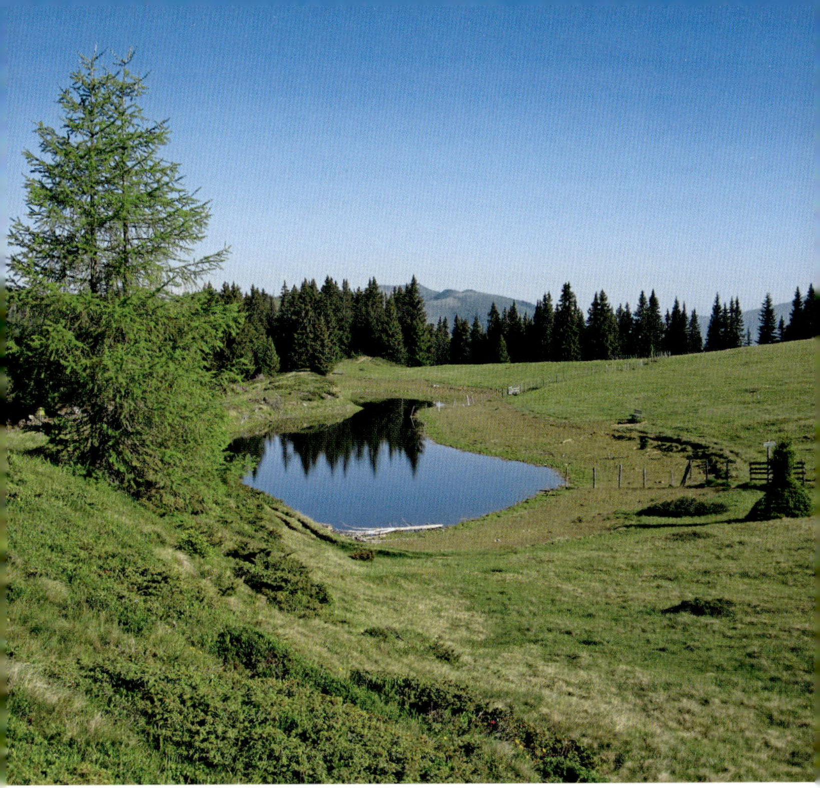

Schwarzsee.

Vom Schwarzsee wandern wir auf dem Weg 179 (Wegweiser »Amberger Alpe«, 10 Min.) an der geschlossenen Kulnighütte vorbei und erreichen bald den großen Felsen auf dem Gipfel der **Amberger Alpe** 5, 1831 m. Angenehmer Rastplatz mit sehr schöner Aussicht!

Vom Gipfel kehren wir zum Wegweiser beim **Schwarzsee** 4, 1791 m, zurück. Vor dem Abstieg zum Verditz besuchen wir noch die gastliche **Schwarzseehütte** 6, 1740 m, mit Kinderspielplatz, Streicheltieren und hervorragenden heimischen Speisen.

Rückweg zum **Verditz** 1 auf dem Weg des Anstieges.

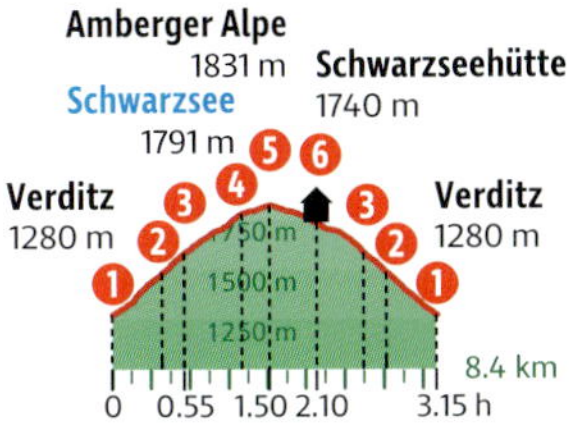

↗ 1000 m | ↘ 1000 m | 9.4 km

30 Hüttersteig – Kanzel, 1489 m

5.00 h

Auf steilen Wegen hoch über dem Ossiacher See

Die Gerlitzen ist einer der bekanntesten und beliebtesten Ausflugsberge im Kärntner Zentralraum. Sie ist durch eine moderne Seilbahn, Lifte und drei Mautstraßen, von denen die von Arriach bis auf den Gipfel führt, bestens erschlossen. Wir aber wollen auf unserer Wanderung, die eher eine ernste Bergtour darstellt, dem Trubel ausweichen. Beim Rundweg über die Kanzel, einen südlichen Ausläufer der Gerlitzen, entschädigen uns herrliche Panoramen für die Mühen des Weges.

Ausgangspunkt: Annenheim, Bushaltestelle und großer Parkplatz »Annenheim Infostand« am westlichen Ortsende, 515 m (Navi: N46.65895, E13.89388). Postbus 5177 von Villach (Mo–Fr zahlreiche Verbindungen; Sa, So und Fei nur drei Busse) und Feldkirchen in Kärnten (nur Mo–Fr, wenige Verbindungen); Dr.-Richard-Bus 50 von Villach, tgl. etwa im 2-Stunden-Takt; Postbus-Shuttle am Nordufer des Ossiacher Sees Mo–Do 6–19 Uhr, Fr 6–20 Uhr; Haltestelle LILA 745. Bahnhaltestelle Annenheim der S-Bahn-Linie 2 Villach–Feldkirchen wenige Min. entfernt; tgl. im Stundentakt.

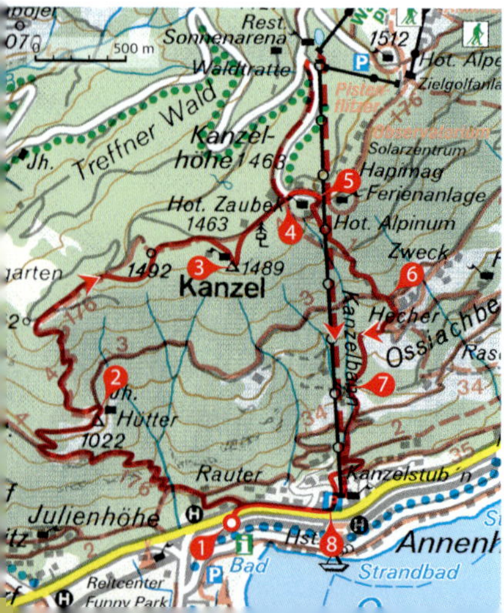

Anforderungen: Trittsicherheit und gute Kondition unbedingt erforderlich! Über weite Strecken sehr steile Steige und Wege. Im Aufstieg drei durch Seile gesicherte Stellen. Abstieg auf neuem Weg (siehe Hinweis unten), der durch einige sehr steile Hänge führt. Auf den Steigen Vorsicht bei Nässe und bei trockenem Laub! Nicht bei Schneelage oder Vereisung begehen!

Einkehr: Almwirtshaus im Almresort Gerlitzen Kanzelhöhe (wenige Meter neben unserem Weg) und Imbiss bei der Bergstation der Kanzelbahn (10 Min. von ❹).

Varianten: 1. Von der Kanzel Abstieg wie Aufstieg (weniger Straßen). – 2. Talfahrt mit der Kanzelbahn; in 10 Min. von der Abzweigung ❹ zum ehemaligen Sonnenhotel Zaubek, auf der Straße erreichbar.

Hinweis: Der für den Abstieg beschriebene Weg Nr. 34 ist wegen einer neuen MTB-Strecke in den Jahren 2020/2021 fast zur Gänze neu angelegt worden.

Karten: f&b 224, 233; K 61, 62, 63, 64; ÖK 3112-O.

Am Infostand in **Annenheim** ❶ überqueren wir die Bundesstraße und gehen auf dem Panoramaweg links bis zur ersten Kehre hinauf. Dort beginnt der sogenannte Hüttersteig, Weg Nr. 176, der uns bald steil in den Wald emporführt. Drei

Stellen unterhalb von Felswänden sind durch Seile gesichert. Wir berühren oder queren neue Forststraßen und erreichen einen breiten Fahrweg, der uns zu einer großen Wiese bringt, an deren unterem Rand das mittlerweile abgetragene Jagdhaus Hütter stand. (Hier soll ein neues Gebäude errichtet werden.) Wir bleiben noch kurz auf dem Fahrweg und biegen bei einem **Wegweiser** ❷, ca. 1040 m, nach links auf die erwähnte Wiese ab. Bevor wir wieder den Wald betreten, lädt eine Bank mit umfassender Aussicht über das Villacher Becken, zu den Karawanken und den Julischen Alpen zur Rast ein. Vom folgenden Forstweg zweigen wir bald nach rechts ab (Markierungen beachten!). Nach einer Quelle wird der Weg wieder steiler; wir folgen den Wegweisern und Markierungen, passieren das Appartementhaus Enzian und zweigen kurz hinter einem neuen Ferienhaus rechts auf einen nicht bez. Steig zur Kanzel ab. Die **Kanzel** ❸, 1489 m, ist ein steiler Felsabbruch, vom dem aus das Panorama wahrlich eindrucksvoll ist!

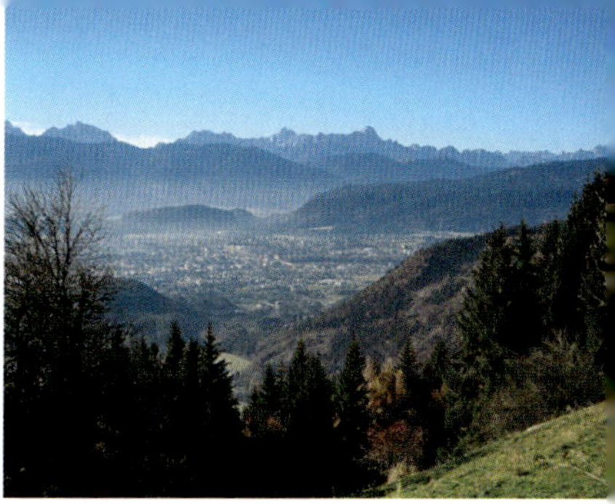

Villach, dahinter die Julischen Alpen.

Ein kurzer Steig führt uns zum Appartementhaus Edelweiß. Dahinter erreichen wir die **Abzweigung** ❹ zum ehemaligen Sonnenhotel Zaubek, 1470 m, das direkt vor uns liegt. Auf einem Steig erreichen wir eine Promenade, auf der wir oberhalb des erwähnten Hotels zur alten **Bergstation der Kanzelbahn** ❺, 1470 m (Wegweiser), kommen. Ab hier folgen wir dem über weite Strecken neu angelegten Weg Nr. 34. Er bringt uns in zum Teil engen Kehren durch steile Hänge talwärts. Wir queren die Seilbahntrasse, einen grünen Forstweg, einen **Fahrweg** ❻, 1080 m, und kommen zu einer Wiese, die auch als Startplatz für Paragleiter dient; hier gibt es eine neue hölzerne Plattform, die zu einer Rast einlädt. Wir berühren die Kehre einer Straße, halten uns scharf nach rechts und wandern steil hinab zu einem weiteren **Fahrweg** ❼, 800 m. Am östlichen Rand eines Grabens geht es weiter steil hinunter. Noch zweimal berühren oder queren wir eine Asphaltstraße, bevor an einer Brücke alle Schwierigkeiten überwunden sind. Wir halten uns links, kommen zu einer Asphaltstraße und gehen rechts bergab zu einem Steig, der uns zur Talstation der Kanzelbahn und zur **Bushaltestelle** ❽, 510 m, an der Bundesstraße bringt. Von hier erreichen wir in wenigen Minuten Richtung Westen den Infostand in **Annenheim** ❶.

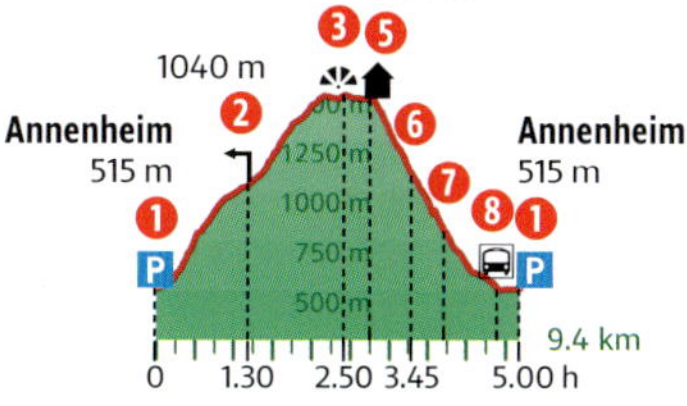

↗ 300 m | ↘ 900 m | 7.6 km

31 Mallnock, 2226 m, von der Brunnachhöhe

2.45 h

Abwechslungsreiche Runde über den Bergrücken der Brunnachhöhe

Dieses Ziel eignet sich sowohl für sportliche Gipfelstürmer als auch für gemütliche Genusswanderer. Von der Bergstation der Biosphärenparkbahn Brunnach, die mit der Kärnten Card kostenfrei zu nutzen ist, führt die Wanderung entlang des überwiegend sanften Rückens auf den Aussichtsberg Mallnock; anspruchsvolle Bergsteiger können am Falkerthaus starten (Variante). Wer am Gipfel noch nicht ausgelastet ist, kann die Wanderung über den Nachbargipfel Klomnock fortsetzen. Besonders zu erwähnen ist die Speik-Pflanze, die auf den malerischen Kuppen der Nockberge und in großer Zahl auch hier am Wegesrand wächst. Im Juli und August liegt der frische aromatische Duft dieser Pflanze in der Luft, der als anregend und zugleich harmonisierend und beruhigend gilt. Ebenfalls lohnenswert: Ab Mitte September leuchten die Hänge, wenn sich die Lärchen goldgelb färben.

Ausgangspunkt: Talstation der Biosphärenparkbahn Brunnach in St. Oswald, 1330 m (Navi: N46.84407, E13.76693). Haltepunkt Nockmobil NM 487. Postbus 5140 von Spittal/Drau über Radenthein und Bad Kleinkirchheim, teilweise mit Umsteigen in Radenthein oder Zirkitzen (Lindenkreuz), tgl. im 2-Stunden-Takt. Von Villach mit Postbus 5150 Mo–Fr im Stundentakt nach Radenthein, weiter wie oben. Von Klagenfurt und Feldkirchen in Kärnten sehr ungünstige Busverbindungen. Mit dem Auto von Bad Kleinkirchheim nach St. Oswald und der Beschilderung zur Biosphärenparkbahn Brunnach folgen. Großer Parkplatz.

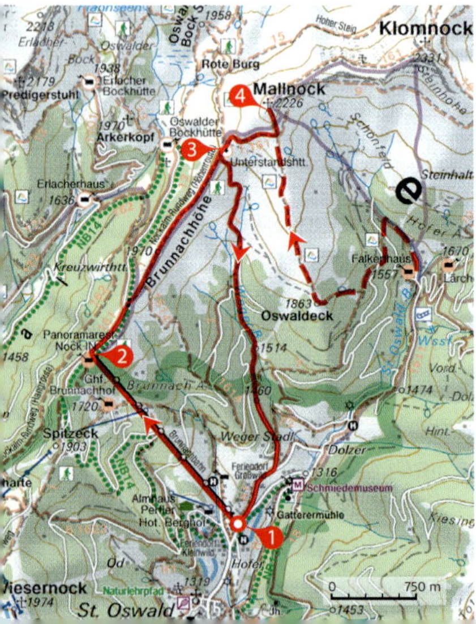

Anforderungen: Leichte, kurze Bergwanderung, Vorsicht bei Gewitter.
Einkehr: Panorama-Restaurant Nock IN bei der Bergstation, unterwegs keine.
Varianten: 1. Abstieg wie Aufstieg (kürzer und bequemer). – 2. Vom Falkerthaus (1557 m) auf Steig 7 und 8 ohne Biosphärenparkbahn auf den Gipfel (ca. 700 Hm, 2 Std.).
Karten: f&b 221, 222; K 63, 063, 66; ÖK 3106-W.

Vom Parkplatz queren wir über eine Brücke die Straße zur **Talstation der Biosphärenparkbahn Brunnach ❶**. Die Gondel bringt uns in 15 Min. auf 1900 m Seehöhe. Vom Panorama-Restaurant **Nock IN ❷** bei der Bergstation genießen wir das herrliche Panorama in die Nockberge.

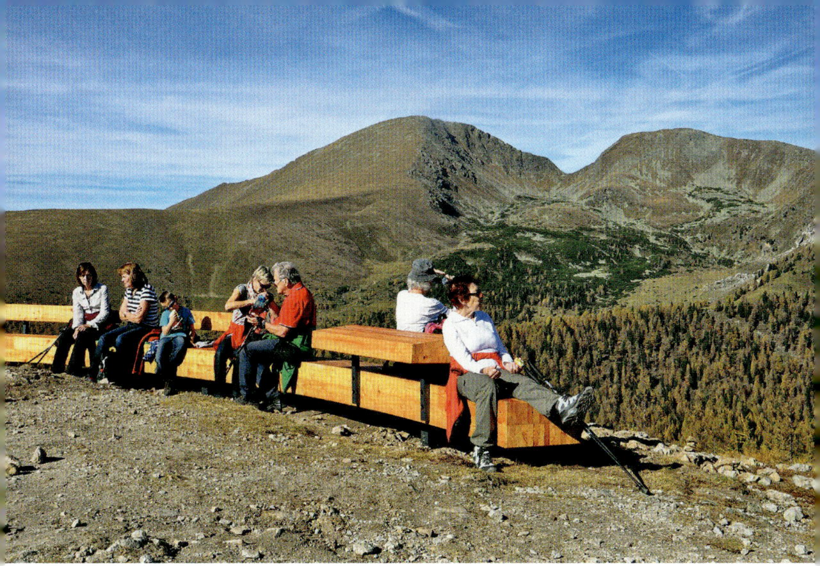

Rastplätze im Angesicht des Rosennocks.

Der gekennzeichnete Wanderweg Nr. 161 führt uns nun entlang des Rückens der Brunnachhöhe Richtung Mallnock. Das Gipfelziel ist sichtbar, doch es geht nur langsam bergauf, lediglich das letzte Stück von der Unterstandshütte am **Brunnachgatter** ❸, 2020 m, auf den **Mallnock** ❹, 2226 m, führt recht steil empor. Vom Gipfelkreuz genießen wir einen 360°-Rundblick. Im Westen erhebt sich der Rosennock, mit 2440 m der höchste Berg des Biosphärenparks Nockberge. Direkt vor uns liegt in nordöstlicher Richtung der Nachbargipfel, der Klomnock.
Auf dem Rückweg nehmen wir am **Brunnachgatter** ❸ den Wanderweg Nr. 7 links Richtung St. Oswald. Wir folgen dem markierten Pfad über Bergwiesen talwärts zu unserem Ausgangspunkt an der **Talstation der Biosphärenparkbahn Brunnach** ❶.

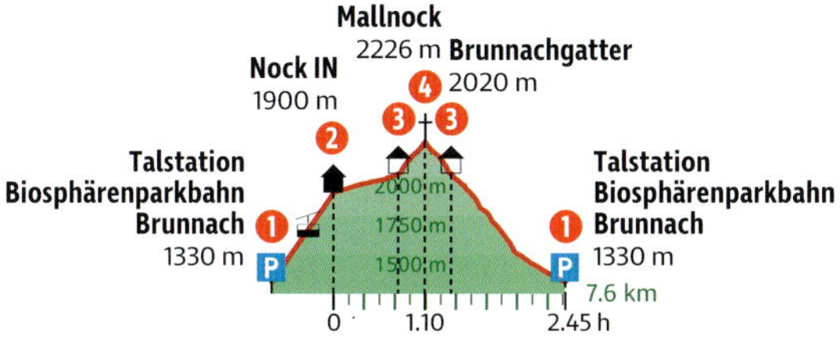

↗ 950 m | ↘ 950 m | 10.4 km

32 Falkert, 2308 m, von St. Oswald

5.00 h

Über Saubuckel, Hundsfeld und Tanzboden

Diese Tour stellt eine für die Nockberge typische Wanderung dar: Aus einem Graben erreicht man durch Wälder, die immer lichter werden, weite Almflächen, die im Winter die Skitourengeher locken. Im Frühsommer blüht der Almrausch, wie in Kärnten die Alpenrosen genannt werden, und im Herbst strecken die Lärchen ihre goldenen Äste in den blauen Himmel.

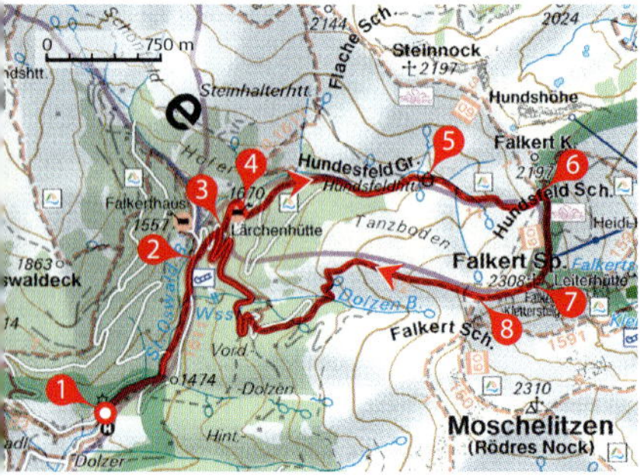

Ausgangspunkt: Parkplatz Dolzerbichl an der Straße zum Falkerthaus, 1374 m (Navi: N46.85232, E13.77985). Haltepunkt Nockmobil NM 016. Postbus 5140 von Spittal/Drau über Radenthein und Bad Kleinkirchheim, teilweise mit Umsteigen in Radenthein oder Zirkitzen (Lindenkreuz), tgl. im 2-Stunden-Takt. Von Villach mit Postbus 5150 Mo–Fr im Stundentakt nach Radenthein, weiter wie oben. Von Klagenfurt und Feldkirchen in Kärnten sehr ungünstige Busverbindungen. Von der Talstation der Biosphärenparkbahn Brunnach 1,5 km zum Ausgangspunkt. Zufahrt mit Pkw von Bad Kleinkirchheim über St. Oswald, an der Biosphärenparkbahn Brunnach vorbei Richtung Falkerthaus. Beschränkte Parkmöglichkeiten (weiterer Parkplatz bei der Schmiede, etwa 800 m vorher).
Anforderungen: Mäßig schwierige Wanderung auf Güterwegen, Forststraßen, Almwegen und zum Teil schmalen, steilen Steigen. Durchwegs gut markiert und beschildert. Vorsicht bei Gewitter!
Einkehr: Falkerthaus (etwas abseits des Weges), Lärchenhütte (Übernachtungsmöglichkeit, Ende Mai–Ende Okt., Tel. +43 676 5762291, laerchenhuette.com).
Karten: f&b 221, 222; K 63, 063, 66; ÖK 3106-W.

Vom **Parkplatz Dolzerbichl** ❶ an der Straße zum Falkerthaus gehen wir mäßig steil auf der unbefestigten Straße, zeitweise auch auf dem alten Fahrweg – Weg Nr. 11 oder 1611 – entlang des wild schäumenden St. Oswalder Baches zur **Abzweigung zum Falkerthaus** ❷, 1523 m. Von hier kann man in wenigen Minuten das privat geführte Haus erreichen. Von der Abzweigung folgen wir erneut einem alten Weg. Bald kommen wir an einer **Abzweigung** ❸, 1568 m, vorbei, an der von rechts unser Abstiegsweg einmündet, dann erreichen wir die bewirtschaftete **Lärchenhütte** ❹, 1670 m. Hier biegt der Weg Richtung Osten ab. Wir wandern in den Hundsfeldgraben und passieren die **Hundsfeldhütte** ❺, 1891 m, eine Almhütte. Der Steig wird nun steiler und schmaler, bis wir in den flachen Sattel der **Hundsfeldscharte** ❻, 2167 m, kommen. Hier öffnet sich der Blick auch nach Osten. Knapp 30 Min. später

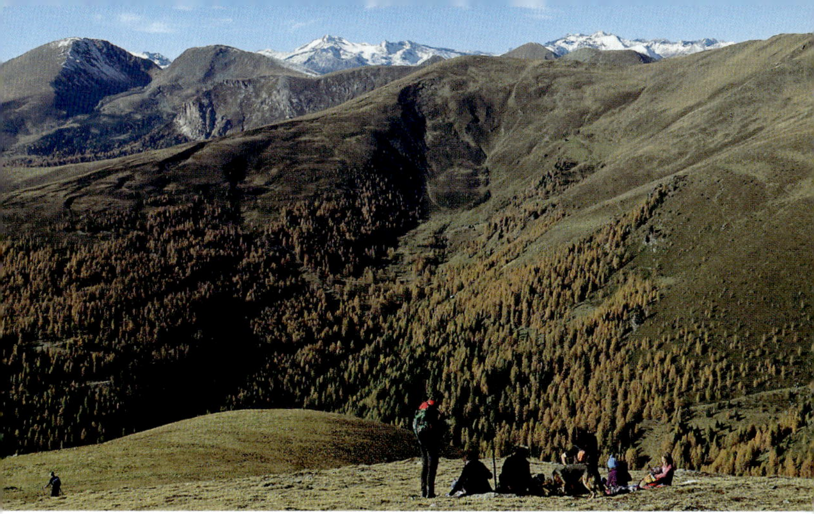

Rast vor dem Abstieg ins Tal.

sind wir dann am Ziel. Auf dem auch Falkert-Spitze genannten **Falkert** 7, 2308 m, mit seiner Panoramatafel belohnt uns eine umfassende Aussicht in alle Himmelsrichtungen für die Mühen des Aufstieges. Besonders markant zeigt sich im Westen die vergletscherte Hochalmspitze.
Für den Abstieg wählen wir den Weg Nr. 12. Dieser führt uns zunächst nach Westen steil durch felsiges Gelände bis zu einem Wegweiser kurz vor der **Falkertscharte** 8, 2230 m. Wir folgen weiter dem Weg Nr. 12. Auf dem Rücken, der den Tanzboden (wie die Almmatten rechts von uns genannt werden) begrenzt, gehen wir bis zum Saubuckel, wo wir auf etwa 1920 m nach Süden schwenken und mit einigen Serpentinen eine kurze Steilstufe überwinden. Wir erreichen eine Forststraße, der wir nach rechts folgen; die Kehren schneiden wir teils auf Abkürzungen ab. An der **Abzweigung** 3 treffen wir auf unseren Aufstiegsweg, auf dem wir nach ca. 1,5 km wieder zurück zum **Parkplatz Dolzerbichl** 1 kommen.

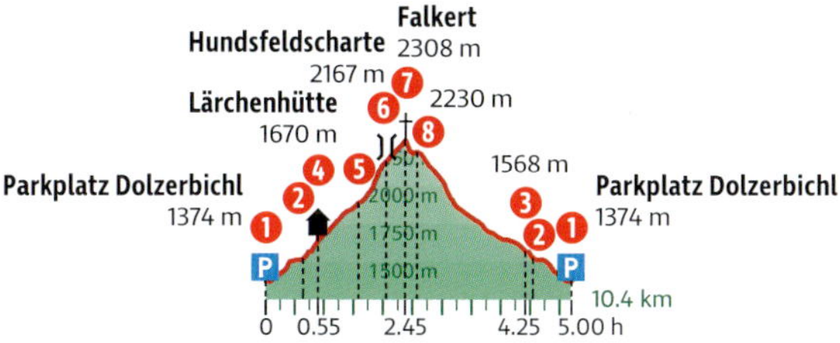

↗ 400 m | ↘ 400 m | 3.3 km

33 Falkert, 2308 m, vom Falkertsee aus

2.15 h

Geologisch interessante Tour an einem nicht mehr einsamen See vorbei

Mitten in den Kärntner Nockbergen liegt die Ortschaft Falkertsee. Verschiedene Wanderwege führen vom Ufer des gleichnamigen Sees auf den Falkert; das Panorama vom Gipfel ist unvergesslich. Auch die Gegend um den Falkertsee ist sehenswert, allerdings mittlerweile etwas verbaut.

Ausgangspunkt: Parkplatz beim Heidi-Hotel Falkertsee, 1872 m (Navi: N46.86422, E13.82978). Haltepunkt Nockmobil NM 611. Zufahrt von der B 95 Turracher Straße zwischen Patergassen und Ebene Reichenau, der Beschilderung zum Falkertsee folgen.
Anforderungen: Mäßig ansteigender Wanderweg, bergab etwas steiler, daher nur für bergerfahrene Kinder (sonst besser Abstieg auf dem Weg des Aufstiegs). Vorsicht bei Nässe!
Einkehr: Mehrere Gasthöfe am Falkertsee, unterwegs keine.
Variante: Eine lohnende, etwas längere Alternative für den Abstieg ist der Weg Nr. 12. Er führt vom Gipfel des Falkert ❹ kurz in Richtung Tanzboden, bis der Steig Nr. 1591 nach links zurück zum See abbiegt. Bald steht man am Einschnitt der Falkertscharte zwischen Falkert und Moschelitzen. Unter den schroffen Felswänden geht es geradeaus hinunter, vorbei an einer kleinen Gumpe und am Bach entlang zum bereits sichtbaren See und zu den Häusern rundherum.
Tipp: Ein zünftiger Klettersteig, der »Falkensteig«, führt über Platten, Bänder und Felsstufen ebenfalls zum Gipfel; Schwierigkeit B/C.
Karten: f&b 221, 222; K 63, 063, 66; ÖK 3106-W.

Blick vom Falkert zum Klomnock (links der Bildmitte).

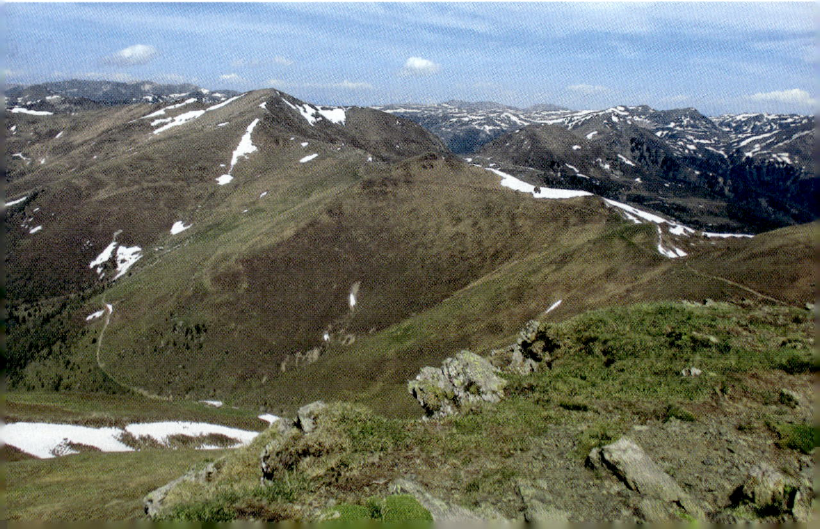

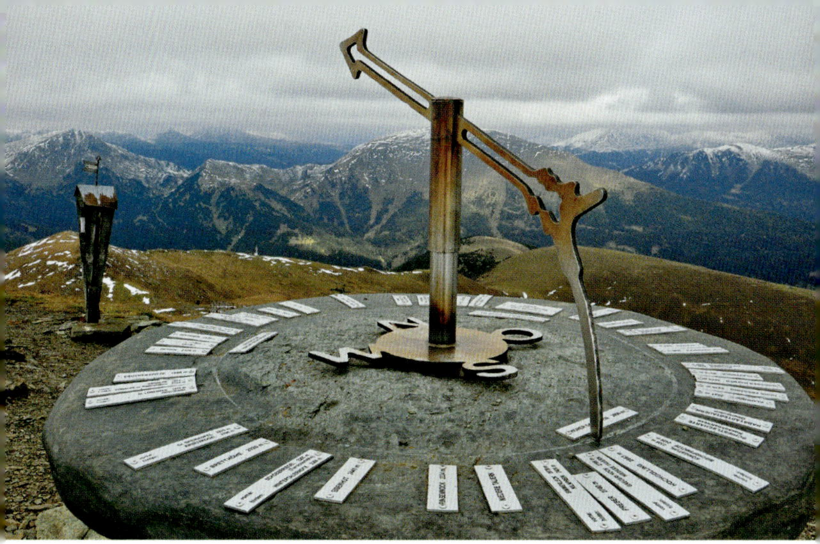

Auf dem Falkert-Gipfel lassen sich die Berge der Umgebung leicht identifizieren.

Vom Parkplatz beim Heidi-Hotel am Nordufer des **Falkertsees** ① führt ein Steig entlang einer Lifttrasse nach Nordwesten über breite Wiesenhänge mäßig steil bergauf. Unter dem **Falkertköpfl** ② biegen wir in etwa 2125 m Höhe nach links Richtung Hundsfeldscharte ab. In der **Hundsfeldscharte** ③, 2167 m, trifft man auf Wege, die vom Klomnock und aus St. Oswald kommen. Wir folgen dem Kamm weiter bis zum Gipfel. Auf der Spitze des **Falkert** ④, 2308 m, ist Vorsicht angebracht – in südlicher Richtung fallen die Hänge fast senkrecht in die Tiefe. Gegenüber steht der durch eine »Zerreißung« verlorengegangene Gipfel der Moschelitzen, auch Rodres Nock oder Rödres Nock genannt. Vom Gipfel blicken wir auf die westlichen und nördlichen Nockberge. Im Hintergrund sehen wir in die oft schneebedeckten Gipfel der Hohen Tauern. Eine Panoramatafel nennt uns rund 40 nahe und ferne Ziele.
Für den Abstieg wählen wir den kürzeren und steileren, aber sehr schönen Steig Nr. 159 in östliche Richtung, der uns direkt zum Ausgangspunkt am **Falkertsee** ① zurückführt.

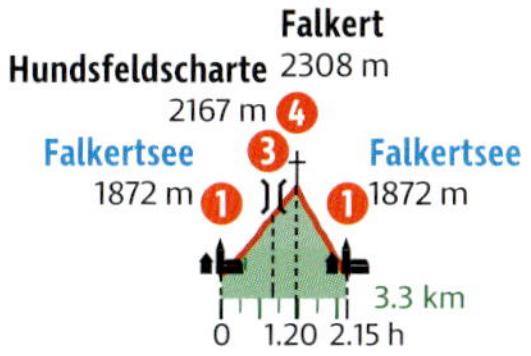

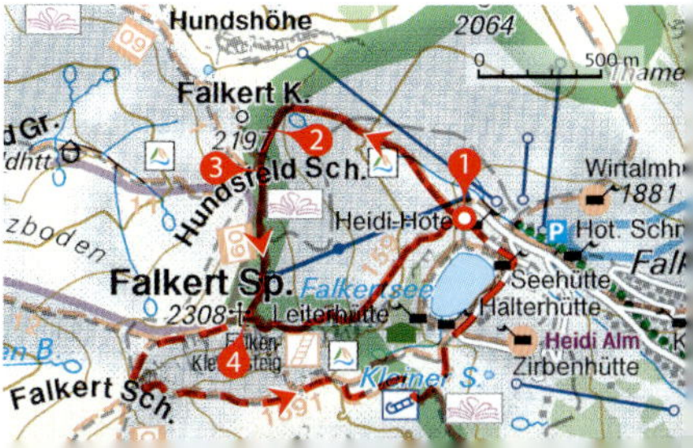

↗ 450 m | ↘ 450 m | 5.8 km

34 Moschelitzen, 2310 m, vom Falkertsee

2.30 h

Rundwanderung auf den etwas größeren Bruder des Falkert

Die Moschelitzen ist ein mächtiger Bergstock nördlich von Bad Kleinkirchheim. Ihr höchster Punkt wird auch als Rodres Nock (oder Rödres Nock) bezeichnet. Es sieht so aus, als wäre der Zusammenhalt zwischen dem Falkert und dem Rodres Nock durch Zerreißung verloren gegangen. Daher wollen wir diesen minimal höheren Gipfel »trösten« und ihm eine eigene kleine Rundtour widmen.

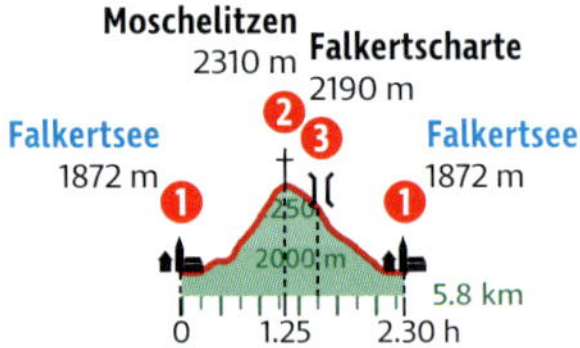

Ausgangspunkt: Parkplatz beim Heidi-Hotel Falkertsee, 1872 m (Navi: N46.86475, E13.82957). Haltepunkt Nockmobil NM 611. Zufahrt von der B 95 Turracher Straße zwischen Patergassen und Ebene Reichenau, der Beschilderung zum Falkertsee folgen.
Anforderungen: Nur mäßig schwierige Tour auf teils steilen und auch steinigen Steigen. Nicht bei Gewittergefahr!
Einkehr: Mehrere Gasthöfe am Falkertsee, unterwegs keine.
Karten: f&b 221, 222; K 63, 063, 66; ÖK 3106-W.

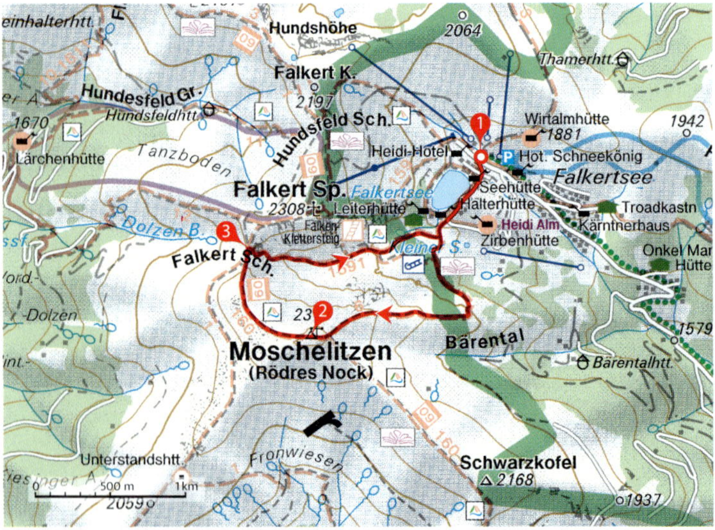

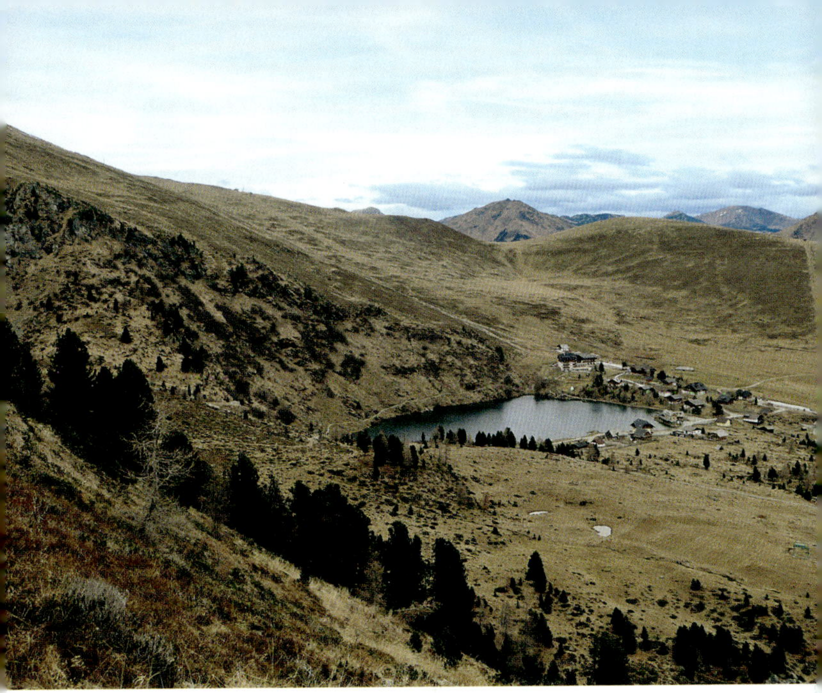

Rückblick zum Falkertsee, wo wir unseren Aufstieg begonnen haben.

Vom Parkplatz nahe dem **Falkertsee** 1 gehen wir links am östlichen Seeufer entlang. An seinem südlichen Ende lassen wir den See hinter uns. Wenige Minuten später, auf etwa 1930 m Höhe, müssen wir darauf achten, dass wir den Weg 6 nicht verpassen, der geradewegs in Richtung Süden führt. Der schmale Steig quert an einzelnen Zirben vorbei den Nordosthang der Moschelitzen, bis er nach einem kurzen, etwas steileren Anstieg ihren Ostrücken erreicht, 2030 m. Nun folgen wir dem stets gut sichtbaren, markierten Steig, meist entlang eines Weidezaunes, auf dem steinigen Rücken bis zum Gipfel der **Moschelitzen** 2, 2310 m, auf dem sich aus einer Steinschlichtung ein großes Gipfelkreuz erhebt.

Im Abstieg nehmen wir den Steig, der in Richtung Falkertscharte führt; er bringt uns zunächst westwärts, dann bald in nördlicher Richtung unschwierig in die **Falkertscharte** 3, 2190 m. Hier wenden wir uns nach Osten und folgen dem Weg Nr. 1591, der uns zuerst in weiten Serpentinen, dann flacher ins sogenannte Sonntagstal zwischen Falkert und Moschelitzen hinunterleitet. Auf dem letzten Stück stoßen wir wieder auf unseren Aufstiegsweg, der uns zum **Falkertsee** 1 zurückbringt.

↗ 1180 m | ↘ 1180 m | 21.0 km

35 Wöllaner Nock, 2145 m, über die Geigerhütte

7.00 h

Lange und einsame Wanderung auf einen viel besuchten Gipfel

Auf den Wöllaner Nock führen von Bad Kleinkirchheim eine Seilbahn und von Arriach eine Bergstraße bis in die Nähe des Gipfels. Daher ist er sicher einer der am meisten besuchten Berge des Nockgebietes. Doch er hat auch eine stille, einsame Seite, nämlich die Ostseite mit dem Haidenbachgraben, der von zwei sanften, langen Rücken umschlossen wird.

Ausgangspunkt: Hotel-Restaurant Wunder in Haidenbach, 1007 m (Navi: N46.79673, E13.91165), an der B 95 Turracher Straße zwischen Gnesau und Patergassen. Haltestelle Gnesau Haidenbach der Kärnten-Bus Linie 5234 von Feldkirchen und Ebene Reichenau (Mo–Fr viele Verbindungen; Sa, So und Fei drei bis vier Verbindungen). Haltepunkt Nockmobil NM 499; ungefähr 500 m taleinwärts Haltepunkt NM 389 (Haidenbach–Schmied) oder – noch weiter taleinwärts, aber etwas abseits des beschriebenen Weges – NM 390 (Haidenbach–Eder). Großer Parkplatz.

Anforderungen: Leichte, aber sehr lange Wanderung auf allen Arten von Wegen und Steigen. Trotz guter Markierung und Beschilderung etwas Orientierungsgabe erforderlich. Bei Gewittergefahr auf den Gipfel verzichten und nicht den beschriebenen Abstiegsweg gehen!
Einkehr: Buschenschank Aschbacher (Schmiedhof) am Haltepunkt des Nockmobils; Geigerhütte und Walderhütte (beide Hütten ab Mai 2023 mit neuem Pächter; Info unter arriach.gv.at/buergerservice/tourismus).
Karten: f&b 221, 222; K 63, 063, 66; ÖK 3112-O.

Vom Hotel-Restaurant Wunder in **Haidenbach** ❶ überqueren wir die Bundesstraße und gehen zunächst zum **Schmiedhof** ❷, 1050 m, auch Buschenschank Aschbacher. Dann wandern wir auf der Forststraße entlang

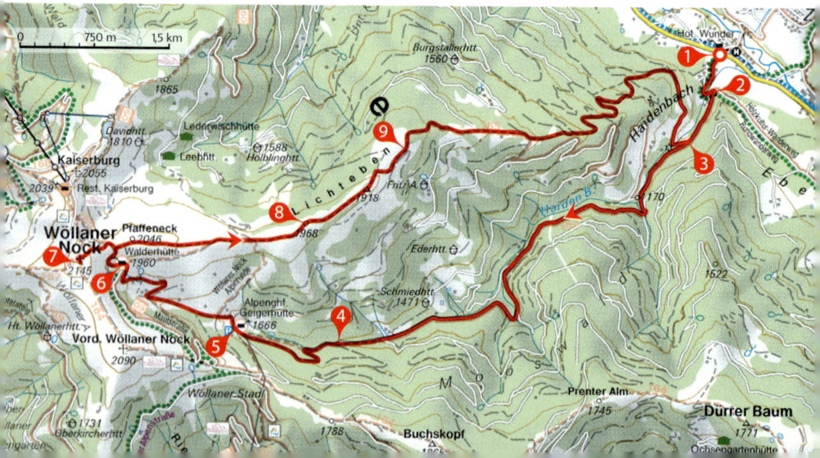

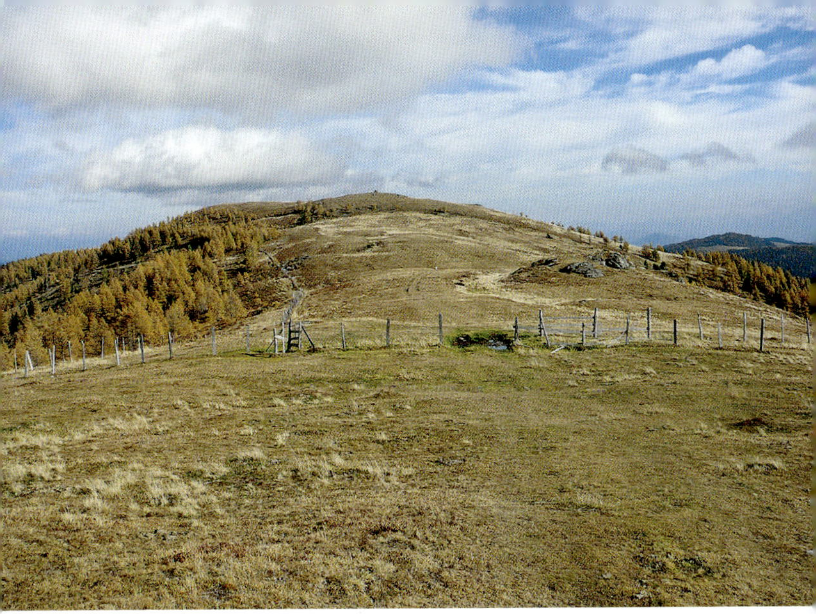

Der Abstieg führt uns über den sanften Rücken der Lichteben gegen Osten.

des Haidenbaches talein. Vor einer Brücke folgen wir an einer **Abzweigung mit Schranke** ❸, 1126 m, links dem Wegweiser »Geigerhütte 2 Std.«. Wenige Minuten später gehen wir an der nächsten Abzweigung nach rechts – Markierung beachten! Nun bleiben wir längere Zeit auf der Forststraße, bis uns die Markierung an einer **Kehre** ❹, 1465 m, geradeaus auf einem breiten Fußweg zur **Geigerhütte** ❺, 1666 m, leitet.
Nach einer verdienten Stärkung wandern wir über weite Almflächen hinauf zur schon sichtbaren **Walderhütte** ❻, 1960 m. Von der Hütte gehen wir zu-

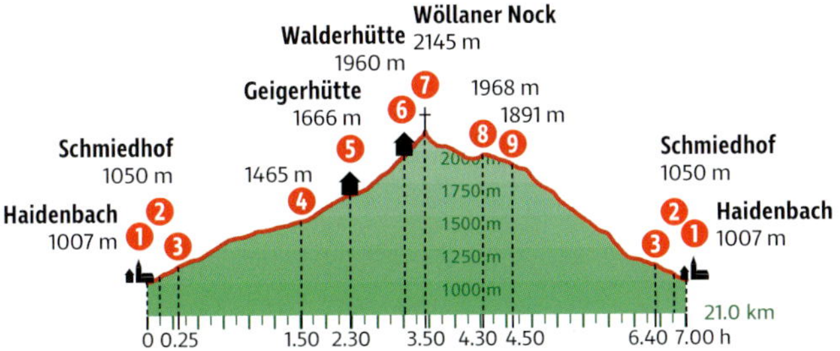

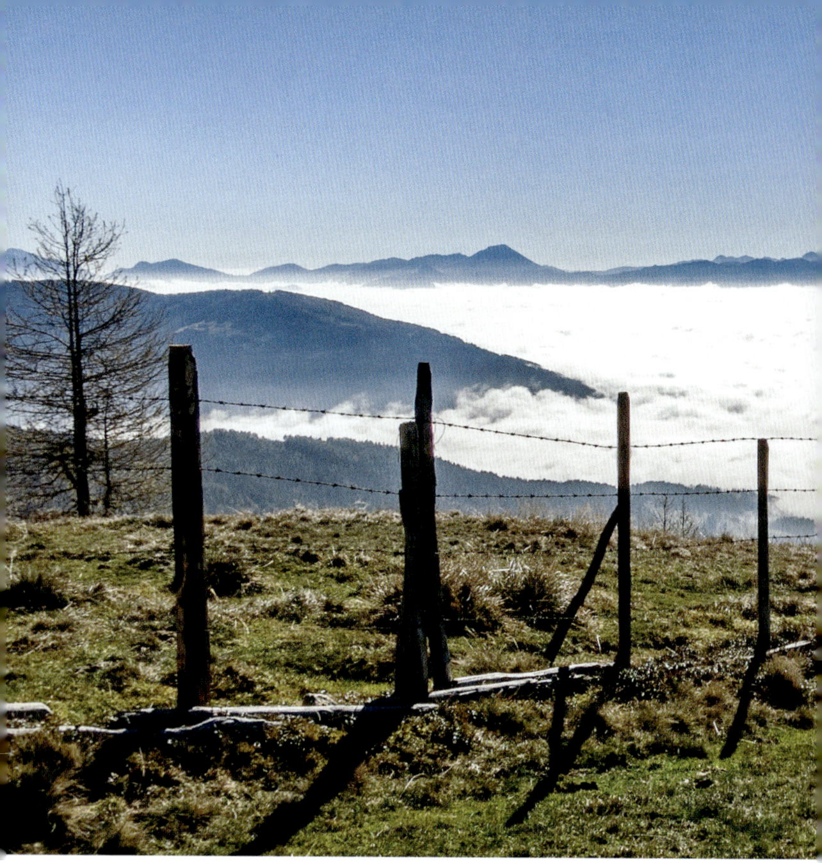

Hochnebel über den Tälern, strahlende Sonne auf den Bergen. Hinter den Karawanken erheben sich die Julischen Alpen.

nächst in eine kleine Scharte im Ostrücken und dann in wenigen Minuten auf den Gipfel des **Wöllaner Nocks** 7, 2145 m.
Beim Abstieg gehen wir zurück in die kleine Scharte, von der wir nun dem Ostrücken folgen. Wir überschreiten den eher unscheinbaren Gipfel des Pfaffenecks und stoßen auf den Weg Nr. 165, der von der Walderhütte herüberkommt. In einer wunderschönen Panoramawanderung geht es sanft bergab zur Lichteben, einem sanften Wiesenrücken mit herrlicher Aussicht, den wir bei einem **Steinmann samt Kreuz** 8, 1968 m, erreichen. Wir folgen stets dem Zaun bis zu einem **großen Felsen** 9, 1891 m, zu

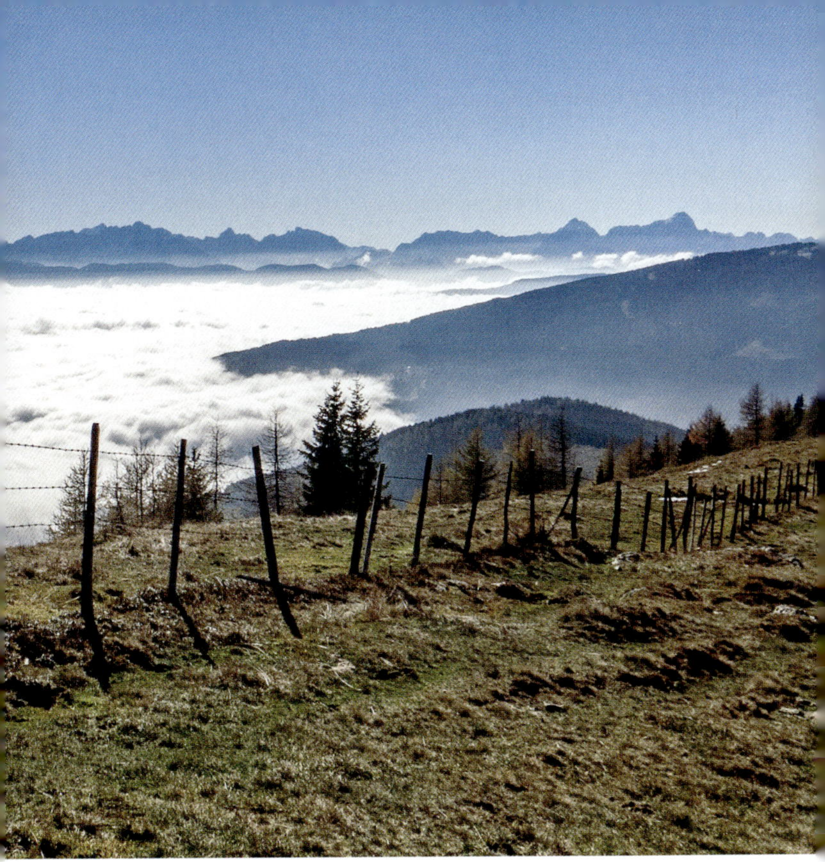

unserer Rechten, dann leiten uns Wegspuren und die Markierung weiter zu einer großen Holzbank. Von hier führt der Weg links bergab in den Wald; Markierung beachten! Wir folgen ihm bis zu einer Forststraße, auf der wir rechts bis zu einer scharfen Rechtskurve mit einem Brunnentrog gehen. Die Markierung leitet uns zuerst entlang des bewaldeten Rückens, später links von ihm in mehreren Kehren hinab zu einer weiteren Forststraße, der wir nach rechts folgen. Durch ein eisernes Tor und etwas später durch eine Schranke wandern wir bergab zur Querung des Haidenbaches. Kurz danach erreichen wir an der **Abzweigung mit Schranke 3** unseren Aufstiegsweg, über ihn den **Schmiedhof 2** und bald den Ausgangspunkt unserer Wanderung in **Haidenbach 1**.

↗ 450 m | ↘ 450 m | 13.0 km

36 Bad Kleinkirchheimer Talrunde

3.45 h

Natur und Kultur – Bad Kleinkirchheim zum Kennenlernen

Die Bad Kleinkirchheimer Tourismusgesellschaft verwirklichte unter dem Namen nock/art ein »wanderbares Kunstprojekt«. Aus den insgesamt sechs verschiedenen Routen wählen wir diejenige aus, auf der man einen ersten guten Überblick über die Schönheiten des Kirchheimer Tales gewinnen kann. Die Wanderung verläuft mit nur geringen Höhenunterschieden im Talboden oder knapp darüber. Im Gegensatz zur Empfehlung in den Unterlagen des Tourismusbüros wollen wir sie im Uhrzeigersinn begehen. So bewegen wir uns zunächst auf der Sonnseite und dann erst auf der kühleren Schattseite des Tales.

Ausgangspunkt: Bad Kleinkirchheim, Tourismusinformation, Dorfstr. 30, 1020 m (Navi: N46.81292, E13.77980). Bushaltestelle und großer Parkplatz in unmittelbarer Nähe. Postbus 5140 von Spittal/Drau über Radenthein (Mo–Fr meist im Stundentakt; Sa, So und Fei etwa fünf Verbindungen) und von Patergassen (Mo–Fr, etwa acht Verbindungen/Tag). Haltepunkt Nockmobil NM 022.
Anforderungen: Ganz leichte, gemütliche Wanderung auf guten Wegen und kurz auf wenig befahrenen Nebenstraßen. Wegen einiger Stufen ist nicht die ganze Runde für Kinderwagen geeignet. Durch Wegweisersäulen markiert. Abkürzungen sind möglich. Die angegebene Gehzeit gilt nur für ein zügiges Wandern und berücksichtigt keine Pausen, zu denen schöne Rastplätze einladen.
Einkehr: Zahlreiche Einkehrmöglichkeiten am Weg oder knapp neben ihm.
Karten: f&b 221, 222; K 63, 063, 66; ÖK 3106-W.

Von der **Tourismusinformation Bad Kleinkirchheim** ❶ gehen wir südwärts über den Bach und gleich hinter der Brücke nach rechts. Mit den Markierungen der »Kirchheimer Talrunde« erreichen wir jenseits einer weiteren Brücke das große **Hotel Trattlerhof** ❷, 1005 m, überqueren die Bundesstraße und wandern oberhalb der Kirche **St. Kathrein** ❸, 1070 m, in den Ortsteil Aigen. Knapp unterhalb der Sankt Oswalder Straße halten wir auf die Evangelische Kirche zu, gehen über die Straße und weiter zur Pfarrkirche **St. Ulrich** ❹, 1087 m. Nun steigen wir vom Rand des Talbodens hinauf

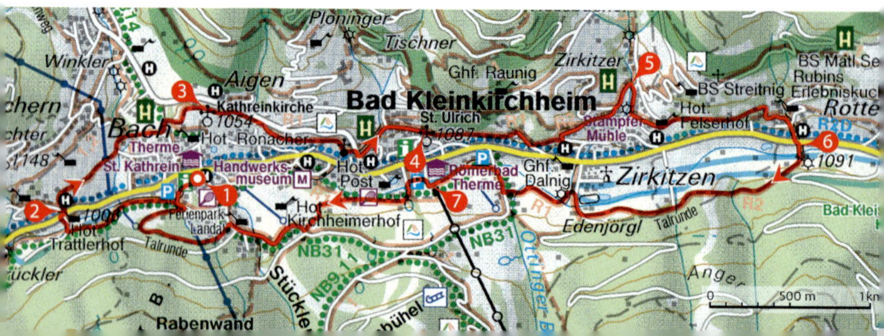

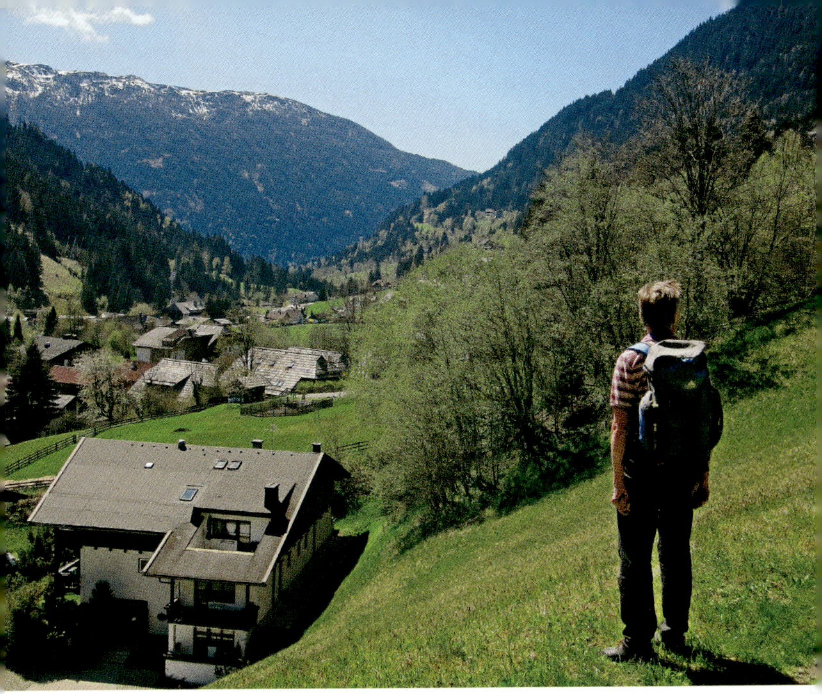

Blick durch das Kirchheimer Tal zum Mirnock.

in den Graben des **Zirkitzenbaches 5**, 1145 m, und gleich wieder bergab. Kurz geht es in einigem Abstand parallel zur Bundesstraße, die wir dann bei der **Bushaltestelle Rottenstein 6**, 1091 m, queren.
Entlang des Waldrandes gehen wir gegen Westen, bald in Richtung Bundesstraße zum Römerbad und zur **Talstation der Kaiserburgbahn 7**, 1065 m. Nun wandern wir neuerlich in den Wald hinauf, erreichen den Maibrunnenweg, den wir kurz vor der Talstation der Maibrunnbahn, 1055 m, wieder verlassen. Eine große Schleife bringt uns zurück zum Ausgangspunkt bei der **Tourismusinformation Bad Kleinkirchheim 1**.

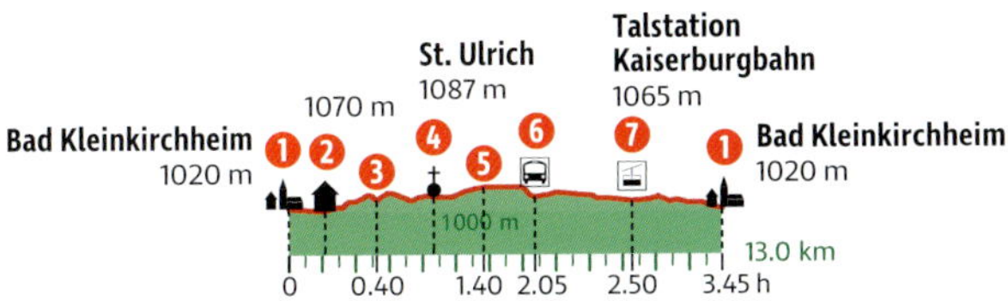

↗ 580 m | ↘ 580 m | 9.1 km

37 Pfannnock, 2254 m, von der Brunnachhöhe

3.30 h

Ein recht spitzer Nock über einem einsamen See

Dem Pfannnock fehlt viel von der für die meisten Nockberge typischen Form: Vom Rosennock betrachtet ist der Gipfel recht spitz und von der Brunnachhöhe aus gleicht er einem Kirchendach. Auf jeden Fall ist er ein schöner und daher auch gern besuchter Berg. Die Wanderung ist sehr lohnend und führt abwechslungsreich über Gipfel und Kämme und weiter durch Fichten-, Lärchen- und Zirbenwäldchen. Es gibt urige Hütten und kuschelige Plätze an romantischen Bergseen.

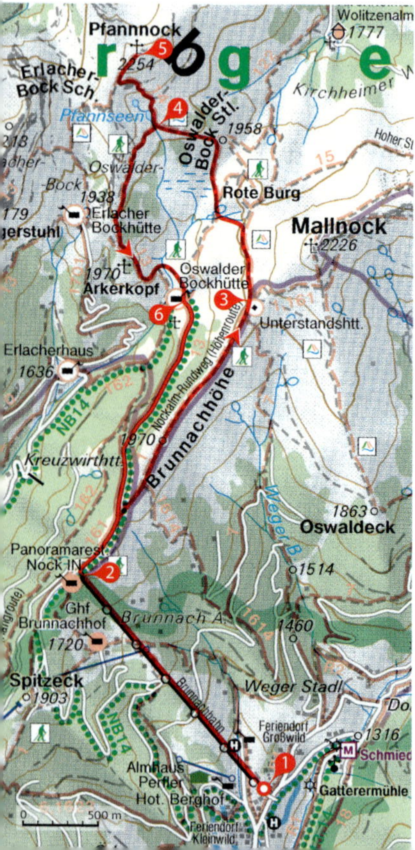

Ausgangspunkt: Talstation Biosphärenparkbahn Brunnach in St. Oswald, 1330 m (Navi: N46.84440, E13.76592). Haltepunkt Nockmobil NM 487. Postbus 5140 von Spittal/Drau über Radenthein und Bad Kleinkirchheim, teilweise mit Umsteigen in Radenthein oder Zirkitzen (Lindenkreuz), tgl. im 2-Stunden-Takt. Von Villach mit Postbus 5150 Mo–Fr im Stundentakt nach Radenthein, weiter mit Bus 5140/5144. Von Klagenfurt und Feldkirchen in Kärnten sehr ungünstige Busverbindungen. Mit dem Auto von Bad Kleinkirchheim nach St. Oswald und der Beschilderung zur Biosphärenparkbahn Brunnach folgen. Großer Parkplatz.
Anforderungen: Für Kinder ab 10 Jahren gut geeignete Almwanderung; steiler, aber unproblematischer Gipfelanstieg.
Einkehr: Oswalder Bockhütte (Ende Mai –Ende Okt., Tel. +43 664 4023231, friesengestuet.at), Panorama-Restaurant Nock IN bei der Bergstation.
Karten: f&b 221, 222; K 63, 063, 66; ÖK 3106-W.

Von der **Talstation der Biosphärenparkbahn Brunnach** ❶ fahren wir hinauf zur **Bergstation** ❷, 1900 m. Oben wenden wir uns rechts in Richtung des Mallnock. Links sehen wir den Rosennock, mit 2440 m der höchste Kärntner Nockberg. Beim **Brunnachgatter** ❸, 2020 m, am Fuß

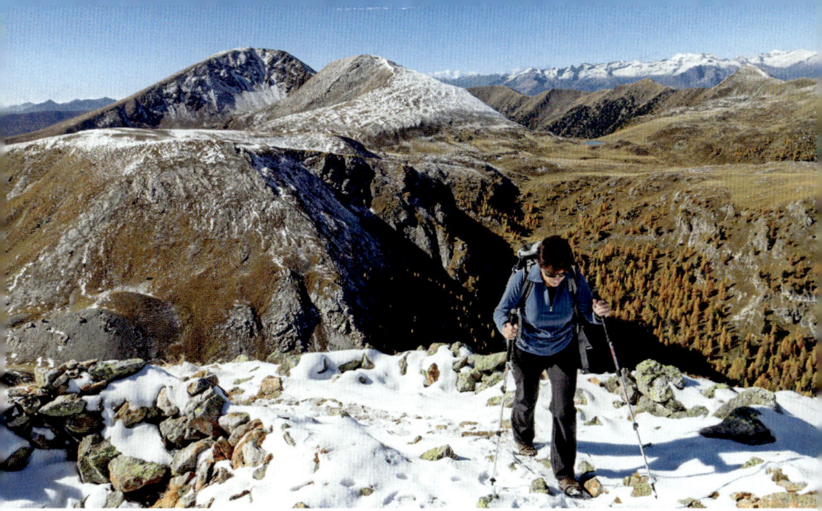

Oben: Die letzten Meter zum Gipfel des Pfannnocks.
Bild S. 130/131: Spätherbstlicher Blick vom Pfannock auf den leicht angeschneiten Plattnock und, links davon, auf die Hochalmspitze.

des Mallnocks, bevor es also steil zum Gipfel hinaufgeht, zweigen wir links in Richtung Rote Burg ab. Wir sehen den Pfannnock vor uns und erreichen durch schönen Lärchen-Zirben-Mischwald die **Pfannseen** 4, 2065 m. Bald wird der Weg etwas steiler. Von den Seen kommen wir in etwa 40 Min. über einen kleinen Sattel auf den Gipfel des **Pfannnocks** 5, 2254 m. Ein prachtvolles Panorama erfreut uns dort oben auf dem Gipfelplateau, das – ganz untypisch für die sonst breiten Nockgipfel – eher klein ist. Wieder zurück an den Pfannseen zweigen wir nach rechts Richtung Arkersattel ab. Bei der **Oswalder Bockhütte** 6, 1845 m, kehren wir ein und genießen einen herrlichen Kaiserschmarrn mit Grantn, wie Preiselbeeren hier heißen. Von der Hütte erreichen wir auf Weg Nr. 13 in 30 Min. die **Bergstation** 2, von wo wir hinab zur **Talstation der Biosphärenparkbahn Brunnach** 1 fahren.

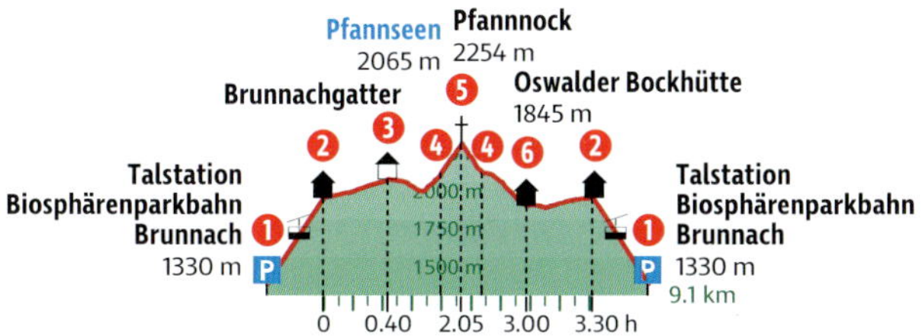

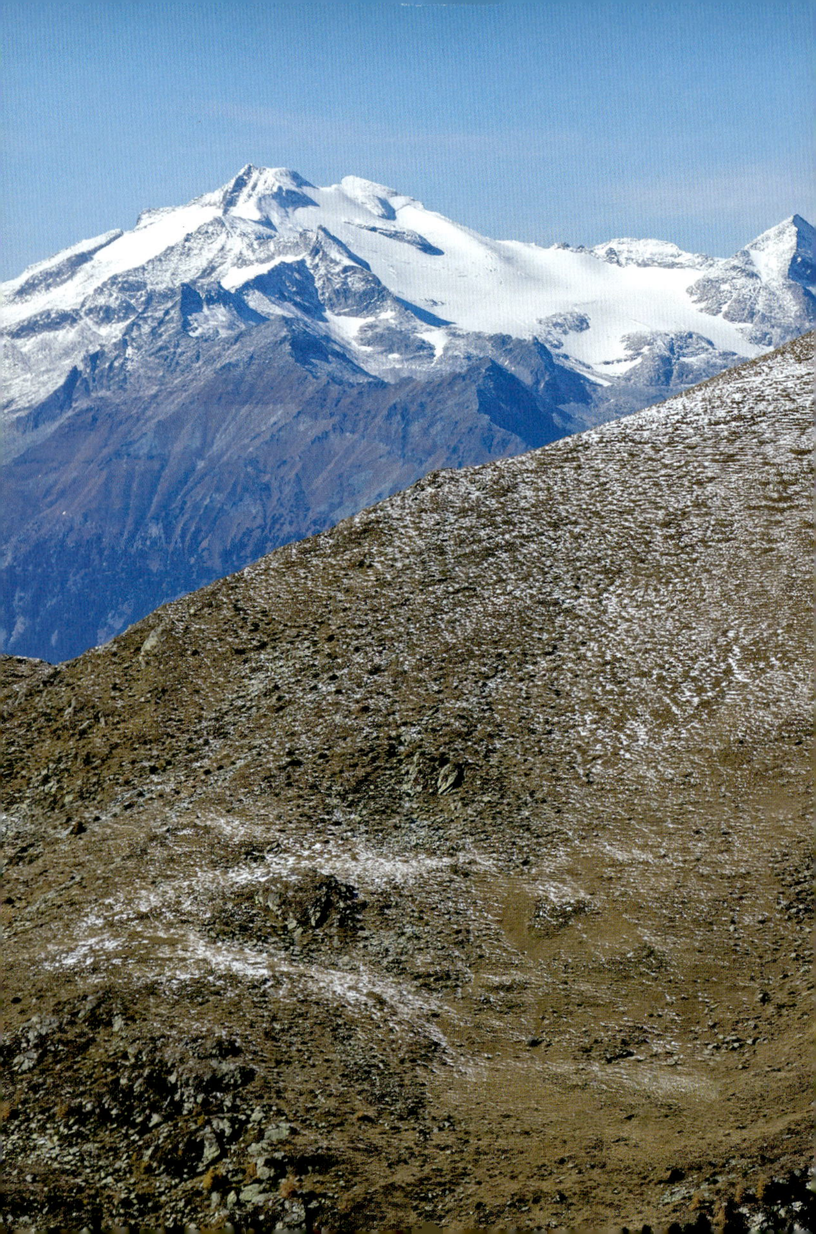

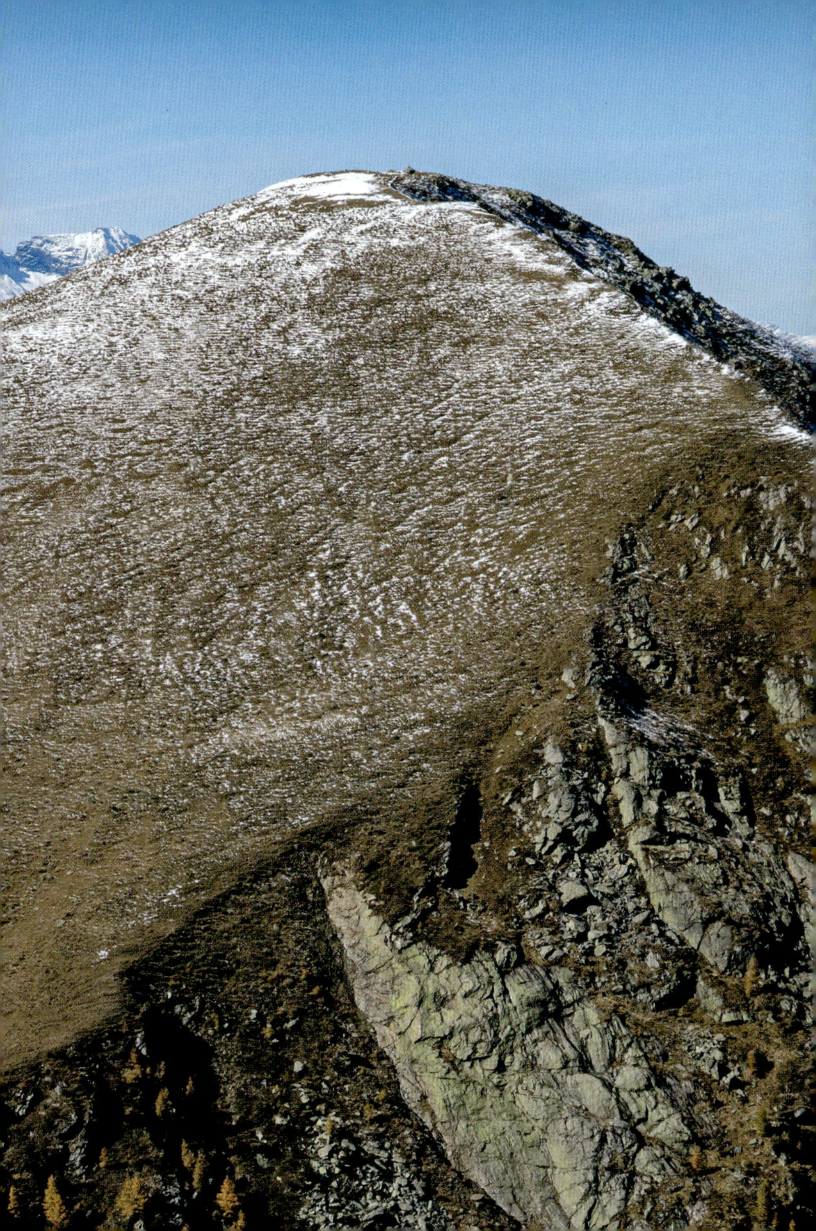

↗ 110 m | ↘ 1080 m | 13.0 km

3.45 h

38 Kolmnock, 1845 m, von der Kaiserburg

Langer, einsamer Abstieg nach bequemer Auffahrt

Auch in der Umgebung des sommers wie winters viel besuchten Bad Kleinkirchheim gibt es noch recht stille Ziele. Eines von ihnen ist der Kolmnock. Er bildet den Eckpfeiler eines Kammes, der von der Kaiserburg gegen Westen zieht. Sein Name leitet sich aus dem Slawischen ab und bedeutet »Hügel« oder »Bergkuppe« – nicht zu verwechseln mit dem nördlich von St. Oswald gelegenen Klomnock, was wohl so viel wie Klotz heißen soll. Die Wanderung ist einfach und aussichtsreich, führt durch einen schönen Wald und ist auch für Mountainbiker zu empfehlen.

Ausgangspunkt: Bad Kleinkirchheim, Kaiserburg-Talstation, 1065 m (Navi: N46.81270, E13.79887), Bushaltestelle und Parkplatz in unmittelbarer Nähe. Postbus 5140 von Spittal/Drau über Radenthein, teils mit Umsteigen in Radenthein (Mo–Fr meist im Stunden-Takt; Sa, So und Fei etwa fünf Verbindungen) und von Patergassen (Mo–Fr etwa acht Busse/Tag). Von Villach mit Postbus 5150 Mo–Fr nach Radenthein, weiter mit Bus 5140. Von Klagenfurt und Feldkirchen in Kärnten sehr ungünstige Busverbindungen. Haltepunkt Nockmobil NM 012.
Anforderungen: Leichte Kammwanderung mit einem kurzen Steilstück. Abstieg ins Tal auf für den Kfz-Verkehr gesperrtem Fahrweg. Vorsicht im Bereich des neuen »Flow Country Trails«!
Einkehr: Bergrestaurant Kaiserburg (geöffnet zu den Betriebszeiten der Kaiserburgbahn, Tel. +43 664 8539256), Unterwirt Hüttn (Pfingsten–Ende Okt., Aug.–Okt. Mo Ruhetag, Tel. +43 699 17198508, unterwirt-bkk.at/huette).
Variante: Berg- und Talfahrt mit der Kaiserburgbahn. 380 Hm, samt Kaiserburg 3.15 Std. für Hin- und Rückweg.
Karten: f&b 221, 222; K 63, 063, 66; ÖK 3106-W, 3112-W.

Die Route führt über den Skiweg, sie eignet sich auch für Mountainbikes.

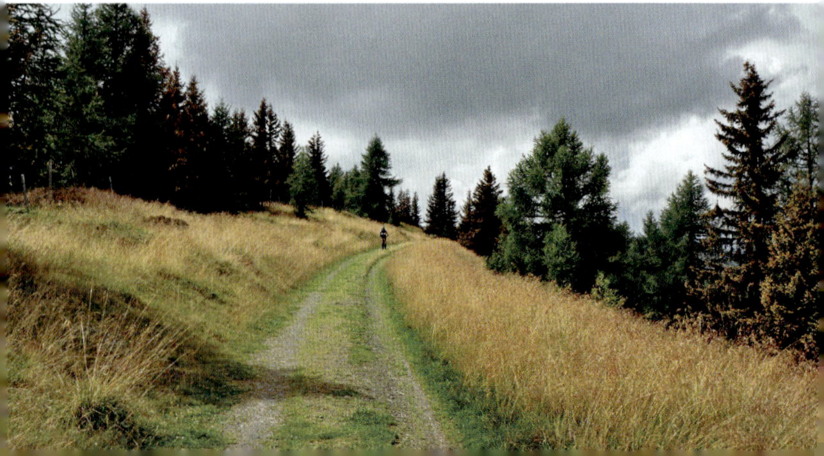

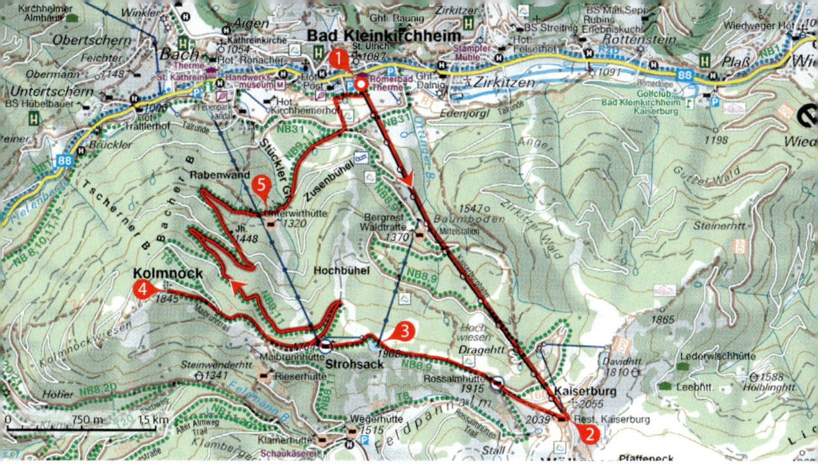

Die ersten fast 1000 Hm von unserem Ausgangspunkt an der **Talstation der Kaiserburgbahn** ❶ in Bad Kleinkirchheim überwinden wir mit der Gondel. Nach der Ankunft an der **Bergstation Kaiserburg** ❷, 2039 m, besuchen wir zunächst in wenigen Minuten den felsigen Gipfelaufbau der Kaiserburg. Wir kehren zurück zur Bergstation und wandern auf dem Zufahrtssträßchen oder dem abkürzenden Direktsteig zur Rossalmhütte und dann auf dem Weg Nr. 1 (Skiweg) zur Bergstation auf dem **Strohsack** ❸, 1908 m. Auf diesem Teilstück beeindrucken uns die Blicke nach Bad Kleinkirchheim hinunter und zu den benachbarten Nockbergen. Zur Maibrunnhütte müssen wir einen kurzen, steilen Abstieg meistern (falls wir auf dem Weg zurück ins Tal die Kaiserburgbahn benutzen wollen, müssen wir hier später wieder hinauf!). Dann geht es über einen kleinen Sattel gemütlich aufwärts. Über Wiesen und durch lichten Wald mit alten, großen Bäumen wandern wir bis zum **Kolmnock** ❹, 1845 m. Hinunter geht es denselben Weg zurück bis zum erwähnten kleinen Sattel nahe der Maibrunnhütte. Dort wählen wir den Fahrweg mit der roten Markierung Nr. 1, der uns über die **Unterwirt Hüttn** ❺, 1320 m, zur **Talstation der Kaiserburgbahn** ❶ zurückbringt.

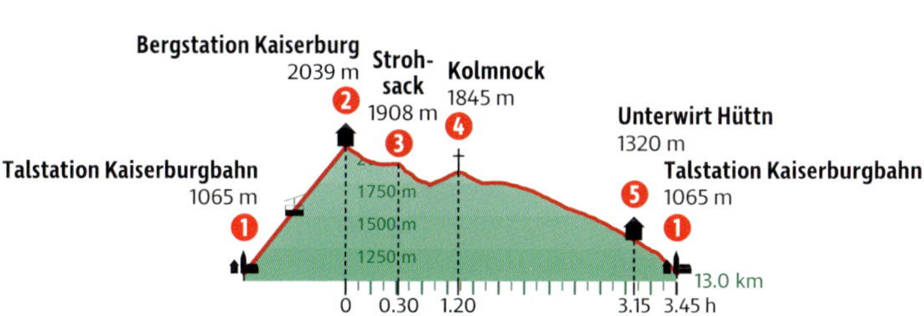

↗ 750 m | ↘ 750 m | 12.4 km

5.00 h

39 Rinsennock, 2334 m

Lange Rundtour – vom Trubel in die Einsamkeit und wieder zurück

Im Bereich der Turracher Höhe mit ihren vielen Liften, Pisten, Hotels und Ferienhäusern gibt es noch stille Winkel. Wir besteigen zuerst den Rinsennock, einen viel besuchten Gipfel im Westen der Passhöhe, gehen dann im Norden um ihn herum über die schön gelegene Winkleralm und durch Zirbenwälder sowie über die mittlerweile durch Anlagen für den Wintersport »erschlossene« Schafalm zur Turracher Höhe zurück.

Ausgangspunkt: Großer Parkplatz bei der Panoramabahn-Talstation auf der Turracher Höhe, 1780 m (Navi: N46.91540, E13.87407). Kärnten-Bus 5234 Mo–Fr an schulfreien Tagen von Feldkirchen in Kärnten aus über Ebene Reichenau. Haltepunkte Nockmobil NM 515 und 9129 in unmittelbarer Nähe.
Anforderungen: Recht lange Bergtour auf gut markierten und beschilderten Wegen und Steigen. Im Abstieg vom Rinsennock bis zur Winkleralm einige steile Abschnitte, die etwas Trittsicherheit und auch Orientierungsvermögen erfordern. Der Weg Nr. 126 kann im Hang südlich der Winkleralm durch Unwetter oder Lawinen beschädigt sein.
Einkehr: Mehrere Einkehrmöglichkeiten auf der Turracher Höhe, unterwegs keine.
Karten: f&b 221, 222; K 063, 66; ÖK 3106-O.

Bei der Winkleralm.

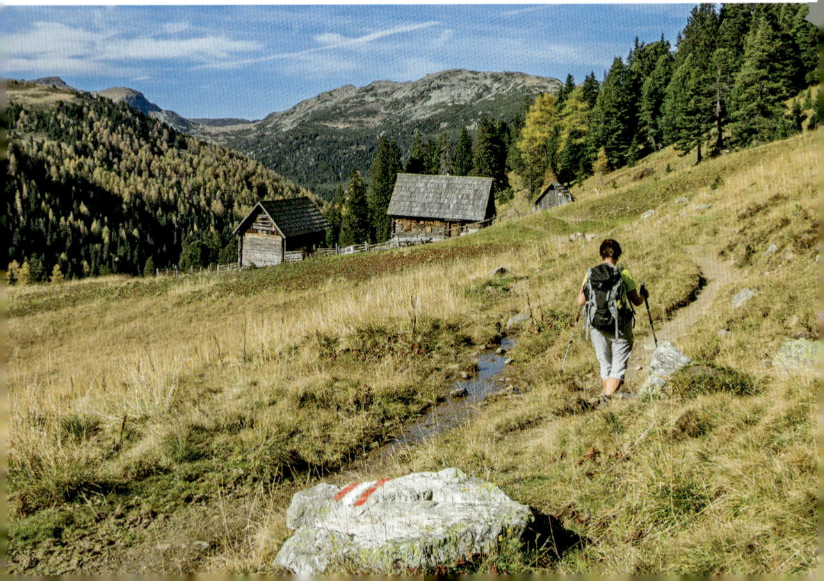

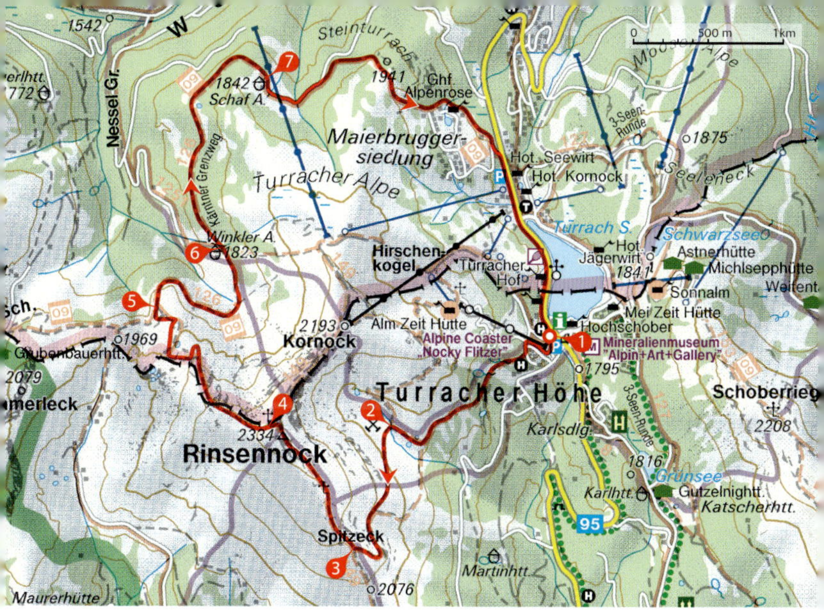

Von den Wegweisern beim Parkplatz der Panoramabahn auf der **Turracher Höhe** ❶ folgen wir dem Weg Nr. 149 mit den Zielen »Kormulde, Kornock, Rinsennock«. Wenige Meter hinter der Talstation der Panoramabahn halten wir uns rechts an den immer gut gekennzeichneten Barbaraweg. Wir erreichen die weite Kormulde mit der verfallenen **Korhütte** ❷, ca. 1960 m. In ihrer Umgebung sehen wir Reste des früheren Bergbaus. Von hier bringt uns der Steig durch Wiesenhänge zum Südost-Rücken des Rinsennocks, den wir bei einem **Wegweiser** ❸, ca. 2180 m, erreichen und dem wir bis zum Kreuz auf dem **Rinsennock** ❹, 2334 m, folgen.
Der Abstieg führt uns in einem weiten Bogen entlang des Randes der steilen Nordflanke in eine Mulde zwischen dem Rinsennock und dem benachbarten Simmerleck und dann weiter scharf nach rechts zum **Weg Nr. 126** ❺, ca.

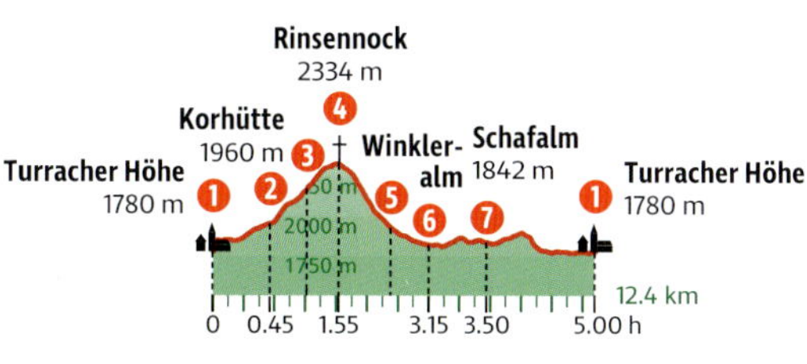

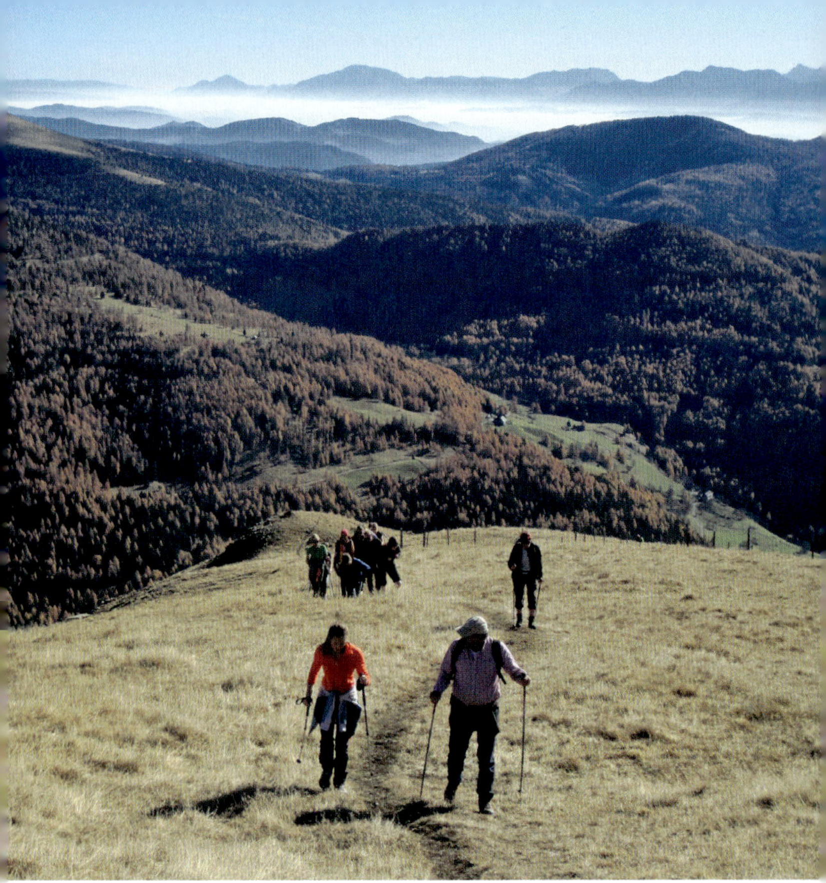

Bald ist der Gipfel erreicht. Im Hintergrund die östlichen Karawanken.

1930 m, der von der Pregatscharte herüberkommt und nach rechts Richtung Winkleralm und Turracher Höhe beschildert ist. Durch teils feuchtes Gelände erreichen wir die Mulde, an deren Rand die Hütten der **Winkleralm** 6, 1823 m, liegen. Durch schönen Wald und mit etwas Auf und Ab kommen wir in einen steilen Hang, durch den uns der Weg zur **Schafalm** 7, 1842 m, hinableitet. Über die Pisten hinweg sollten wir die Fortsetzung finden, auf der wir über einen kleinen Sattel zu neuen Ferienhäusern oberhalb der Turracher Bundesstraße und neben ihr auf einem Gehweg zurück zum Parkplatz bei der Panoramabahn auf der **Turracher Höhe** 1 wandern.

↗ 420 m | ↘ 420 m | 6.0 km

2.30 h

Kornock, 2193 m

40

Kurze Rundwanderung – fast (oder bis) auf den Rinsennock

Während uns der erste Teil dieser Tour in eine weite, stille Mulde führt, bringt uns der zweite Teil in den Bereich der Lifte und Pisten rund um die wenig ausgeprägte Kuppe des Kornocks. Dennoch können wir diese Wanderung empfehlen, sei es als kleine Probetour für weitere Ziele in der Umgebung der Turracher Höhe oder als Anregung dafür, gleich auch den Rinsennock zu ersteigen; diese Variante erfordert allerdings etwas Trittsicherheit.

Ausgangspunkt: Großer Parkplatz bei der Panoramabahn-Talstation auf der Turracher Höhe, 1780 m (Navi: N46.91540, E13.87407). Kärnten-Bus 5234 Mo–Fr an schulfreien Tagen von Feldkirchen in Kärnten über Ebene Reichenau. Haltepunkte Nockmobil NM 515 und 9129 in der Nähe.
Anforderungen: Unschwierige Bergwanderung auf gut markierten und beschilderten Wegen und Steigen. Im Abstieg zur Almzeithütte einige hohe Stufen.
Einkehr: Almzeithütte bei der Bergstation der Panoramabahn (geöffnet zu den Betriebszeiten der Panoramabahn, Tel. +43 699 13483000, almzeithuette.com).
Varianten: 1. Berg- oder Talfahrt mit der Panoramabahn zur/von der Almzeithütte oder mit dem Lift auf den Kornock ❹; die Talstation befindet sich etwa 1 km nördlich von unserem Ausgangspunkt an der Turracher Straße (Richtung Steiermark). – 2. Besteigung des Rinsennocks, 2334 m, dann schon mittelschwere (rote) Tour. Vom Kornock ❹ auf deutlichem Weg, etwa 30 Min.; unterhalb des Gipfels eine kleine felsige Stufe. Vorsicht bei Schnee oder Vereisung!
Karten: f&b 221, 222; K 63, 063, 66, 67; ÖK 3106-O.

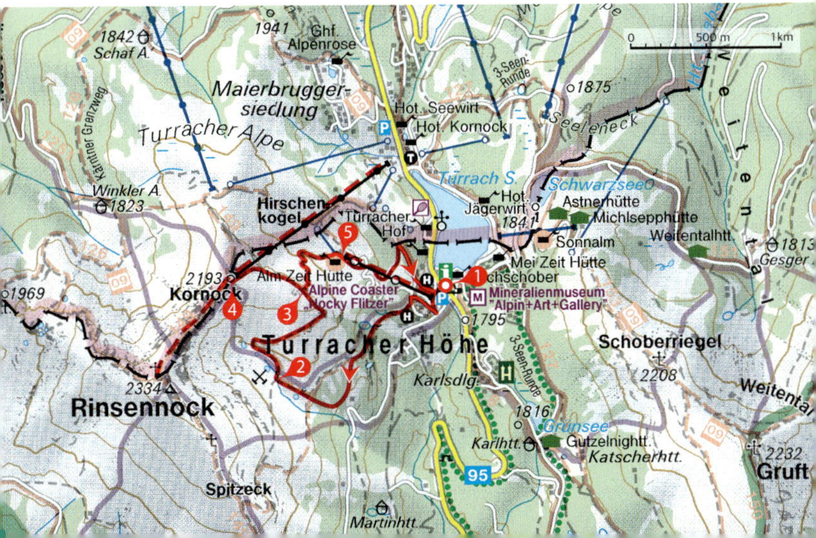

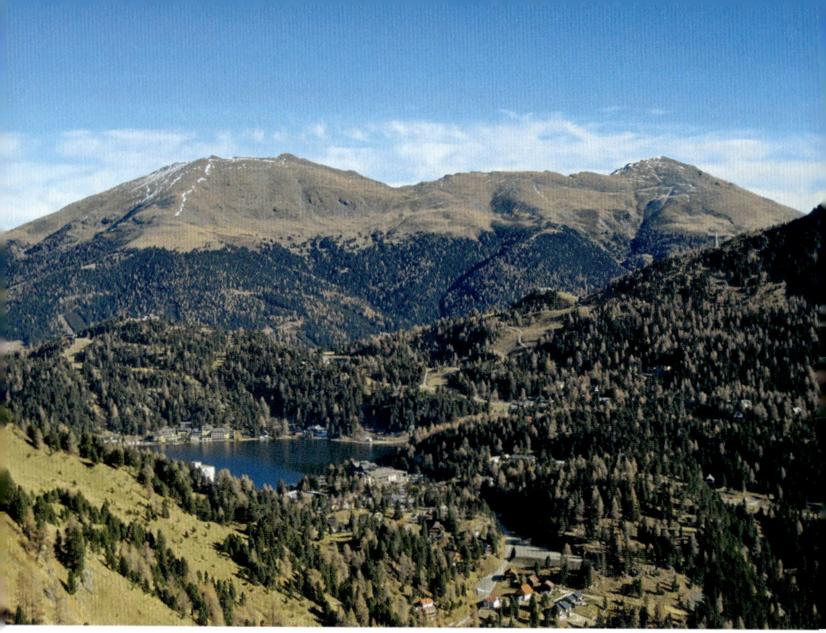

Turrachsee, Eisenhut und Wintertalernock.

Von den Wegweisern beim Parkplatz der Panoramabahn auf der **Turracher Höhe** ❶ wandern wir wie bei Tour 39 beschrieben zur verfallenen **Korhütte** ❷, ca. 1960 m. Wir gehen links an der Hütte vorbei, zwischen zwei Bänken hindurch und folgen dann den Markierungspflöcken in die Kormulde. Bald biegen wir scharf nach rechts ab und steigen hinauf zu einem Rücken mit einem Rastplatz und steinernen Panoramatafeln. Auf diesem Rücken halten wir uns links zu einer **Abzweigung** ❸, ca. 2110 m, von der wir auf dem Rückweg zur Almzeithütte weitergehen. Zunächst aber bringt uns der nun breitere Weg entlang eines Zaunes zur Bergstation des Sesselliftes auf dem **Kornock** ❹, 2193 m. Schöne Aussicht, vor allem nach Südosten.

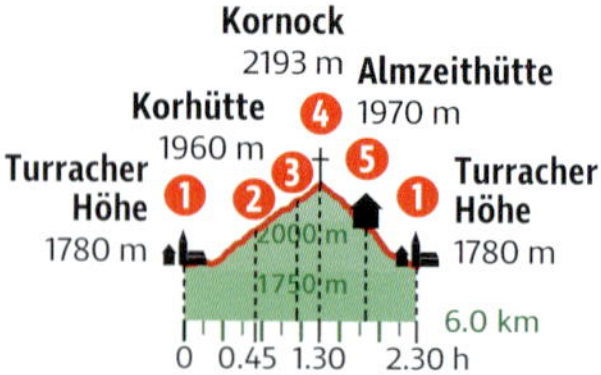

Der Abstieg erfolgt zunächst zurück bis zur **Abzweigung** ❸. Dort gehen wir links auf einem breiten Weg mit zahlreichen Stufen zur **Almzeithütte** ❺, 1970 m, hinunter. Nun können wir entweder der Sommerrodelbahn folgen oder links auf dem Barbaraweg zum Ausgangspunkt bei der Panoramabahn-Talstation auf der **Turracher Höhe** ❶ zurückkehren.

↗ 240 m | ↘ 240 m | 9.7 km

3.00 h

Grünsee – Saureggen

41

Zum Hochsinner, dem höchstgelegenen Bauernhof Kärntens

Die Turracher Höhe mit ihren zahlreichen touristischen Einrichtungen liegt auf 1800 m Höhe, der Bauernhof Hochsinner hingegen auf fast 1600 m. Daher geht man auf unserer Wanderung zunächst bergab. Die Umgebung des höchstgelegenen Bauernhofs Kärntens, den man nur aus gebührendem Abstand besichtigen sollte, ist wunderschön. Zudem gibt es im benachbarten Saureggen einige alte, für die Nockberge typische Paarhöfe, die einen Besuch lohnen.

Ausgangspunkt: Großer Parkplatz bei der Panoramabahn-Talstation auf der Turracher Höhe, 1780 m (Navi: N46.91540, E13.87407). Kärnten-Bus 5234 Mo–Fr an schulfreien Tagen von Feldkirchen in Kärnten über Ebene Reichenau. Haltepunkte Nockmobil NM 515 und 9129 in unmittelbarer Nähe.
Anforderungen: Leichte Almwanderung, teilweise auf asphaltierten Straßen, meist gut markiert.
Einkehr: Mehrere Einkehrmöglichkeiten auf der Turracher Höhe, unterwegs keine.
Tipp: Besichtigung der Ausstellung »mythos edelstein kranzelbinder« (vor allem Mineralien, auch Verkauf) im Zirbenhof auf der Turracher Höhe.
Karten: f&b 221, 222; K 63, 063, 66; ÖK 3106-O.

Wer da wohl kommen mag? Neugierige Zaungäste beim Bauernhof Hochsinner.

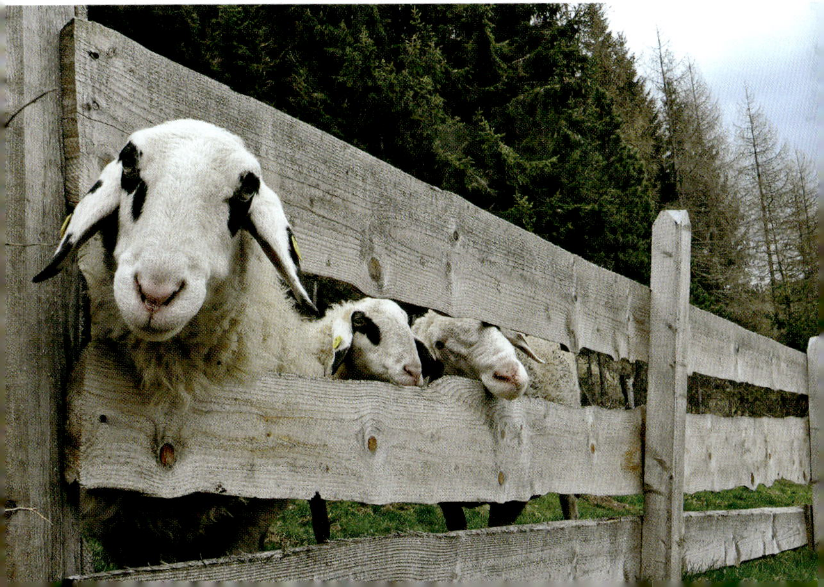

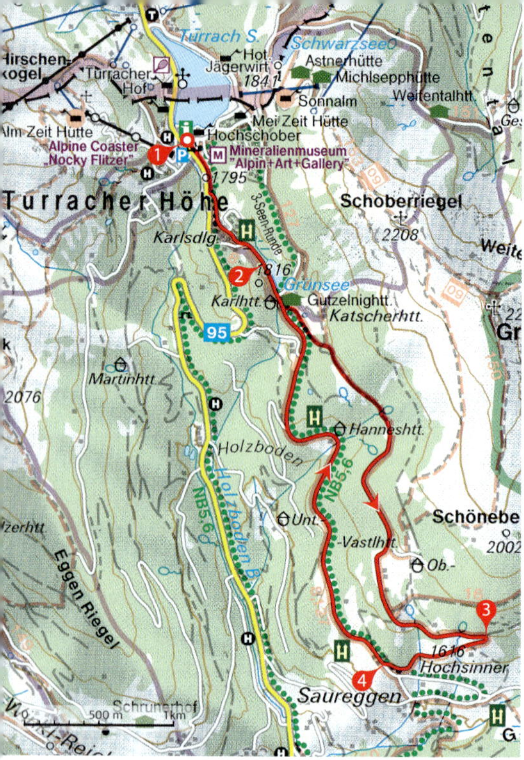

Vom Parkplatz an der Talstation der Panoramabahn auf der Kärntner Seite der **Turracher Höhe** ❶ wandern wir ein kurzes Stück südwärts an der Straße entlang bis zum Einstieg in den »3-Seen-Weg«, einen mit Holztafeln gut beschilderten Wanderweg, der auf einer Forststraße zum **Grünsee** ❷, 1767 m, verläuft. Dem Forstweg folgend, lassen wir den Grünsee links hinter uns und erreichen nach einem kurzen Waldstück eine Lichtung, an der sich unser Weg in einen oberen und einen unteren Teil gabelt. Wir wählen den oberen Wanderweg, der an der ehemaligen Karlhütte vorbeiführt, und queren abwechselnd schöne Almwiesen und kurze Waldstücke. Nach einem kurzen Abstieg erreichen wir eine **Kehre** ❸, 1670 m, und kurz danach den **Hochsinner** ❹, 1574 m, den höchstgelegenen Kärntner Bauernhof. Das Anwesen ist kein architektonisches Paradestück von einem Bauernhof, da gibt es im nahen Saureggen schönere Höfe zu besichtigen. Auch hat der Hochsinner überhaupt nichts von einem Museum. Er ist kein touristischer Betrieb, sondern wirklich ein Bergbauer mit etwas Viehwirtschaft. Da er allein wegen seiner Höhenlage unverhoffte Berühmtheit erlangt hat, leidet er unter neugierigen Besuchern, die manchmal bis in die Küche stürmen. Die Wanderer werden gebeten, die Privatsphäre von Haus und Garten zu respektieren. Der Garten darf von außen angeschaut werden. Er enthält die in Tallage üblichen Gemüsesorten und Blumen.

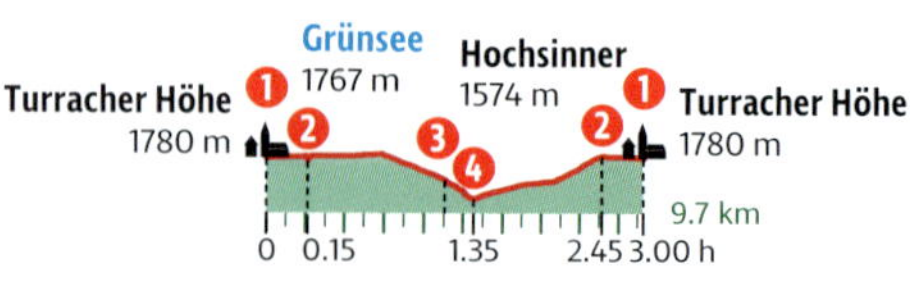

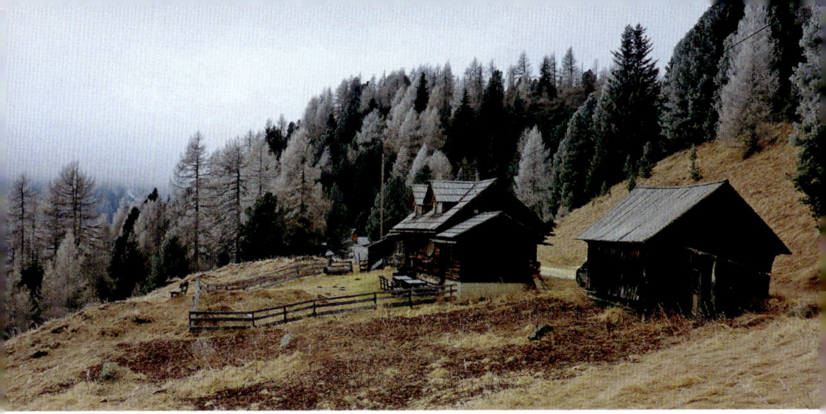

Auf dem Rückweg zur Turracher Höhe.

An der Abzweigung beim Hochsinner können Interessierte in wenigen Minuten zum Weiler Saureggen mit weiteren Höfen absteigen; Saureggen ist ein schönes Beispiel für eine noch bewohnte Bergbauernsiedlung.
Für den Weiterweg halten wir uns beim Hochsinner aber geradeaus und gehen mit der Beschilderung aufwärts zurück zum **Grünsee** ❷. Bald erreichen wir wieder die Ferienhäuser und Almchalets am Turrachsee an der **Turracher Höhe** ❶. Wer möchte, macht noch einen kurzen, aber lohnenswerten Abstecher zum Schwarzsee.

Herrliche Herbststimmung am Grünsee.

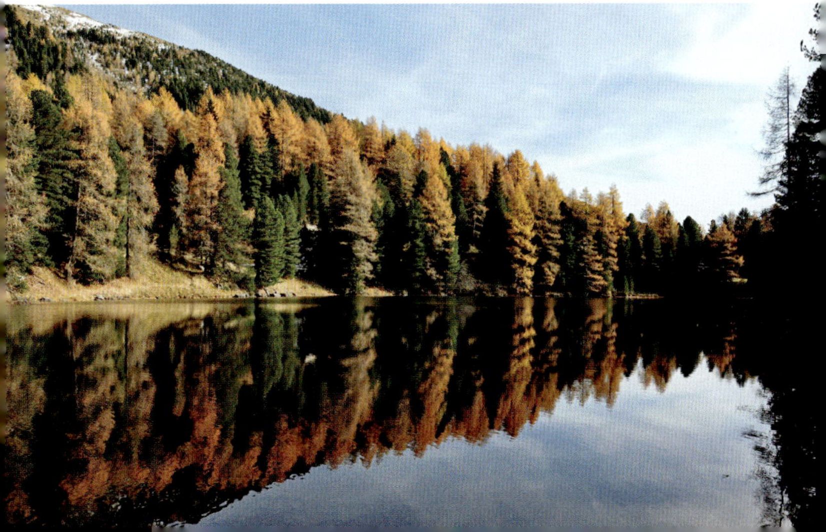

↗ 1000 m | ↘ 1000 m | 13.3 km

42 Bretthöhe, 2320 m

5.45 h

Aussichtsreiche Kammwanderung in die Nähe des Gurkursprungs

Auf dieser recht langen Wanderung ersteigen wir fünf Gipfel. Sie liegen alle auf einem Kamm, der von der Turracher Höhe bis zur Flattnitz reicht. Weil es im Süden keine höheren Nockberge mehr gibt, ist die Aussicht einmalig schön. Sie reicht über die bewaldeten Höhen der südlichen Gurktaler Alpen bis zu den Karawanken und den dahinter aufragenden Julischen und Steiner Alpen. Die Tour zur Bretthöhe ist besonders im Herbst sehr schön, weil sie zur Gänze über dem Hochnebel des Klagenfurter Beckens und der Täler liegt.

Ausgangspunkt: Großer Parkplatz bei der Panoramabahn-Talstation auf der Turracher Höhe, 1780 m (Navi: N46.91540, E13.87407). Kärnten-Bus 5234 Mo–Fr an schulfreien Tagen von Feldkirchen in Kärnten über Ebene Reichenau. Haltepunkte Nockmobil NM 515 und 9129 in der Nähe.

Anforderungen: Auf dem letzten Stück zur Bretthöhe Trittsicherheit nötig, vor allem im Abstieg. Guter Steig, der wegen der Länge der Tour und einiger steiler Abschnitte ausreichende Kondition voraussetzt. Unterwegs kein Wasser. Nicht bei Gewittergefahr begehen! Der Weg verläuft fast zur Gänze oberhalb der Waldgrenze entlang des Kammes.

Einkehr: Turracher Höhe. Im Sommer sind Mei-Zeit- und die Sonnalm-Hütte (zwischen Ausgangspunkt und Schoberriegel) geöffnet, sonst unterwegs keine.

Varianten: Ausdauernde Geher können über die Lattersteighöhe und den Rapitzsattel zum Wintertalernock (2404 m) und zum Eisenhut (2441 m) wandern. Vom Rapitzsattel bringt uns Weg Nr. 151 weniger anstrengend zurück zur Turracher Höhe (Gesamtgehzeit 8–9 Std., 1100 Hm).

Karten: f&b 222; K 63, 063, 66; ÖK 3106-O.

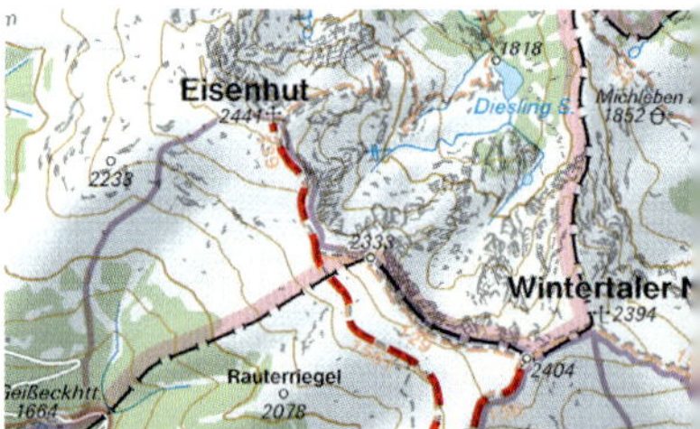

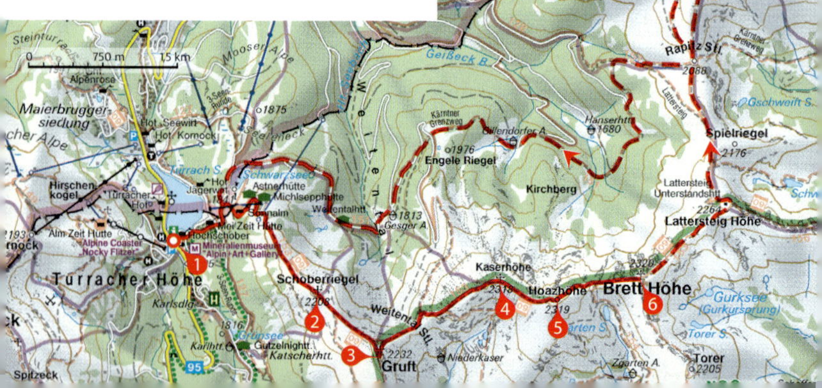

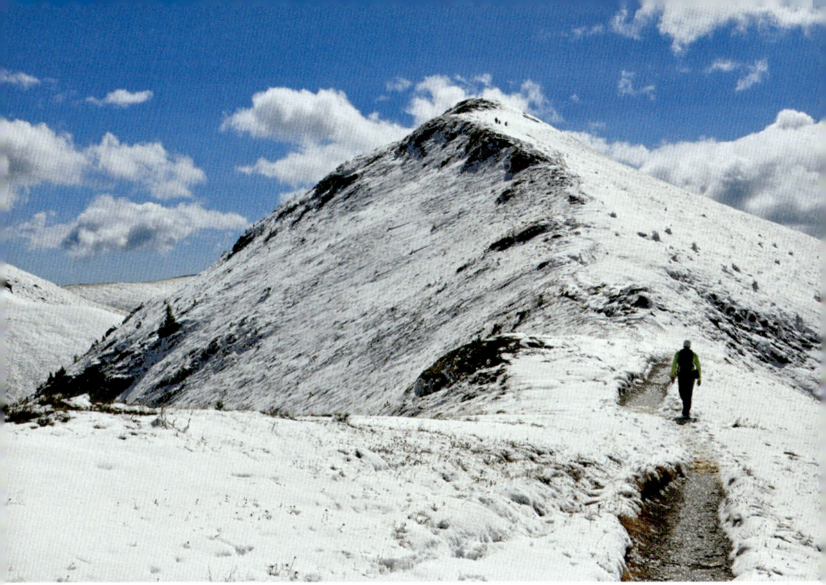

Frühwinterliche Tour zur Bretthöhe, hier zwischen Schoberriegel und Gruft.

Vom Parkplatz auf der **Turracher Höhe** ❶ gehen wir am Hotel Hochschober auf der Sandstraße an der Abzweigung zum Museum »mythos edelstein kranzelbinder« vorüber und folgen dem Wirtschaftsweg, der uns an Mei-Zeit- und Sonnalm-Hütte vorbei zur Bergstation der Sonnenbahn bringt. Von hier folgen wir dem Wanderweg Nr. 153, zugleich Weitwanderweg 09, der uns als schöner, aber teilweise recht steiler Pfad direkt hinauf zum **Schoberriegel** ❷, 2208 m, führt. Wir genießen das herrliche Panorama der Turracher Höhe mit Turrachsee, Grünsee, Schwarzsee und bis zum Hochgolling, dem höchsten Gipfel der Niederen Tauern, sowie den umliegenden Nockbergen; über den langen, ausgedehnten Rücken hinweg sehen wir die vor uns liegenden Gipfel, die nächsten Ziele auf unserer Tour. Wir folgen

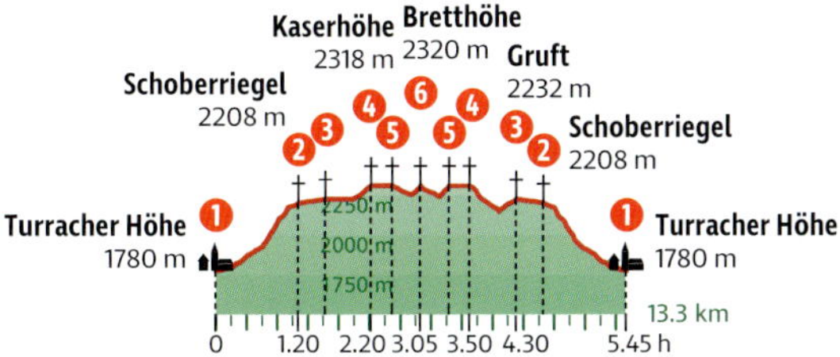

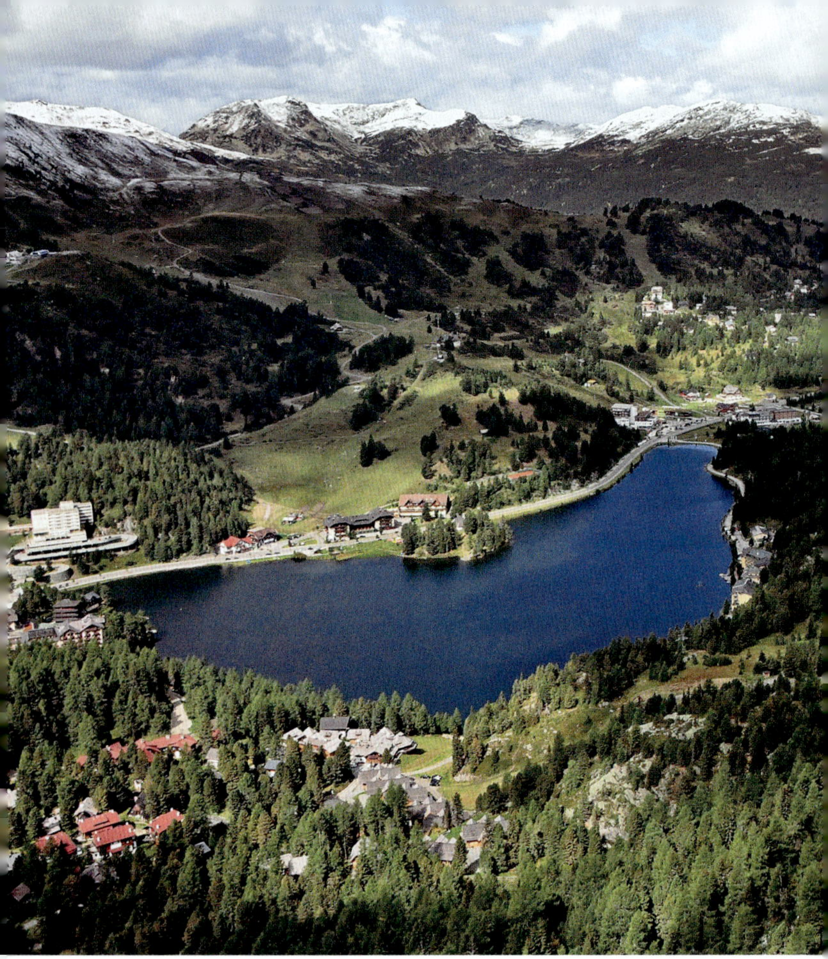

dem »Dachfirst« und gelangen zuerst abwärts, dann wieder aufwärts nach Südosten auf die **Gruft** ❸, 2232 m, einen Gipfel mit einem meist schneegefüllten Loch. Weiter geht es links hinab zum Weitentalsattel und wieder hinauf zur **Kaserhöhe** ❹, 2318 m, und zur **Hoazhöhe** ❺, 2319 m. Von dort wandern wir noch einmal in einen Sattel hinunter und folgen schließlich dem Weg hinauf zur **Bretthöhe** ❻, 2320 m, die manche Karten und Führer als Beretthöhe bezeichnen. Von der Bretthöhe haben wir beste Sicht auf

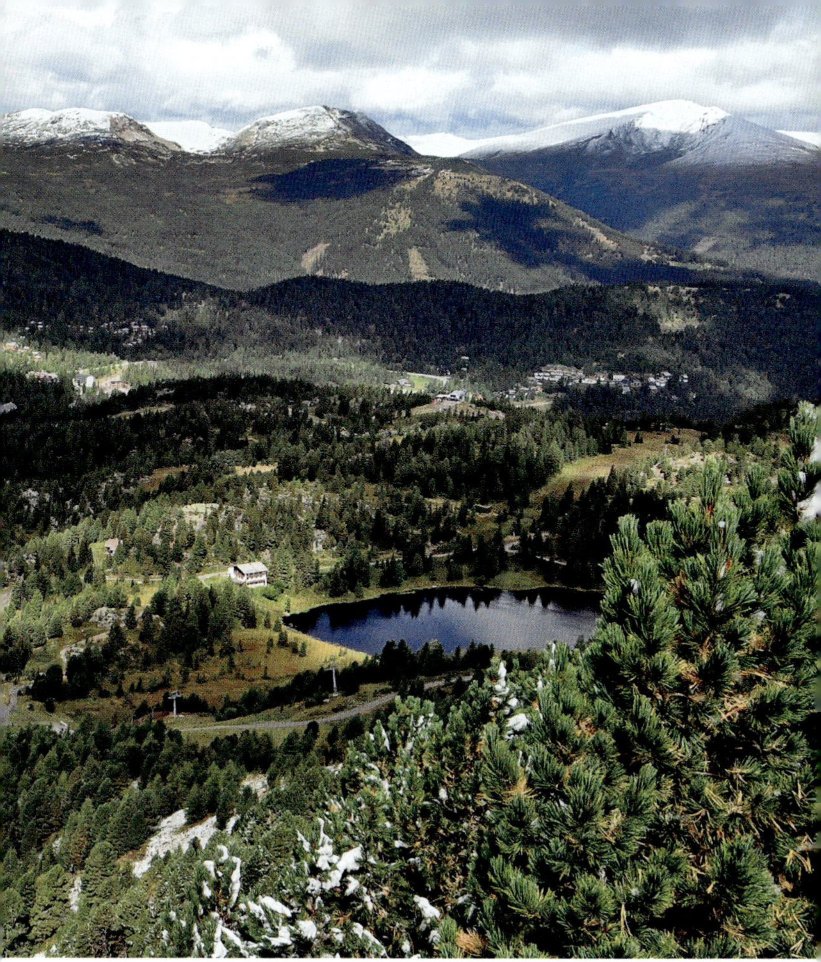

Ausblick vom Schoberriegel auf Turrachsee und Schwarzsee.

die meisten Nocke und weit nach Süden bis zu den Julischen Alpen. Ein kleiner Tipp für den Gipfel: Wenn man von der Bretthöhe kurz nach Süden absteigt, öffnet sich nach links der Blick in das wunderschöne Kar des Gurkursprungs mit dem Gurksee und dem Torersee.
Der Rückweg führt uns auf dem Aufstiegsweg über die **Gruft** 3 und den **Schoberriegel** 2 zurück zum Ausgangspunkt auf der **Turracher Höhe** 1.

TOP

↗ 130 m | ↘ 130 m | 7.2 km

43 Drei-Seen-Runde auf der Turracher Höhe

2.00 h

Grünsee, Schwarzsee und Turrachsee samt Themenweg

Die kurze und wegen ihrer vielfältigen landschaftlichen Eindrücke sehr beliebte Drei-Seen-Runde auf der Turracher Höhe kombiniert eine leichte Wanderung mit einem Themenweg. Er ist als »Weg der Sinne« mit Info-Tafeln und Holzskulpturen versehen. Die Stationen unterwegs ermuntern zur Wahrnehmung und heißen »Erfühle«, »Erhöre«, »Erschaue«, »Erspüre«, »Ergreife«, »Erblicke«, »Eratme« und »Erfinde«. Man erfährt unter anderem, wie die Zirbe aus Sibirien nach Europa kam oder wie die Zukunft des Schwarzsees aussehen wird. Die Route führt vom belebten Turrachsee zum stillen Grünsee – einem Ort zum Innehalten. Durch schöne Zirbenwälder geht es weiter zum Schwarzsee und an einem Hochmoor vorbei zurück zum Turrachsee. Die Wanderung rund um die drei Seen ist im Sommer wie im Winter genussvoll. Besonders zu empfehlen ist sie aber an einem goldenen Herbsttag.

Ausgangspunkt: Großer Parkplatz bei der Panoramabahn-Talstation auf der Turracher Höhe, 1780 m (Navi: N46.91540, E13.87407). Kärnten-Bus 5234 Mo–Fr an schulfreien Tagen von Feldkirchen in Kärnten über Ebene Reichenau. Haltepunkte Nockmobil NM 515 und 9129 in der Nähe.

Anforderungen: Leichter Spazierweg, gekennzeichnet mit einem weißen »T« auf rotem Grund.
Einkehr: Mehrere Einkehren auf der Turracher Höhe, Mei-Zeit- und Sonnalm-Hütte sind im Sommer geöffnet.
Karten: f&b 221, 222; K 63, 66. 67; ÖK 3106-O.

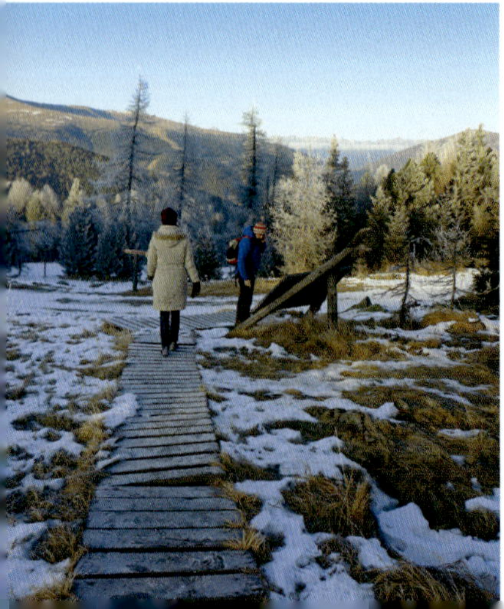

Vom Parkplatz auf der **Turracher Höhe** ❶ wandern wir ein kurzes Stück südwärts an der Turracher Straße entlang bis zur Holztafel »3-Seen-Weg«, an der der Wanderweg links einer Forststraße durch den Wald zum **Grünsee** ❷, 1767 m, folgt. Der See, der einsam zwischen hohen Bäumen eingebettet liegt, verdankt seinen Namen der Armleuchteralge, die einen grünen Teppich auf den Seegrund gelegt hat und den See grünlich leuchten lässt. Wir folgen dem gut markierten Weg

Breite Holzstege führen uns sicher durch das Moor.

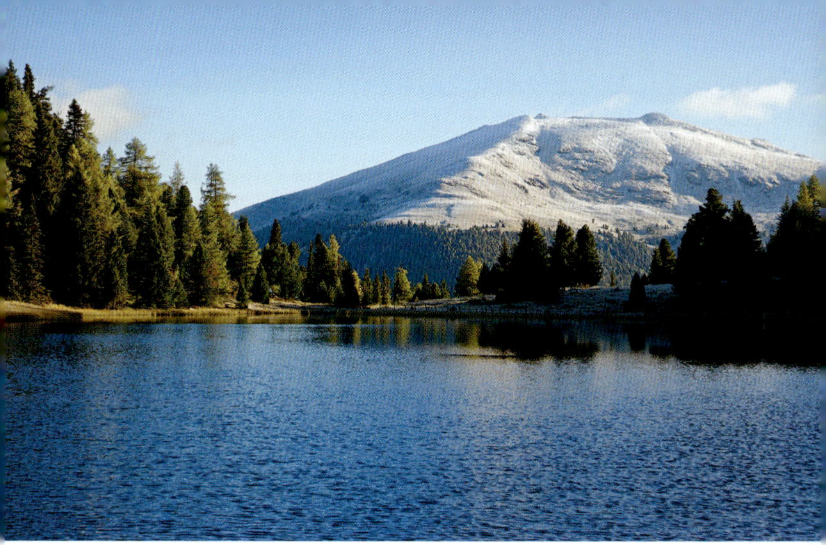

Blick über den Schwarzsee zum Eisenhut.

um den Grünsee herum und auf schönem Steig leicht aufwärts am Fuße des Schoberriegels durch einen idyllischen Zirbenwald. Bei der Sonnalm, die in den Sommermonaten bewirtschaftet ist, halten wir uns rechts und gehen zum **Schwarzsee 3**, 1841 m, den wir ebenfalls umrunden. Der Schwarzsee heißt so, weil auf seinem Grund eine Anthrazitschicht liegt. Leicht ansteigend erreichen wir in einem Linksbogen ein Hochmoor. Hier helfen uns breite Holzstege über die sumpfigen Stellen hinweg. Zwischen Zirben hindurch geht es in leichten Kehren auf dem Wanderweg Nr. 127 entlang des Turrachsees zurück zur **Turracher Höhe 1**.

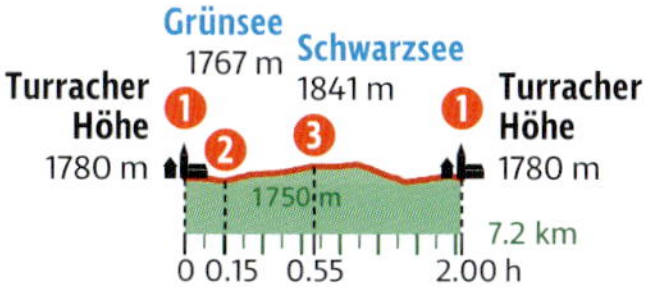

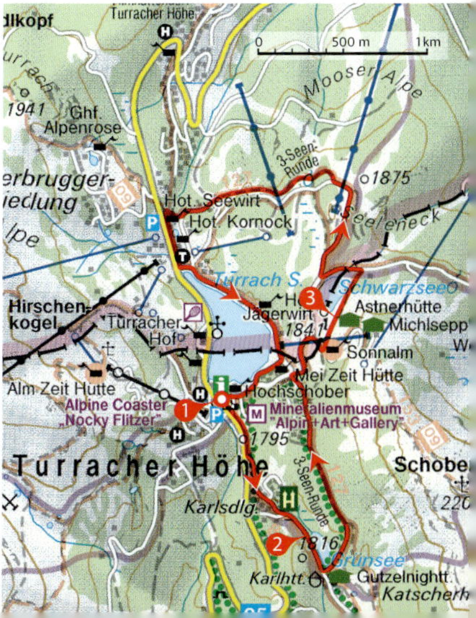

↗ 820 m | ↘ 820 m | 9.4 km

44 Großer Speikkofel, 2270 m, von St. Lorenzen

4.15 h

Durch prachtvollen Lärchen- und Zirbenwald auf weite Almwiesen

Von St. Lorenzen, der höchstgelegenen Pfarre Kärntens, wandern wir durch sehr schöne Bestände von Lärchen und Zirben zur Baumgrenze und über einen breiten Rücken hinauf auf den aussichtsreichen Großen Speikkofel. Die Tour ist vor allem im Herbst zu empfehlen, wenn die Lärchen golden glühen und über den Tälern der Hochnebel liegt.

Ausgangspunkt: St. Lorenzen, Kirche, 1477 m (Navi: N46.85710, E13.92667). Auffahrt (6,3 km) oder Aufstieg von Ebene Reichenau über Lorenzenberg (1.30 Std.). Haltepunkt Nockmobil NM 230. Kärnten-Bus 5234 von Feldkirchen in Kärnten nach Ebene Reichenau. Mo–Fr häufige Verbindungen; Sa, So und Fei je drei Verbindungen.
Anforderungen: Leichte Wanderung auf guten Wegen und Steigen. Vorsicht bei Gewittergefahr!
Einkehr: In St. Lorenzen. Unterwegs keine.
Varianten: 1. Wegloser Abstieg vom Großen ❹ oder Kleinen Speikkofel ❸ zur Speikkofelhütte (einfache Jausen) und auf markiertem Steig zurück zum Lorenzer Brunnen ❷, 30 Min. – 2. Vom Großen Speikkofel ❹ nach dem sanften Rücken zur unscheinbaren Kuppe des Torer, 2205 m, und auf dem etwas schmaleren Kamm auf die Bretthöhe. Steiler Abstieg (Trittsicherheit! Rot/mittelschwer!) in die Zgartenscharte und zum Zgartensee. Auf Karrenweg zur Zgartenalm und auf einem Fahrweg zur Speikkofelhütte. Von dort markiert zum Lorenzer Brunnen ❷ und zurück nach St. Lorenzen. 2 Std. länger als Hauptweg.
Karten: f&b 222; K 63, 063, 66; ÖK 3106-O.

Beim Lorenzer Brunnen.

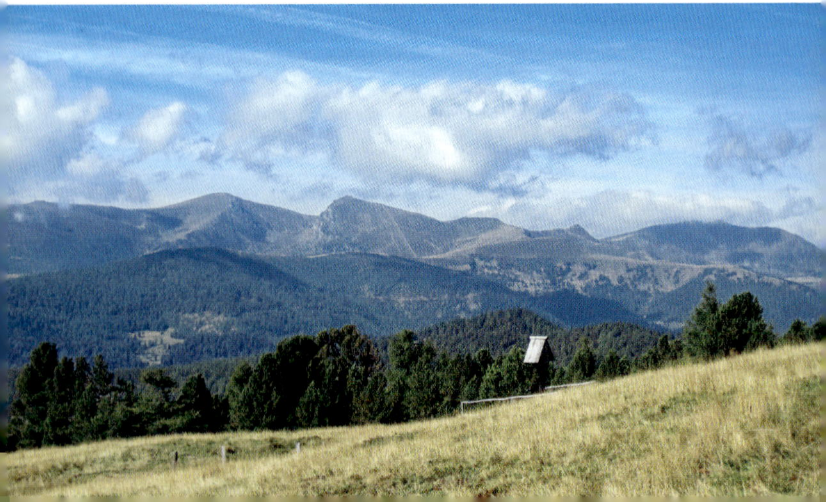

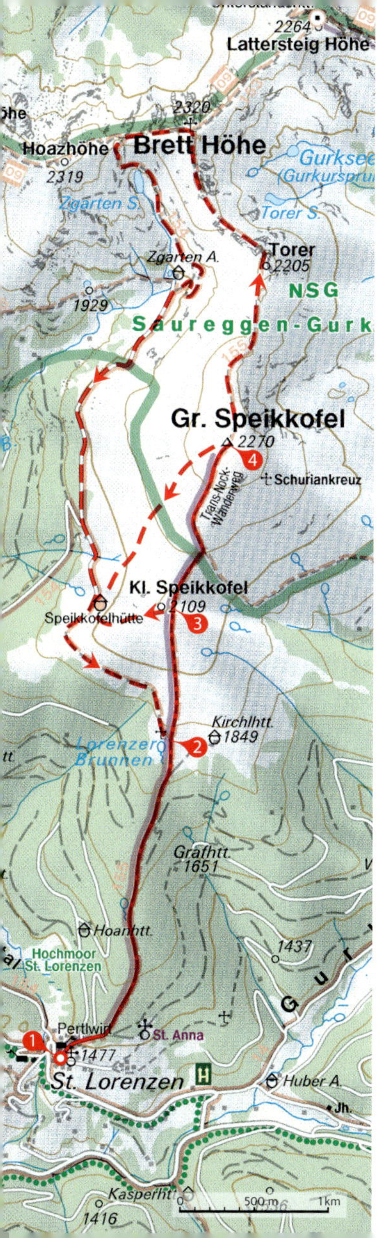

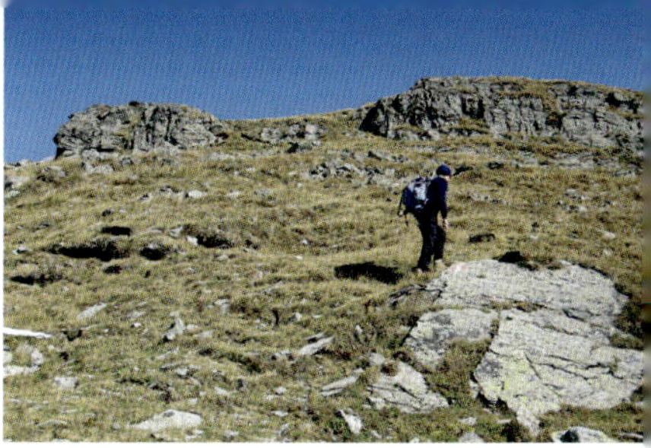

Die einzige etwas felsige Passage.

Von der Kirche in **St. Lorenzen** ❶ gehen wir mit dem Wegweiser »Kl. und Gr. Speikkofel, Weg Nr. 155«, auf einem Fahrweg zur Waldgrenze. Hier biegen wir nach links auf einen Steig ab. Bald sind wir in der Nähe des **Lorenzer Brunnens** ❷, 1858 m, und eines Wegkreuzes. Über weite Almflächen gelangen wir entlang eines Weidezaunes zur wenig ausgeprägten Kuppe des **Kleinen Speikkofels** ❸, 2109 m, die etwas links des Weges liegt. Jenseits einer kleinen Mulde erreichen wir die Abzweigung eines Weges Richtung Hochrindl. Hier verlassen wir den Zaun und steigen über eine kleine Felsstufe ohne Schwierigkeiten zu unserem Ziel, dem **Großen Speikkofel** ❹, 2270 m, hinauf. Schön ist von hier die Aussicht nach Süden, zu den Karawanken und den Julischen Alpen.
Abstieg wie Aufstieg.

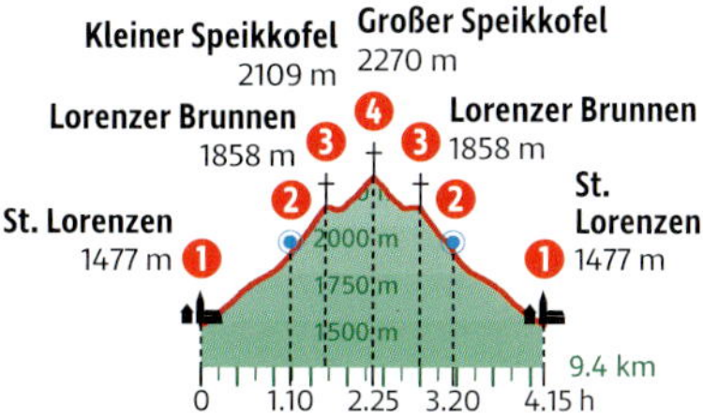

↗ 450 m | ↘ 450 m | 6.9 km

45 Kruckenspitze, 1886 m

2.45 h

Nette Rundwanderung durch Wald und über Almwiesen

Südlich der Hochrindl stellt die Kruckenspitze (auch Kruckenhöhe genannt) mit 1886 m die höchste Erhebung dar. Der Anstieg erfolgt überwiegend durch Wald, aber wenn man den Bergrücken erreicht hat, überrascht nicht nur die weite Aussicht nach Süden zu den Karawanken und den hinter ihnen aufragenden Steiner Alpen, sondern auch der schöne Ausblick nach Westen und Norden. Beim Aufstieg kommen wir an der Ursulaquelle vorbei, der – wie so vielen Quellen – eine Heilwirkung bei Augenleiden zugeschrieben wird.

Ausgangspunkt: Hochrindl-Alpl, Gasthof Alpl (Meili-Alm), 1529 m (Navi: N46.85027, E13.98390), 2 km südwestlich der Straßenkreuzung auf der Hochrindl und des Haltepunktes Nockmobil NM 204 am Parkplatz Hochrindl; GO-Mobil Albeck, Tel. +43 0664 603 603 9571. Zahlreiche Parkplätze. Zufahrt: Von Ebene Reichenau folgt man dem Wegweiser »Hochrindl« und biegt nach dem Tunnel unter der Skiabfahrt beim Wegweiser »Alpl« rechts ab; von Sirnitz oder Deutsch Griffen kommend, fährt man auf die Hochrindl, dann Richtung Ebene Reichenau und biegt beim Wegweiser »Alpl« links ab.

Anforderungen: Im Abstieg ist bei Nebel etwas Orientierungsvermögen gefragt. Insgesamt leichte Wanderung auf unterschiedlichen Arten von Wegen. Aufstieg zur Ursulaquelle und weiter zum Ostrücken der Kruckenspitze auf streckenweise steilem Steig.

Einkehr: Alpengasthof Alpl am Ausgangspunkt. Unterwegs keine.

Variante: Etwa 20 Min. Abstieg von der Kruckenspitze ❸ nach Westen bis zum Zusammentreffen mit dem Weg Nr. 1542. Auf ihm nach links und durch die Südhänge der Kruckenspitze fast eben zur Kruckenhütte ❹. Von dort zurück zum Ausgangspunkt. Nicht ganz 1 Std. länger.

Karten: f&b 222; K 63, 66; ÖK 3106-O.

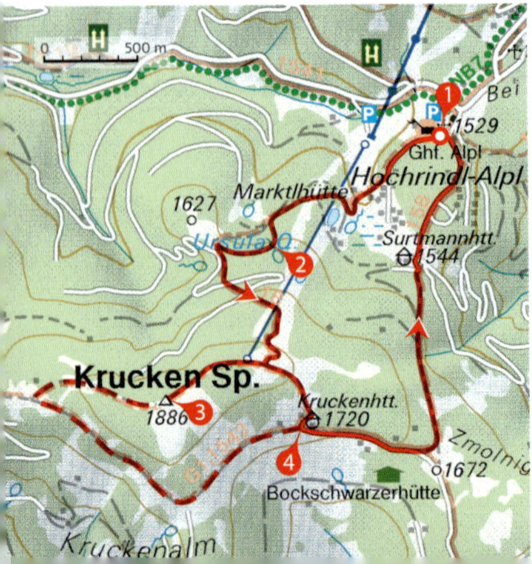

Vom Gasthof Alpl in **Hochrindl-Alpl** ❶ folgen wir dem Weg Nr. 18 Richtung »Ursulaquelle« und »Kruckenspitze«; die Zeitangaben auf dem Wegweiser sind etwas zu großzügig bemessen. Wir überqueren die Pisten und erreichen auf einem Steig einen Karrenweg, den wir bald nach rechts in den Wald hinauf verlassen. Wir kommen zur angeblich heilkräftigen **Ursulaquelle** ❷, ca. 1600 m, von der es entlang eines Zaunes steil zurück zu den Pisten und zwischen ihnen hinauf zum breiten Ostrücken der Kruckenspitze geht. Bei einem Wegweiser halten wir uns rechts, um nach Übersteigen einiger Zäune auf den Gipfel der **Kruckenspitze** ❸, 1886 m, zu gelangen. Für den Abstieg nehmen wir den Weg zurück zum Wegweiser, gehen nun aber geradeaus, dann im Bogen entlang eines Zaunes hinunter zur nicht bewirtschafteten **Kruckenhütte** ❹, 1720 m. Den Fahrweg, der nach Osten führt, verlassen wir bei einem Wegweiser nach links. Durch Wiesen und Wald geht es meist auf Steigen hinab zur ebenfalls nicht bewirtschafteten Surtmannhütte und von ihr auf einem Fahrweg über einen sanften Rücken und an zahlreichen Ferienhäusern vorbei zu unserem Ausgangspunkt beim Gasthof Alpl in **Hochrindl-Alpl** ❶.

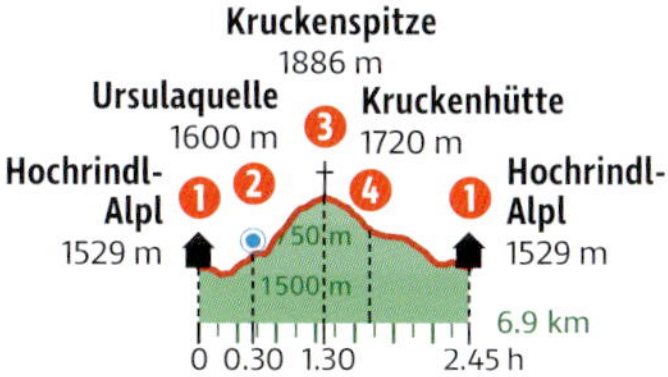

Wetterkreuz auf der Kruckenspitze.

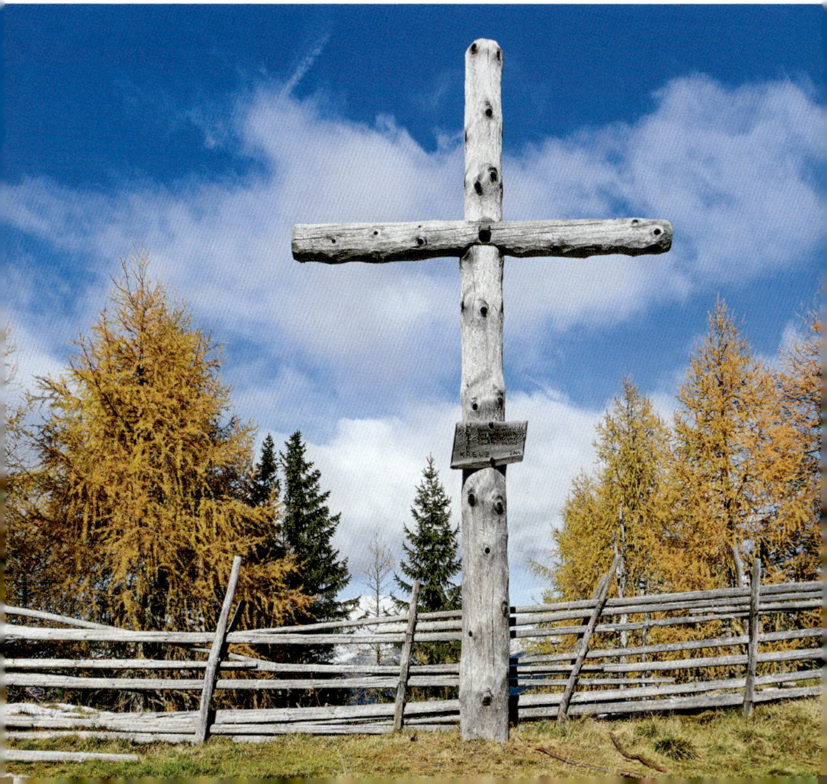

↗ 1190 m | ↘ 1190 m | 19.0 km

7.15 h

46 Wintertalernock, 2394 m

Von der Flattnitz auf den kleinen Bruder des Eisenhuts

Schon aus der Umgebung der Landeshauptstadt Klagenfurt sieht man weit im Nordwesten den Wintertalernock. Besonders gut ist er im Frühling zu erkennen, wenn seine Hänge noch tief verschneit sind. Wir erreichen den Berg am besten von der Flattnitz aus, einer Hochebene mit dem gleichnamigen kleinen Ort an dem Straßenzug, der schon zur Römerzeit vom Gurktal ins Murtal führte. Große Teile des Gebietes gehören zum Bistum Gurk, dessen Fürstbischöfe wohl auch Namensgeber für die Fürstenhütte waren, an der unsere Wanderung vorbeiführt.

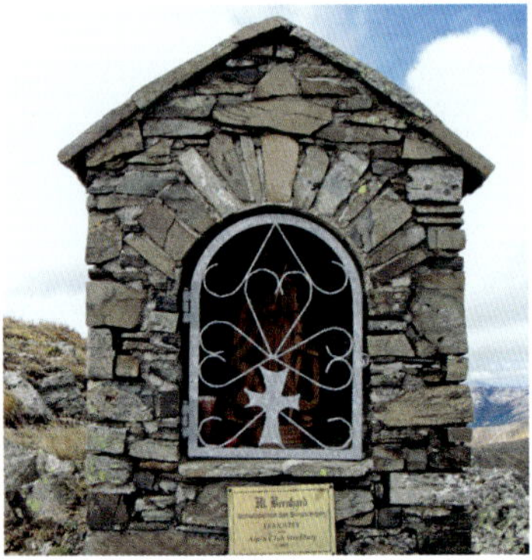

Marterl für den hl. Bernhard am Steirischen Gipfel (Westgipfel).

Ausgangspunkt: Flattnitz, Alpengasthof Isopp, 1390 m (Navi: N46.94447, E 14.02228). GO-Mobil Glödnitz Tel. +43 0664 603 603 9346. Keine brauchbare Bus-Verbindung. Zufahrt von Feldkirchen oder Gurk über Glödnitz oder von Stadl an der Mur in die Ortschaft Flattnitz, 300 m nach der Kirche links abbiegen; Parkplätze bei den Liften.
Anforderungen: Nicht schwierige, aber lange Wanderung auf allen Arten von Wegen; im Übergang vom Ost- zum Westgipfel eine kleine felsige Steilstufe. Nicht bei Gewittergefahr begehen!
Einkehr: Alpengasthof Isopp am Ausgangspunkt und weitere Gaststätten auf der Flattnitz. Unterwegs keine.
Karten: f&b 222; K 66; ÖK 4101-W und 3106-O.

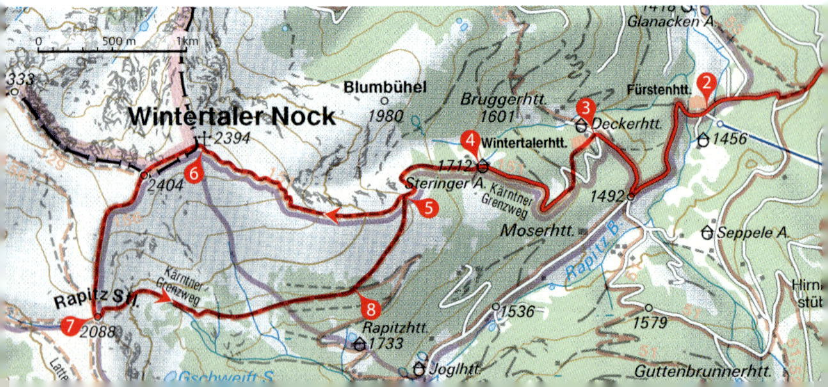

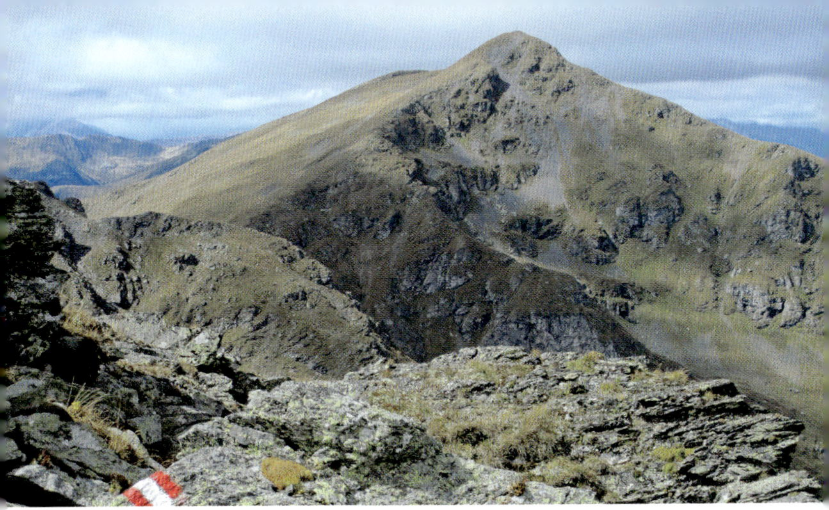

Blick vom Wintertalernock zum Eisenhut.

Vom **Alpengasthof Isopp** ❶ gehen wir auf dem für den allgemeinen Verkehr gesperrten Fahrweg (Kalkbrandweg), dessen Kehren wir auch abkürzen können, über einen sanften Sattel und an einem alten Kalkbrandofen vorbei hinunter zur **Fürstenhütte** ❷, 1456 m. Auf dem Fahrweg wandern wir mit dem Weg Nr. 129 (zugleich Kärntner Grenzweg) vorerst eben talein. Nach etwa 20 Min. biegen wir bei einem Wegweiser rechts auf einen weiteren Fahrweg (weiterhin Weg 129) ab, von dem wir an einem Wegweiser bei der Wintertaler- und der **Deckerhütte** ❸, 1530 m, links auf einen Steig abzweigen. Er bringt uns bald zu einem Karrenweg und gleich danach auf einen Fahrweg, auf dem wir die **Steringer Alm** ❹, 1712 m, auch Steringer Hütte genannt, erreichen. Der Wald wird lichter, wir kommen durch freies Gelände auf den **Rücken** ❺, 1892 m, über den wir – mitunter etwas steiler – zum Ostgipfel des **Wintertalernocks** ❻, 2394 m, aufsteigen. Der Westgipfel, auch Steirischer Gipfel oder Strassburger Spitz genannt, ist rund 500 m vom Ostgipfel entfernt. Er ist mit 2404 m etwas höher und trägt außer einem Gipfelkreuz ein Marterl, das dem heiligen Bernhard, dem Schutzpatron der Bergsteiger, gewidmet ist. Wir erreichen ihn über den stellenweise schmalen und auch felsigen Verbin-

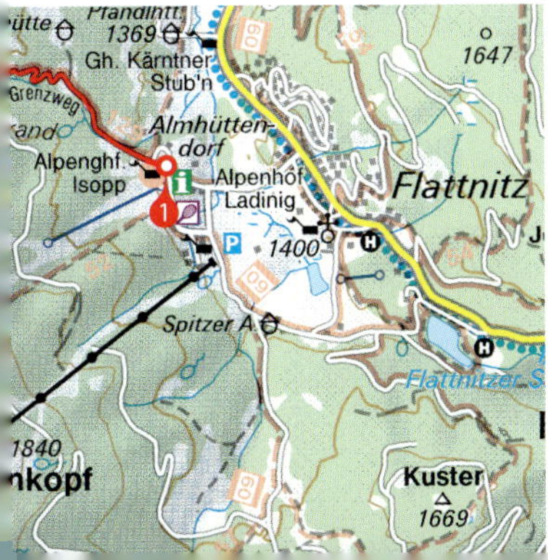

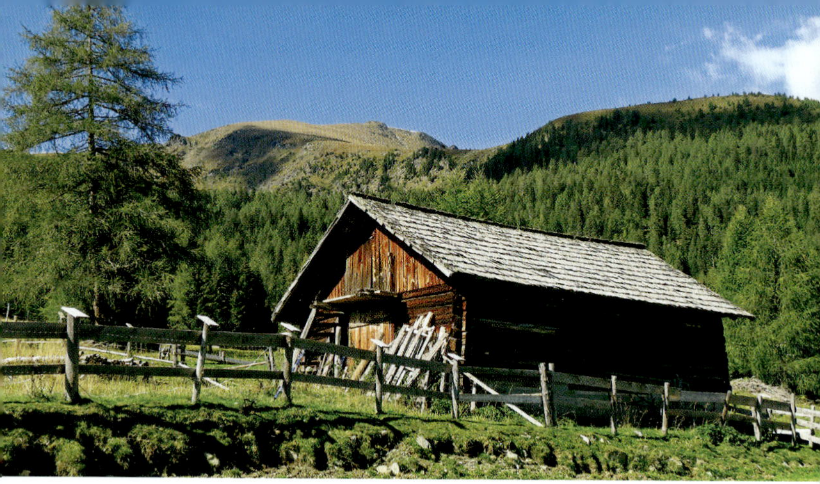

Wintertalernock von der Wintertalerhütte.

dungskamm. Rechts unter uns sehen wir den einsam unterhalb des Eisenhuts gelegenen Dieslingsee. Die Aussicht vom Wintertalernock ist eine der umfassendsten der gesamten Nockberge.
Der Abstieg führt zunächst entlang des nach Süden streichenden Rückens über teils kahle Flächen hinunter zum **Rapitzsattel** ❼, 2088 m. Hier treffen wir an einem Wegweiser auf den Kärntner Grenzweg, der uns durch eine wahre Urlandschaft bringt. Nach einer etwas sumpfigen Passage folgen wir links dem Fahrweg, von dem noch vor einer Kehre links ein **Steig** ❽, 1878 m, abzweigt. (Von hier kann man auch auf dem Fahrweg weitergehen, der ins Tal des Rapitzbaches führt und dort auf eine Forststraße trifft, auf der man ebenfalls zur Fürstenhütte kommt.) Wir bleiben auf dem Steig, der mit geringem Auf und Ab zum **Rücken** ❺ hinüberführt, wo wir auf unseren Aufstiegsweg stoßen. Auf diesem kehren wir, vorbei an **Steringer Alm** ❹, **Deckerhütte** ❸ und **Fürstenhütte** ❷, zum **Alpengasthof Isopp** ❶ zurück.

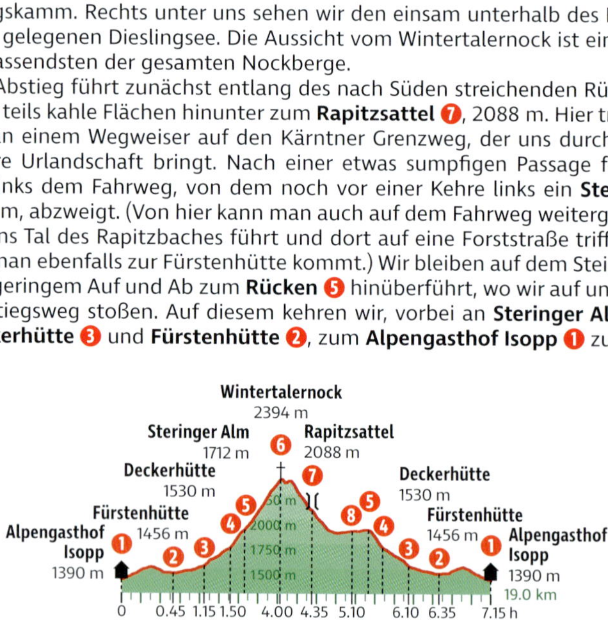

↗ 1310 m | ↘ 1310 m | 24.2 km

TOP

8.30 h

Eisenhut, 2441 m

47

Von der Flattnitz auf den höchsten Gipfel der Nockberge

Beim Anstieg auf den Eisenhut von der Turracher Höhe aus legt man lange Strecken auf Forststraßen zurück; darüber hinaus muss man auf demselben Weg wieder zurückgehen. Daher wollen wir den höchsten Gipfel der gesamten Gurktaler Alpen auf einem zwar langen, aber einsamen und eindrucksvollen Rundweg von der Flattnitz aus ersteigen.

Ausgangspunkt: Flattnitz, Alpengasthof Isopp, 1390 m (Navi: N46.94447, E14.02228). GO-Mobil Glödnitz Tel. +43 0664 603 603 9346. Keine brauchbare Busverbindung. Zufahrt von Feldkirchen oder Gurk über Glödnitz oder von Stadl an der Mur in die Ortschaft Flattnitz, 300 m nach der Kirche links abbiegen; Parkplätze bei den Liften.
Anforderungen: Nur im Aufstieg vom Dieslingsee zum Gipfel mäßig schwierige Wanderung auf streckenweise schmalem Steig durch Steilgelände; bei Schneelage Absturzgefahr! Sonst alle Arten von Wegen. Wegen der Länge der Tour sehr gute Kondition erforderlich. Wanderung nur bei sicherer Wetterlage unternehmen, keinesfalls bei Gewittergefahr. Bei Nebel trotz guter Markierungen Orientierungsvermögen nötig.
Einkehr: Alpengasthof Isopp am Ausgangspunkt und weitere Gaststätten auf der Flattnitz. Unterwegs keine.
Variante: Im Abstieg etwa 20 Min. unterhalb des Gipfels bei der Abzweigung 7 Aufstieg zum Wintertalernock. Abstieg in östlicher Richtung, bis am WP 10 wieder die Hauptroute erreicht wird. Nur geringer zeitlicher Mehraufwand, aber konditionell noch anspruchsvoller.
Karten: f&b 222; K 66; ÖK 4101-W und 3106-O.

Beim Abstieg zum Rapitzsattel.

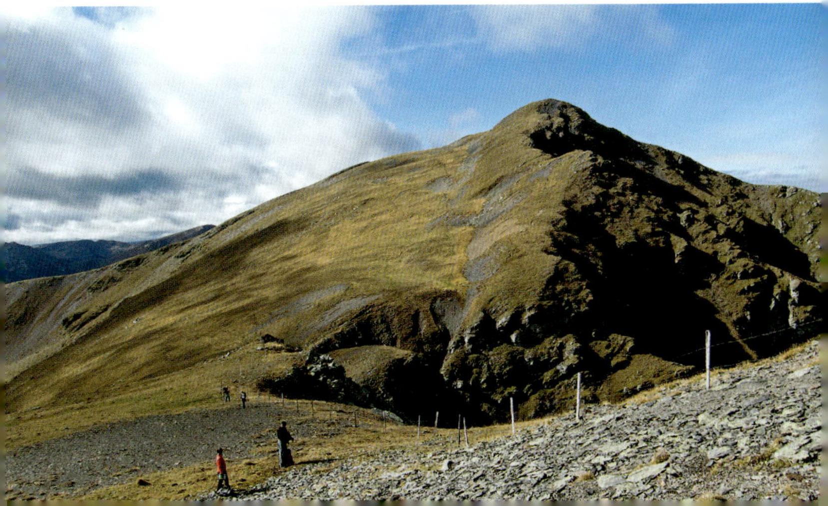

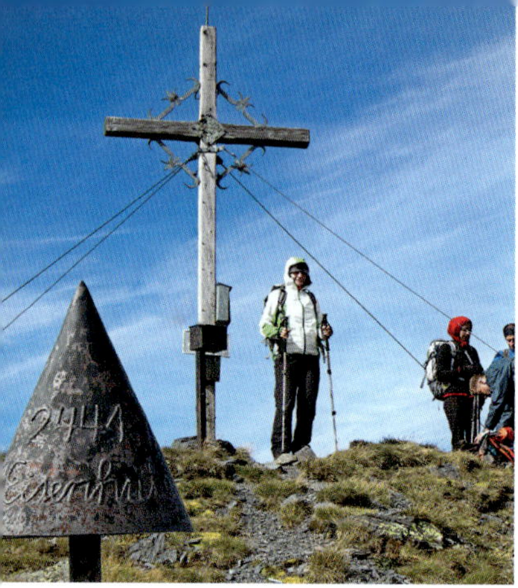

Auf dem Eisenhut-Gipfel.

Vom **Alpengasthof Isopp** ❶ gehen wir auf dem für den allgemeinen Verkehr gesperrten Fahrweg (Kalkbrandweg), dessen Kehren wir auch abkürzen können, über einen sanften Sattel und an einem alten Kalkbrandofen vorbei hinunter zur **Fürstenhütte** ❷, 1456 m. Auf dem Fahrweg wandern wir mit dem Weg Nr. 129 (zugleich Kärntner Grenzweg) vorerst eben talein. Nach etwa 20 Min. biegen wir bei einem Wegweiser rechts auf einen weiteren Fahrweg (weiterhin Weg 129) ab, von dem wir an einem Wegweiser bei der Wintertaler- und der **Deckerhütte** ❸, 1530 m, geradeaus Richtung Dieslingsee und Eisenhut folgen (Wegweiser, Weg Nr. 152). Der Fahrweg geht in einen Karrenweg und später in einen Steig über, der nach einem flachen Sattel wieder einen Karrenweg und später eine Forststraße erreicht. Einige Abkürzungen bringen uns zur **Michlebenalm** ❹, 1852 m. Weiter gehen wir durch etwas feuchtes Gelände hinauf in einen Sattel beim Leckenschober, von dem wir rund 170 Hm absteigen müssen. Durch schönen Lärchen- und Zirbenwald erreichen wir einen Wegweiser, von dem es nur mehr 10 Min. hinauf zum

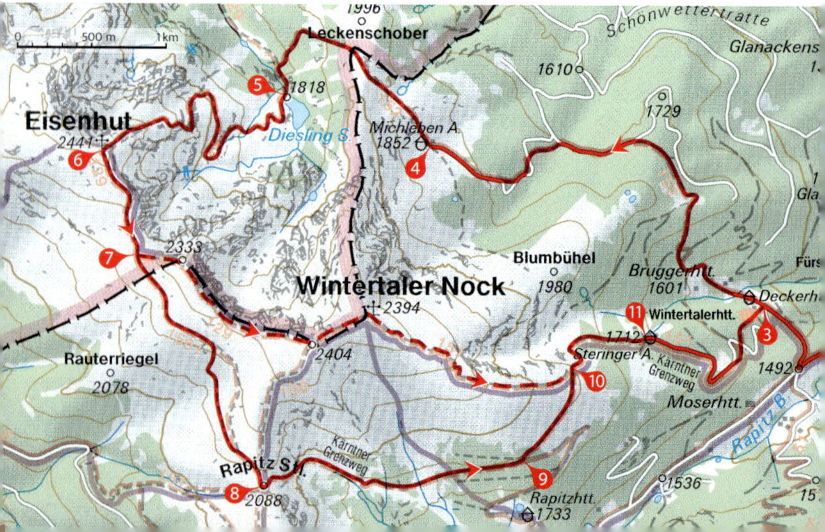

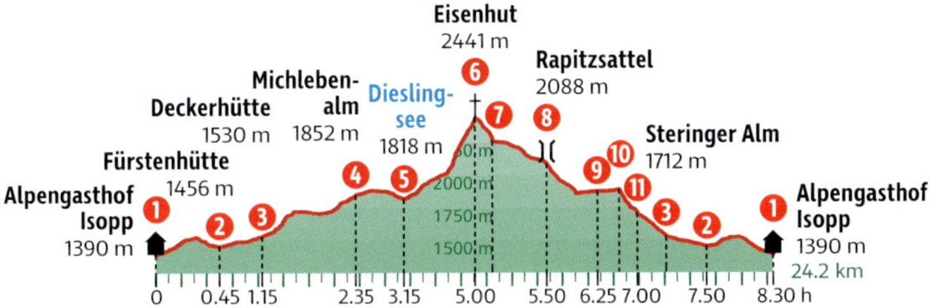

sehr einsam gelegenen **Dieslingsee** 5, 1818 m, sind; schöner Rastplatz mit Tischen und Bänken. Nun geht es auf einem Steig durch eine wahre Urlandschaft höher; einige Abschnitte erfordern wegen des steilen Geländes besondere Vorsicht. Nach einer S-förmigen Schleife erreichen wir den Nordostrücken, über den wir zum schon sichtbaren Gipfelkreuz auf dem **Eisenhut** 6, 2441 m, ansteigen. Bei klarem Wetter weite Aussicht in alle Richtungen.

Der Abstieg erfolgt entlang des Steilabfalls Richtung Südosten. Kurz vor der Landesgrenze Steiermark/Kärnten kommen wir zur **Abzweigung** 7, 2260 m, eines Weges zum Wintertalernock, den wir bei ausreichender Kondition noch ersteigen oder auch überschreiten können (s. Variante). Unser Weiterweg bringt uns durch stellenweise schottrige Hänge über einige Bäche und durch Zäune zum **Rapitzsattel** 8, 2088 m. Hier treffen wir an einem Wegweiser auf den Kärntner Grenzweg, der uns durch eine wahre Urlandschaft bringt. Nach einer etwas sumpfigen Passage folgen wir links dem Fahrweg, von dem noch vor einer Kehre links ein **Steig** 9, 1878 m, abzweigt. (Von hier kann man auch auf dem Fahrweg weitergehen, der in das Tal des Rapitzbaches führt und dort auf eine Forststraße trifft, auf der man ebenfalls zur Fürstenhütte kommt.) Der Steig bringt uns zum **Weg Nr. 129** 10, 1892 m, der links auf den Wintertalernock führt. Wir aber folgen ihm nach rechts und erreichen über die **Steringer Alm** 11, 1712 m, die auch Steringer Hütte genannt wird, die Wintertaler- und die **Deckerhütte** 3, von wo wir auf dem schon bekannten Weg an der **Fürstenhütte** 2, 1456 m, vorbei zurück zum **Alpengasthof Isopp** 1 wandern.

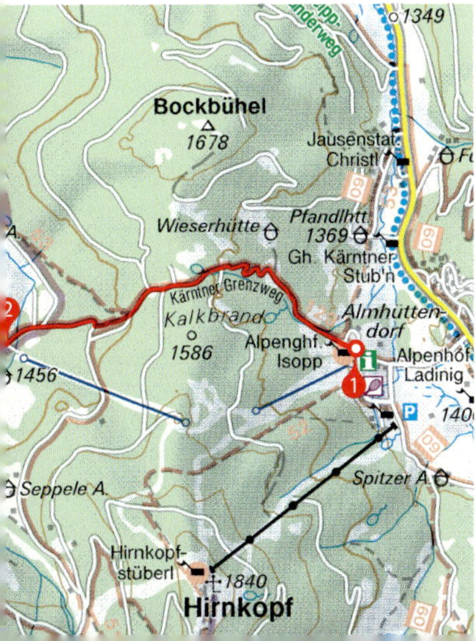

↗ 440 m | ↘ 440 m | 10.6 km

48 Weitensfeld und Zammelsberg

3.30 h

Von der steinernen Jungfrau zu den Dichtersteinen

Als vor rund 400 Jahren in Weitensfeld die Pest wütete, sollen der Sage nach nur das Burgfräulein vom Thurnhof und drei Bürgersöhne überlebt haben. Das Burgfräulein forderte die drei Jünglinge zum Wettlauf auf und versprach dem Sieger die Ehe. Daran erinnert noch heute nicht nur das Weitensfelder Kranzelreiten, das alljährlich am Pfingstmontag stattfindet, sondern auch die steinerne Jungfrau auf dem Marktplatz von Weitensfeld. Von hier aus wandern wir zu einer anderen Erinnerungsstätte: In der Ortschaft Zammelsberg gibt es einen Dichterhain, in dem zahlreiche Steine mit Gedenktafeln Dichter und Denker der Vergangenheit ehren.

Ausgangspunkt: Weitensfeld im Gurktal, 702 m, Gemeindeamt (Navi: N46.84955, E14.19145). Dr.-Richard-Bus 5377 vom Bahnhof Treibach-Althofen über Gurk (Mo–Fr etwa Stundentakt; Sa, So und Fei Rufbus dreimal täglich, Anmeldung bis 19 Uhr des Vortages unter +43 664 8141266). Große Parkplätze.
Anforderungen: Nicht schwierige Wanderung auf allen Arten von Wegen. Etwas Orientierungsgabe ist erforderlich, da der Weg zwar vor wenigen Jahren neu markiert (rot-weiß-rot), aber nur sparsam mit Wegweisern ausgestattet worden ist. Einige Wegstücke sind stark ausgewaschen oder etwas zugewachsen.
Einkehr: Gasthof Stromberger (Kirchenwirt, Tel. +43 664 5322929) in Zammelsberg; Kreuzwirt nahe ❸ ist geschlossen!
Karten: f&b 231; K 294; ÖK 4101-O.

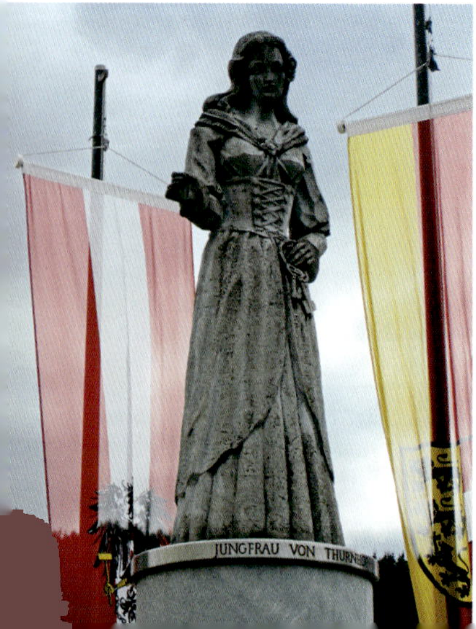

Wir empfehlen, vom Gemeindeamt in **Weitensfeld** ❶ zunächst links an der Kirche vorbei in die Marktstraße und zum Marktplatz zu gehen. Hier kommen wir am Denkmal der Jungfrau vom Thurnhof vorbei. Die Straße bringt uns zur Brücke über die Gurk und weiter Richtung Zammelsberg. Nach etwa 10 Min. zweigen wir bei einer kleinen Wegweisersäule (mit Pfeil und Pferdekopf) nach links auf einen recht stark ausgewaschenen Waldweg ab. Neue Markierungen und die blaue Wegnummer 5 begleiten uns. Zweimal kreuzen wir die Landesstraße, zum dritten Mal erreichen wir sie beim **Lenzen-**

Jungfrau von Thurnhof.

kreuz 2, 1070 m, auf dem sanften Rücken, der das Gurktal im Süden begleitet. Hier gehen wir kurz geradeaus weiter auf die alte Zammelsberger Straße, biegen aber nach wenigen Metern bei einer Abzweigung nach rechts ab und kommen zum Anwesen Speckbauer; ab hier ist die Straße asphaltiert. Steil geht es wieder hinauf zur neuen Landesstraße, auf der wir nun wenige Minuten nach links gehen, bis wir gegenüber eine **Einmündung von zwei Nebenstraßen** 3, 1106 m, sehen. Wir überqueren die Landesstraße zum großen Stein mit der Aufschrift »Dichterweg«. Diesem Weg folgen wir nun bis zum Dichterhain von Zammelsberg. Viele Steine mit Gedenktafeln erinnern an mehr oder weniger bekannte Dichter, aber auch an Johannes Gensfleisch, genannt Gutenberg, den Erfinder des Buchdrucks, oder an heimische Komponisten. In **Zammelsberg** 4, 1103 m, lohnt außerdem eine Besichtigung der interessanten Kirche mit ihren schönen Dächern, der ehemals wehrhaften Friedhofsmauer und dem runden Wehrturm.

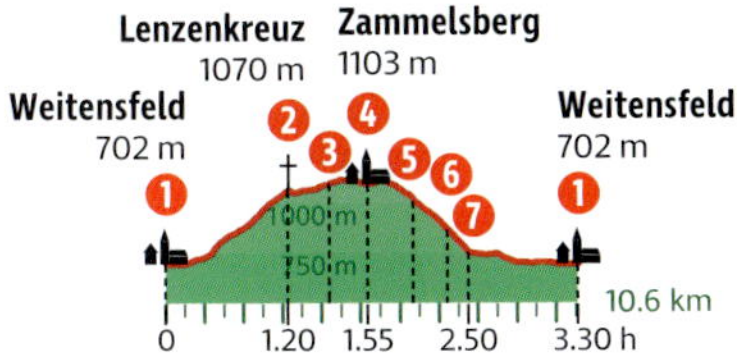

Vom großen Stein am westlichen, oberhalb der Häuser von Zammelsberg gelegenen Eingang in den »Dichterhain« gehen wir in Verlängerung der Asphaltstraße, die von der Kirche heraufführt, auf einer Schotterstraße bald bergab. Nach einer Sperrkette wandern wir bei einer Wegweisersäule links weiter. Unser Weg ist mit der Nr. 5 und mit rot-weiß-roter Markierung gekennzeichnet. In einer Kehre gehen wir geradeaus weiter auf einen grünen Waldweg. Bei einer **Wegkreuzung** 5, 1020 m, an der vier Wege aufeinandertreffen, nehmen wir den linken Weg, um uns kurz danach an einer Abzweigung rechts und an der nächsten Abzweigung links zu halten. Wir kommen zum Ende einer breiten, grünen **Forststraße** 6, 876 m, die leicht bergauf führt. Hier müssen wir geradeaus (!) weitergehen. Der etwas verwachsene Steig wird bald zu einem Karrenweg, der aber streckenweise ebenfalls verwachsen und auch feucht ist. Nach einer Hütte mit einem Fischteich verlassen wir den Wald und kommen auf einem Fahrweg auf eine ganz wenig befahrene **Schotterstraße** 7, 761 m, der wir nach rechts folgen. Wir passieren das Anwesen Flotthube und später den großen Bauernhof Harder, an dem wir rechts vorbei zurück ins Ortszentrum von Weitensfeld gehen. Von der Brücke über die Gurk können wir unseren Ausgangspunkt beim Gemeindeamt in **Weitensfeld** 1 statt über den Marktplatz auch geradeaus durch die Mirnitzgasse erreichen.

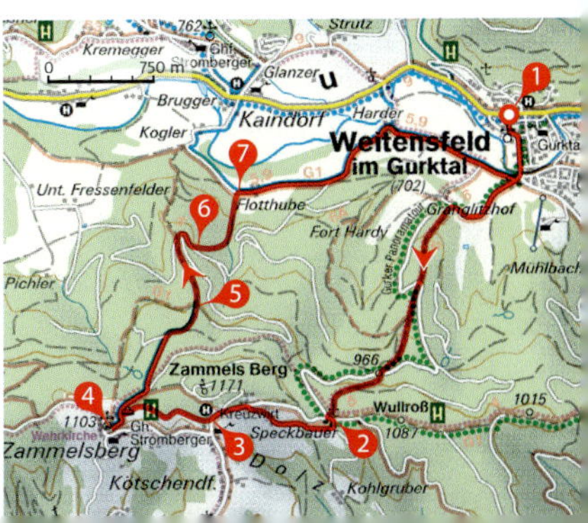

↗ 410 m | ↘ 410 m | 12.4 km

49 Metnitz und Grades

4.00 h

Stille Runde zu bedeutenden Kunstdenkmälern

Das Obere Metnitztal ist eines der abgeschiedensten Täler Kärntens. Es liegt im Norden der Gurktaler Alpen, nahe der Landesgrenze zur Steiermark, und verläuft ziemlich genau von West nach Ost. Es wird auf beiden Talseiten von eher sanften, stark bewaldeten Mittelgebirgsformen begleitet. Auf der Sonnseite gibt es in diesen Wäldern alte Rodungsinseln mit einzelnen Bauernhöfen. Doch bekannt ist das Metnitztal vor allem für seine Kunstschätze, die wir auf unserer Wanderung besuchen wollen.

Ausgangspunkt: Metnitz, Marktplatz, 851 m (Navi: N46.98113, E14.21633). Kärnten-Bus 5390 von Friesach; an Werktagen Mo–Fr 7 Verbindungen (in den Schulferien fünf Verbindungen), Sa drei Verbindungen. Ausreichende Parkmöglichkeiten in der Nähe der Kirche. Zufahrt von Friesach auf der Metnitztal-Landesstraße, 18 km, oder von Feldkirchen in Kärnten über Glödnitz, 50 km.
Anforderungen: Etwas Orientierungsvermögen, da der erste Teil der Runde bis Grades nicht immer eindeutig markiert und beschildert ist (vor allem im Abstieg von den Bauernhöfen in Klachl).
Einkehr: In Metnitz und in Grades.
Tipps: In Metnitz Besichtigung der Pfarrkirche St. Leonhard, des Karners, des Totentanz-Museums und des Brauchtumsmuseums (Auskünfte: metnitz.gv.at); in Grades Wallfahrtskirche St. Wolfgang (für den Schlüssel siehe Info-Plakat an der Kirche mit den Telefonnummern).
Karten: f&b 231; K 294; ÖK 4101-O.

Vom Marktplatz in **Metnitz** ❶ gehen wir auf dem Birkenweg am Brauchtumsmuseum vorbei zu einem Bildstock, vor ihm rechts zum Friedhof und vor der Mauer auf einem Steig nach links, der uns über Wiesen hinunter zur Brücke über den Teichlbach bringt. Wir überqueren die Straße (Wegweiser

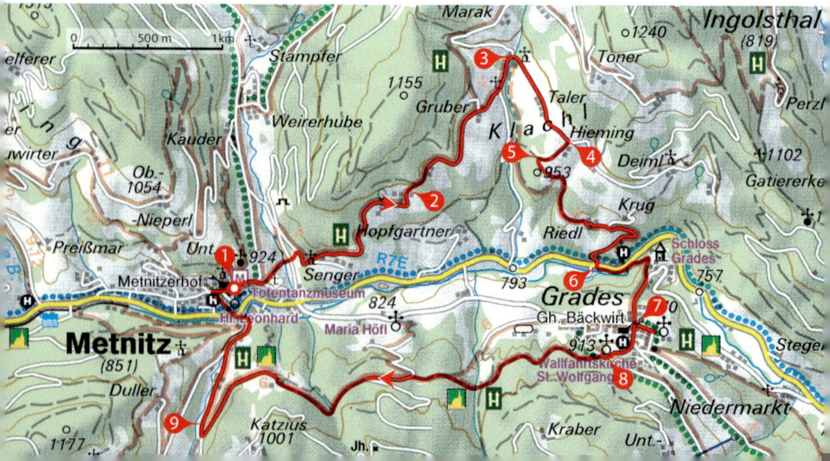

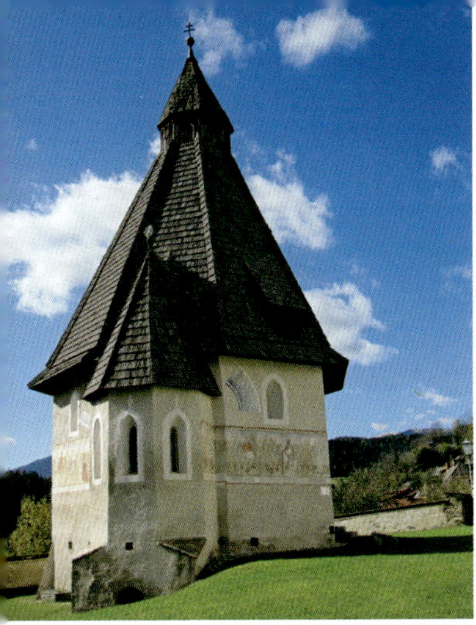

Der Karner von Metnitz mit den rekonstruierten Totentanz-Fresken.

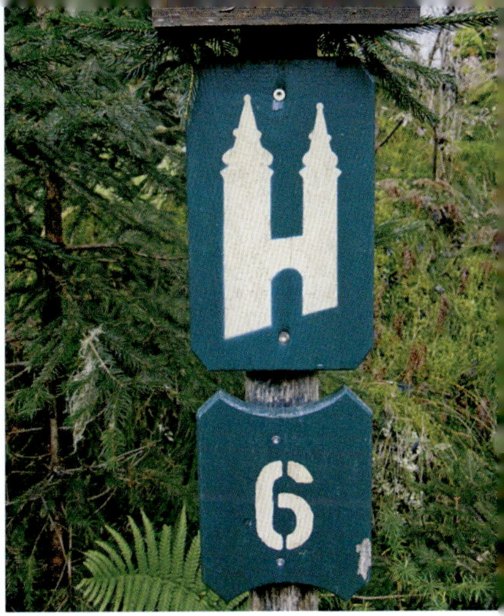

Auf einem der Hemma-Pilgerwege wandern wir zurück nach Metnitz.

»Hemma-Pilgerweg«) und steigen durch den Wald zu einem asphaltierten Fahrweg an, dem wir nach rechts folgen. Bei einem Bildstock halten wir uns links an den nun geschotterten Weg. Wir kommen zum schön gelegenen, nicht mehr bewohnten **Bauernhof Höck** ❷, ca. 985 m; von hier sehen wir talauf den Wintertalernock und den Eisenhut. Vom Hof gehen wir nach rechts zu einer Bank, kurz durch den Wald, an einem einzelnen Haus vorbei und hinunter zum großen Anwesen Gruber. Wir wandern zwischen den Häusern hindurch und auf der Zufahrt ins Tal hinein zu einer **Brücke** ❸, ca. 975 m. Nun dürfen wir nicht versuchen, dem in der Karte gestrichelt eingetragenen Wanderweg links des Baches zu folgen – er endet im Nichts. Wir nehmen stattdessen die Straße und gehen an den Höfen Oberer und Unterer Taler vorbei bis zur **Abzweigung** ❹, ca. 975 m, zum Bauernhof Geyer vulgo Hieming. Wir halten uns rechts, wandern an den Gebäuden vorbei, erreichen durch einen Zaun einen Karrenweg und gehen entlang des Zaunes hinunter, kurz nach rechts zu einem weiteren Zaun mit einem etwas mühsamen Durchstieg und zu einem **Karrenweg** ❺. Wir halten uns links, gehen über die Wiese und treffen nach wenigen Minuten auf einen grünen Karrenweg; wenn wir gleich danach die Wegnummer 7 sehen, sind wir auf der richtigen Route. Der Weg führt im Rechtsbogen um einen Graben und durchquert ein Waldstück. Nun sehen wir den Ort Grades, der jenseits des Tales auf einer Terrasse liegt. Nach wenigen Minuten erreichen wir einen Hof, zwischen dessen Häusern wir auf der Schotterstraße weitergehen. Ab der Abzweigung zum Anwesen Göderle-Zwinger ist der Fahrweg asphal-

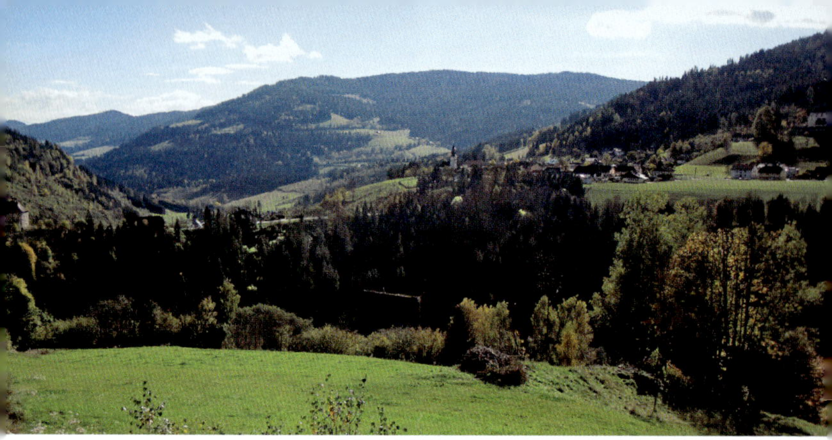

Blick auf Grades, das jenseits des Metnitztales auf einer Terrasse liegt.

tiert. Er bringt uns hinunter zur **Metnitztal-Landesstraße** 6, ca. 790 m, der wir talaus bis über die Brücke und vor die Bushaltestelle folgen. Wir gehen rechts und gleich wieder links mit der Bezeichnung »7« auf einem Karrenweg hinauf in den Ort Grades. Links von uns sehen wir das einstige Schloss der Gurker Bischöfe, nach rechts erreichen wir das Ortszentrum von **Grades** 7, 870 m, mit der großen Pfarrkirche am östlichen Ende des Marktplatzes. Von seinem westlichen Ende führt der Kirchweg, der auch als Hemma-Pilgerweg beschildert ist, hinauf zur **Wallfahrtskirche St. Wolfgang** 8, 913 m. Diese ist eine der bemerkenswertesten spätgotischen Wehrkirchenanlagen Kärntens, eine richtige »Kirchenburg«, zugänglich nur durch ein schmales Tor und umgeben von einer bis zu 9 m hohen Mauer, die zahlreiche schlüssellochförmige Schießscharten aufweist.

Der durchwegs mit der Nr. 6 und ebenfalls als Hemma-Pilgerweg bezeichnete Rückweg nach Metnitz verläuft auf der Schattseite des Metnitztals meist durch Wald nach Westen. Etwa 25 Min. nach dem Verlassen der Kirche St. Wolfgang zweigen wir vor einer Weide links hinauf zu einem Bach ab, der ohne Steg zu queren ist. Vom Bach geht es mit einigen hohen Stufen steil hinauf zu einem breiten, grünen Waldweg. An großen Felsen vorbei erreichen wir die Wiesen des Anwesens Hager, bekannt auch als Klein Jauernegger. Wir gehen rechts am Hof vorbei und kommen auf dem Fahrweg fast eben hinein in den **Vellachgraben** 9, ca. 875 m, zu einer Asphaltstraße. Auf ihr kehren wir nach rechts zur Metnitztal-Landesstraße und zu unserem Ausgangspunkt am Marktplatz in **Metnitz** 1 zurück.

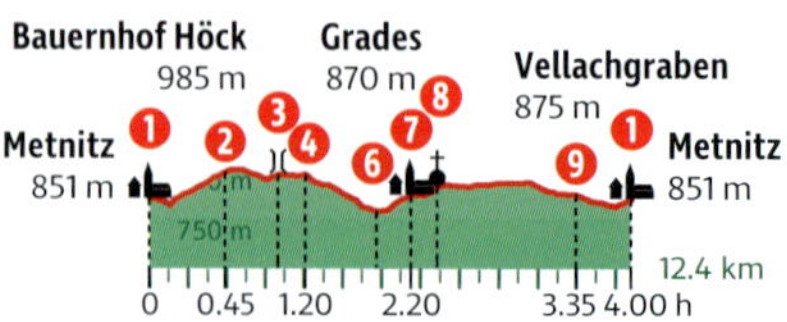

↗ 1270 m | ↘ 1270 m | 21.9 km

8.30 h Gunzenbergalm – Grebenzen, 1892 m, von St. Salvator

Ganztagestour in den nordöstlichsten Gurktaler Alpen

Unsere lange, einsame Wanderung führt uns aus dem Metnitztal nach Norden zur Landesgrenze mit der Steiermark, in einen Teil der Gurktaler Alpen, der manchmal auch als Metnitzer Berge bezeichnet wird. Im Gegensatz zu ihrer Umgebung besteht die Grebenzen aus Kalk und sie bietet daher vor allem im Frühsommer eine reiche Blumenpracht. Zudem fällt sie mit steilen Wänden in den Hinterwinkel ab, wie der innerste Graben des Timrianbaches genannt wird, den wir auf unserer Tour umrunden.

Ausgangspunkt: St. Salvator, Pfarrkirche, 675 m (Navi: N46.96895, E14.35678). Kärnten-Bus 5390 von Friesach, Mo–Sa außer feiertags, wegen der Länge der Tour aber kaum geeignete Verbindungen. Zufahrt von Friesach auf der Metnitztal-Landesstraße, 5 km, oder von der Anschlussstelle Friesach Nord an der B 317 Friesacher Straße, 3,5 km.
Anforderungen: Gute Kondition und etwas Orientierungsvermögen, vor allem im nur teilweise markierten Auf- und Abstieg im Gipfelbereich der Grebenzen. Sehr lange Wanderung auf allen Arten von Straßen und Wegen, von schmalen, steilen Steigen bis zu asphaltierten Güterwegen.
Einkehr: In St. Salvator. Die Gunzenberg alm ist nur unregelmäßig an Wochenenden bewirtschaftet (Stand 2023).
Variante: Abstieg wie Aufstieg, etwa 1.30 Std. kürzer als die gesamte Runde und deutlich weniger Kilometer auf Forstwegen und Asphaltstraßen.
Karten: f&b 231; K 294; ÖK 4102-W und 4226-W.

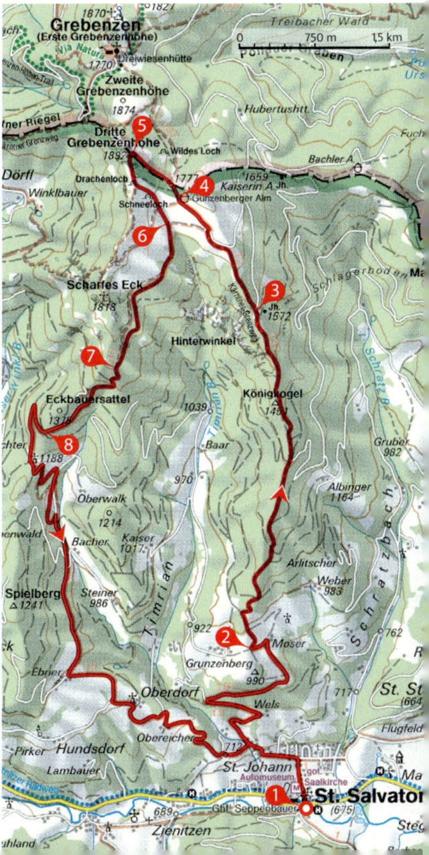

Von der Pfarrkirche in **St. Salvator** ❶ gehen wir auf der Fürst-Salm-Straße wenige Minuten nach Norden bis zur Einmündung in die St.-Johanner-Straße. Ab hier halten wir uns immer an die Wegweiser in

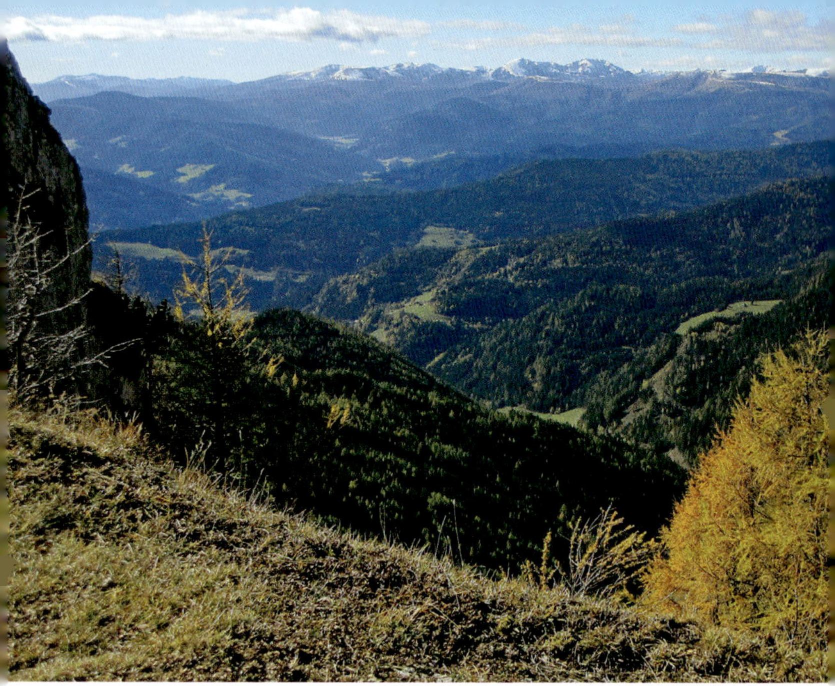

Blick nach Westen zu den hohen Gurktaler Alpen.

Richtung »Gunzenberg«, »Gunzenbergalm« und »Grebenzen«. Beim Wegweiser »Leitgeb« vulgo Moser zweigen wir nach rechts von der Asphaltstraße ab. Durch Wald und über Wiesen kommen wir kurz nach dem Hof auf einen Karrenweg nahe der kleinen Häusergruppe **Gunzenberg** 2, 980 m. Nun wandern wir auf unterschiedlichen Arten von Wegen über den langen Rücken meist durch Wald bergauf. Einige Male berühren wir Forststraßen, aber die Markierung leitet uns eindeutig weiter. Nach einer **kleinen Wiese** 3, 1585 m, erreichen wir in etwa 1700 m Höhe das Almgelände und wenig später einen Fahrweg. Bei einer Abzweigung gehen wir geradeaus weiter zur nun schon sichtbaren **Gunzenbergalm** 4, 1765 m. Wir haben zwar schon hier eine weite Aussicht, die jedoch auf den Süden beschränkt ist. Daher gehen wir weiter Richtung »Dreiwiesenhütte«. Nach einem Überstieg verlassen wir den markierten Weg nach links und wandern entlang des Zaunes und über recht steile Wiesen hinauf zur **Dritten Grebenzenhöhe** 5, 1892 m, wie der südlichste und zugleich höchste Gipfel der Grebenzen auch bezeichnet wird. Von der herrlichen Aussicht kann man sich nur schwer trennen; sie umfasst weite Teile Kärntens und nahezu die gesamten Niederen Tauern.

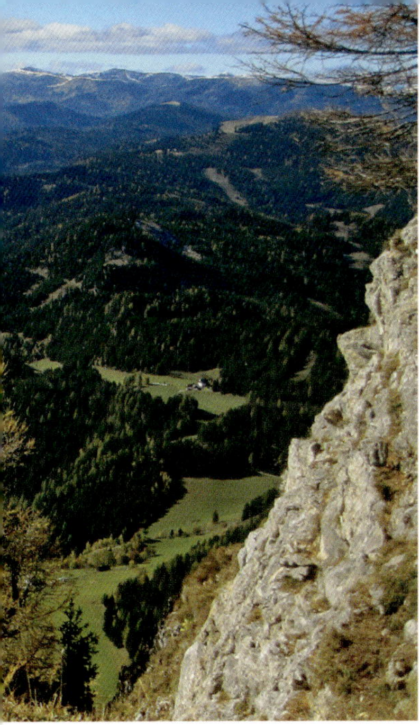

Wir gehen vom Gipfel wenige Meter nach Nordwesten zu mehreren Wegweisern und von ihnen hinunter zum Drachenloch, einem der Schächte (= senkrechten Höhlen) auf der Grebenzen. Für wenige Minuten folgen wir noch dem Steig Richtung »Scharfes Eck«. Im breiten Sattel vor der nächsten Kuppe biegen wir nach links ab und gehen durch ein wenig ausgeprägtes Tälchen hinunter zur engen **Kurve des Fahrweges** 6, 1727 m, und einem kleinen Teich unterhalb der Gunzenbergalm. Wenn wir nicht über unseren Aufstiegsweg nach St. Salvator zurückkehren wollen, halten wir uns hier rechts auf dem mit der Nummer 13 markierten Karrenweg, der bald in einen Steig übergeht. Vom **Rücken** 7, ca. 1590 m, der vom Scharfen Eck nach Süden zieht, geht es in einigen Kehren etwas steiler bergab und bald nach rechts zu einer Forststraße. Auf ihr halten wir uns immer bergab zu einer **Wegkreuzung** 8, 1290 m, und an einem neuen Bildstock vorbei bis zu einem Wegweiser vor einem einsam gelegenen Haus. Hier gehen wir rechts auf einen angenehmen grasigen Fahrweg. Nach einer Kehre kommen wir wieder auf die Forststraße, die bald in einen asphaltierten Güterweg übergeht. Auf ihm müssen wir jetzt, vorbei an großen Bauernhöfen, noch einige Kilometer zurück nach **St. Salvator** 1 gehen.

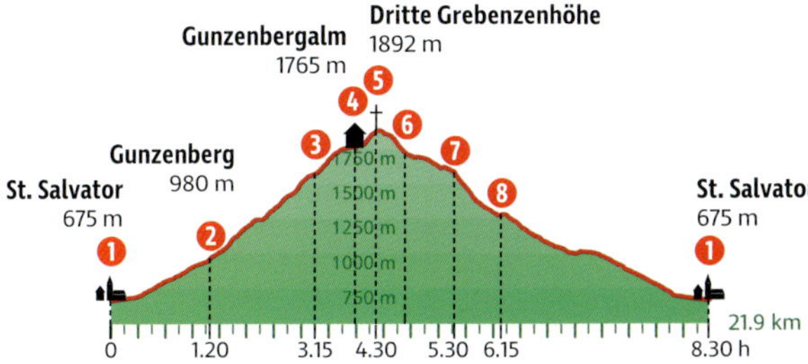

TOP

51

Stadtspaziergang Friesach

↗ 160 m | ↘ 160 m | 4.6 km

1.45 h

Burgen, Kirchen und Klöster in Kärntens ältester Stadt

Friesach, auf geschichtsträchtigem Boden gelegen und bereits 860 erstmals in einer Urkunde genannt, wird ab dem Jahre 1215 nur noch als »civitas«, also als »Stadt«, bezeichnet. Nach älteren Anlagen für den Schutz der Stadt entsteht ab dem Ende des 13. Jh. die noch heute weitgehend erhaltene Stadtmauer, die von einem Wasser führenden Stadtgraben umgeben ist. Viele der bedeutenden weltlichen und kirchlichen Bauten wollen wir auf unserem Rundgang besuchen: Es sind Burgen, Ruinen, Klöster, Kapellen und Kirchen. Dazu kommt der malerische Hauptplatz mit seiner geschlossenen Verbauung aus dem 16. und 17. Jh., teilweise sogar aus dem 12. Jh., und mit dem schönen Renaissance-Brunnen von 1563.

Ausgangspunkt: Friesach, Tourismusinformation, Hauptplatz 15, 636 m (Navi: N46.95070, E14.40525). Bahnhof Friesach an der Strecke Wien–Klagenfurt (Fernzüge und S-Bahn-Linie 1 von Klagenfurt im Stundentakt); Dr. Richard-Bus 5377 von Treibach-Althofen und aus dem Gurktal (Mo–Fr im Stundentakt; Sa, So und Fei drei Verbindungen/Tag als Rufbus); Kärnten-Bus 5390 aus dem Metnitztal (an Werktagen nur wenige Busse); Kärnten-Bus 5391 von St. Veit/Glan über Treibach-Althofen (an Werktagen Mo–Fr, zahlreiche Verbindungen).
Anforderungen: Meist bequeme Spazierwege, aber auch einige Abschnitte mit vielen Stufen und kurzen Steilstücken. Etwas Orientierungsgabe erforderlich, weil unser Weg z. T. vom neuen, markierten Burgwanderweg abweicht.
Einkehr: Burgschenke am Petersberg (nicht ständig geöffnet; Auskunft unter Tel. +43 664 3419632); zahlreiche Gaststätten in Friesach.
Hinweise: Nähere Auskünfte und einen detaillierten Plan von Friesach erhält man in der Tourismusinformation am Hauptplatz. Die oben angegebene Gehzeit von 1.45 Std. stellt die reine Gehzeit ohne Aufenthalte für Besichtigungen, Rasten und Fotografieren dar! Erfahrungsgemäß sollte man mindestens 3 Std. für die Rundwanderung vorsehen.
Tipp: »Erlebnis Burgbau«, eine abenteuerliche Zeitreise ins lebendige Mittelalter. Auf einem Hügel im Süden der Stadt wird eine Burg errichtet. Gebaut wird ausschließlich mit mittelalterlichen Methoden, mittelalterlichem Werkzeug und natürlichen Baustoffen.
Karte: Plan der Stadt Friesach.

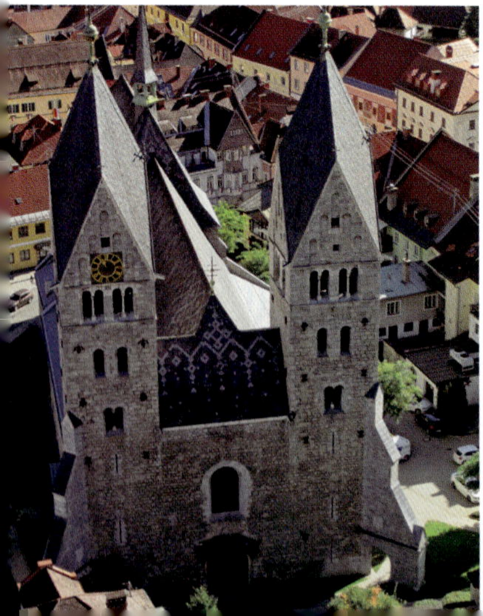

Stadtpfarrkirche.

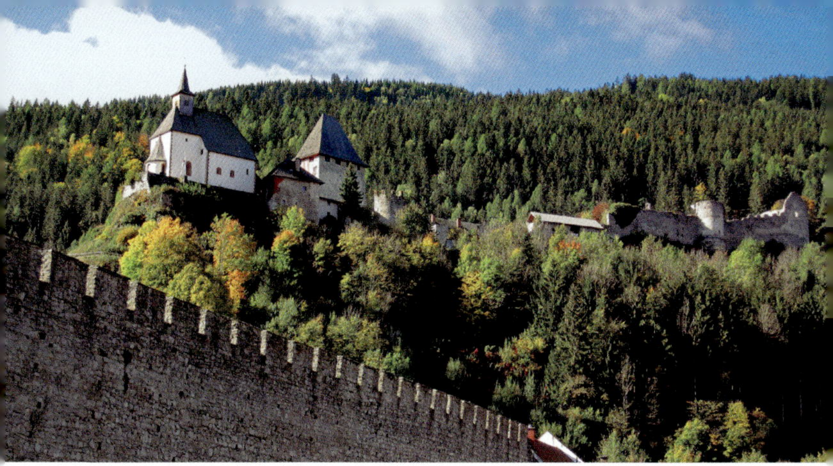

Stadtmauer und Petersberg.

Weil wir uns an den Plan der Stadt Friesach halten können, brauchen hier nur einige Etappenpunkte erwähnt zu werden. Wir beginnen die Wanderung am **Hauptplatz** ❶ mit dem schönen Stadtbrunnen, nehmen die Brücke über den Stadtgraben, besuchen die **Dominikanerkirche** ❷, 642 m, die **Burg Geyersberg** ❸, 691 m, die Ruine Lavant, **Burg Petersberg** ❹, 713 m, und die Peterskirche (von ihr über viele Stufen hinunter zur Stadtpfarrkirche und zum Hauptplatz), die **Heiligenblutkirche** ❺, 646 m, die Ruine Rotturm (Achtung! Von der Burgruine muss man auf dem Aufstiegsweg wenige Minuten zurückgehen und dann mit dem Wegweiser »Virgilienberg, Friesach« geradeaus auf dem Matthias-Lexer-Weg zur Egydigasse absteigen), das Heidentor und schließlich die **Ruine Virgilienberg** ❻, 673 m. Vom Heidentor kann man auf der Petteneggallee in nur ca. 10 Min. zum »Erlebnis Burgbau« wandern (siehe Tipp).

Vom Virgilienberg führt die Lange Gasse direkt zurück zum Hauptplatz, wir jedoch wollen den kurzen, aber lohnenden Umweg über Nadler- und Herrengasse zum ehemaligen St. Veiter Tor und entlang des Stadtgrabens zur Bahnhofstraße machen, auf der wir links zurück zum **Hauptplatz** ❶ kommen.

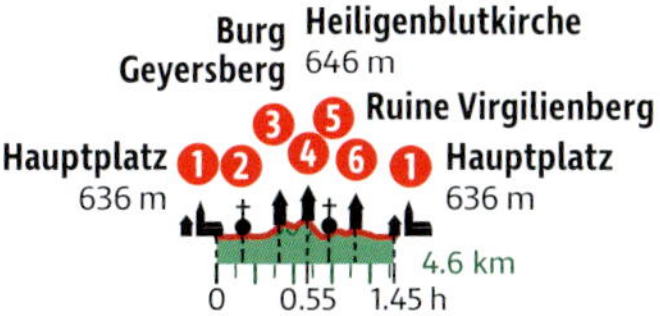

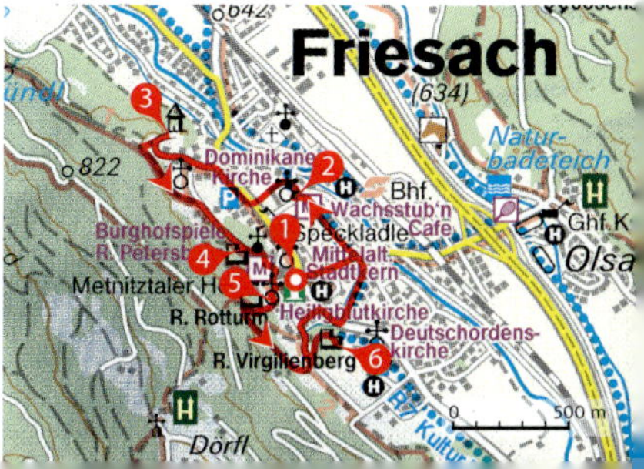

↗ 350 m | ↘ 350 m | 7.7 km

52 Althofen – Scheurerkreuz

2.45 h

Durch viel Wald zu einem sehr schönen Aussichtspunkt

Fährt man von St. Veit an der Glan über das Krappfeld nach Norden, so beherrscht bald die auf einem Höhenrücken gelegene Altstadt von Althofen das Bild: Es ist der mittelalterliche Obere Markt mit seiner großen Pfarrkirche, dem Schloss und dem mächtigen Bergfried aus dem 12. Jh. Wir wollen vom unterhalb der Altstadt gelegenen Unteren Markt aus eine Wanderung zum Scheurerkreuz unternehmen, einem Bildstock mit einer herrlichen Aussicht nach Osten zur Saualm und nach Westen über die Gurktaler Alpen.

Ausgangspunkt: Althofen, am Rathaus Hauptplatz 8, 616 m (Navi: N46.87121, E14.46996). Bahnhof Treibach-Althofen an der Strecke Wien–Klagenfurt (Fernzüge; S-Bahn-Linie 1 von Klagenfurt und Friesach im Stundentakt); Dr. Richard-Bus 5377 von Friesach und aus dem Gurktal (an Werktagen Mo–Fr etwa im Stundentakt; Sa, So und Fei drei Verbindungen als Rufbus); Kärnten-Bus 5391 von St. Veit/Glan und Friesach (an Werktagen Mo–Fr etwa zehn Verbindungen); Postbus 5394 von Sankt Veit/Glan (an Werktagen Mo–Fr etwa zehn Verbindungen); Kärnten-Bus 5395 von Hüttenberg (an Werktagen Mo–Fr etwa zehn Verbindugnen). Bei allen Bussen in den Schulferien vermindertes Angebot.
Anforderungen: Meist bequeme Waldwege und Forststraßen, im Abstieg auch wenig befahrene Nebenstraßen. Am Beginn und am Ende kurze Fußwege mit Stiegen. Im Aufstieg ist etwas Orientierungsvermögen gefragt (sehr dürftige Wegweisung, kaum Markierungen).
Einkehr: In Althofen Ghf. Zur Post am Salzburger Platz, Cafés nahe dem Ausgangspunkt. Unterwegs keine.
Tipp: Besuch des Auer-von-Welsbach-Museums (neben der Pfarrkirche in der Altstadt), das dem bedeutenden österreichischen Chemiker und Erfinder gewidmet ist; geöffnet 1. Mai–26. Okt. tgl. außer Mo 10–17 Uhr.
Karten: f&b 231; K 294; ÖK 4102-W.

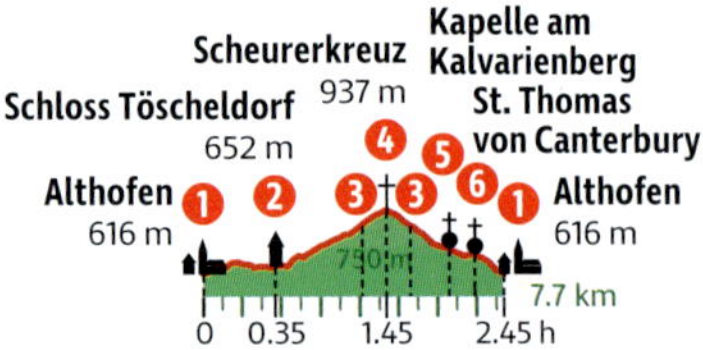

Vom Rathaus in **Althofen** ❶ gehen wir wenige Meter bis zum Kreisverkehr, dann nach links in die Kreuzstraße und bald wieder nach links auf dem Annensteig zur Unterburger Straße. Hier halten wir uns mit dem Wegweiser »Pleschutzkogelweg, Weg A2« links. Nach 200 m biegen wir schräg nach rechts in den Kinskyweg ab, der bald in einen Waldweg übergeht. Bei der nächsten Abzweigung gehen wir nach links (kein Wegweiser, keine Mark.) und kommen auf einen breiten, ebenen Waldweg. Wir überqueren einen Fahrweg und erreichen kurz vor dem unter uns liegenden **Schloss Töscheldorf** ❷, 652 m, eine Forststraße mit rot-weiß-roter Markierung, der wir nach rechts durch eine Kehre und dann stets weiter geradeaus folgen. Vor einer weit im Norden liegenden Kehre haben wir endlich einen freien Blick

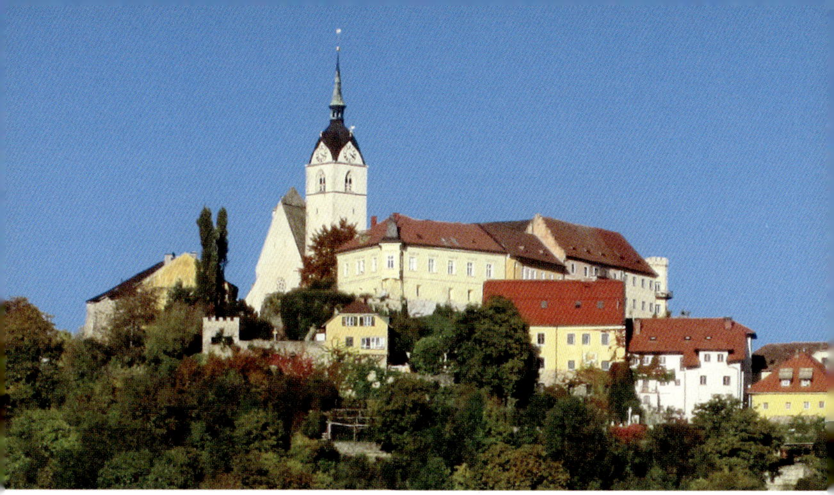

Althofen, der Obere Markt.

auf die Felder im Tal und die Ausläufer der Gurktaler Alpen im Westen, doch gleich umfängt uns wieder der Wald. Bei einer **Wegkreuzung** 3, 859 m, erreichen wir den sanften Rücken. Hier finden wir wieder einen Wegweiser »Pleschutzkogelweg A2« vor, der uns links in den Wald leitet. Nun ist es nicht mehr weit bis zum **Scheurerkreuz** 4, 937 m. Die benachbarte Bank lädt zu einer aussichtsreichen Rast ein.

Vom Scheurerkreuz gehen wir zurück zum erwähnten Wegweiser an der **Wegkreuzung** 3, dann aber geradeaus weiter sanft bergab (Wegweiser »7-Kirchenweg«). Wir treffen auf eine Asphaltstraße, biegen aber bald bei einem Wegweiser nach rechts auf den »Aussichtsweg« (Weg Nr. 2) ab. Seine rot-weiß-rote Markierung leitet uns zur einsam gelegenen Kapelle am **Kalvarienberg** 5, 742 m. Auf dem Kreuzweg gehen wir hinunter zur Asphaltstraße und folgen ihr nach rechts zur großen Pfarrkirche **St. Thomas von Canterbury** 6, 714 m. Über die Burgstraße erreichen wir den Salzburger Platz. An seinem Ende biegen wir hinter dem Gasthaus zur Post rechts auf den Annensteig ab, auf dem wir zu unserem Ausgangspunkt in **Althofen** 1 zurückkehren.

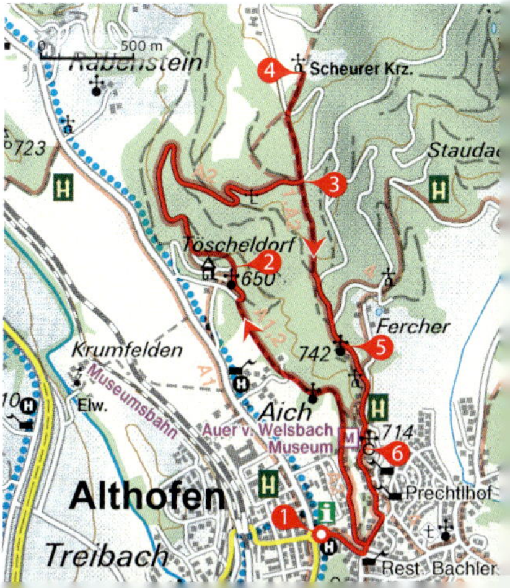

↗ 530 m | ↘ 530 m | 17.4 km

53 Guttaring – Maria Waitschach, 1155 m

5.00 h

Durch einsames Land zu einer gotischen Wallfahrtskirche

Der Aufstieg zu dieser großen, hoch gelegenen Wallfahrtskirche führt als Teil des Hemma-Pilgerweges über weite Strecken durch Wald. Doch hat man die Kuppe mit den Wiesen erreicht, auf der sie liegt, öffnet sich ein weiter Blick. Die Kirche selbst war ursprünglich von einer Wehranlage umgeben, wie wir sie bei vielen anderen Kirchen Mittelkärntens noch sehen können.

Ausgangspunkt: Kirche in Guttaring, 642 m (Navi: N46.89053, E14.51158). Kärnten-Bus 5395 von Treibach-Althofen und von Hüttenberg, an Werktagen Mo–Fr etwa zehn Verbindungen, in den Schulferien vermindertes Angebot. Viele Parkmöglichkeiten im Ortskern und in der Umgebung.
Anforderungen: Im Aufstieg überwiegend Waldwege und Forststraßen, im Abstieg Karrenwege, kurze steile Steige und (im Urtlgraben) kaum befahrene Asphaltstraße.
Einkehr: Gasthäuser Schönbauer (Schaflechner) und Kopper im Urtlgraben. Achtung: Das Gasthaus Walgram neben der Kirche Maria Waitschach ist geschlossen!
Variante: Abstieg wie Aufstieg. Dies erspart den Weg auf rund 5 km Asphaltstraße und verkürzt die Tour um etwa 1 Std. Wenn man mit dem Auto bis in die Nähe der Ortschaft Deinsberg hinauffährt, verkürzt sich die Wanderung auf etwa 3.30 Std.
Karten: f&b 231; K 294; ÖK 4102-O.

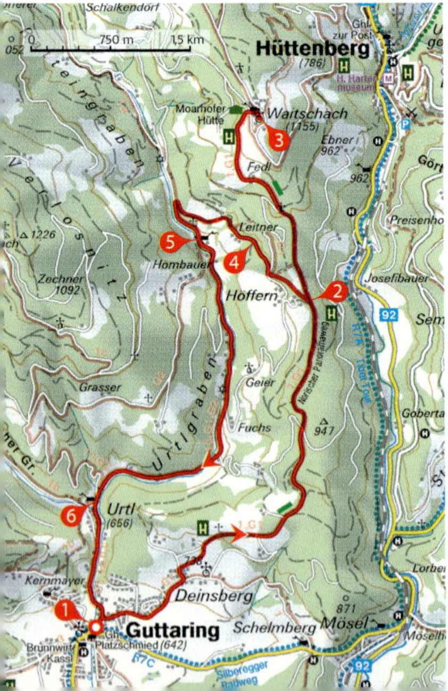

In **Guttaring ❶** gehen wir über den Oberen Markt zur Deinsberger Straße, der wir bis zu einer Abzweigung kurz vor der Kirche von Deinsberg folgen. Ab hier orientieren wir uns immer an dem Wegweiser »Waitschacherweg, Kirchenweg« oder dem Symbol für den Hemma-Pilgerweg. Der meist sanfte Anstieg verläuft erst an einigen Wiesen vorbei, dann fast durchwegs durch Wald, passiert eine 1000-jährige Linde und erreicht schließlich eine **Abzweigung ❷**, ca. 940 m, an der ein Wegweiser ebenfalls den »Waitschacherweg G 1« angibt. Nach einem weiteren Abschnitt durch Wald erreichen wir die Wiesen unterhalb

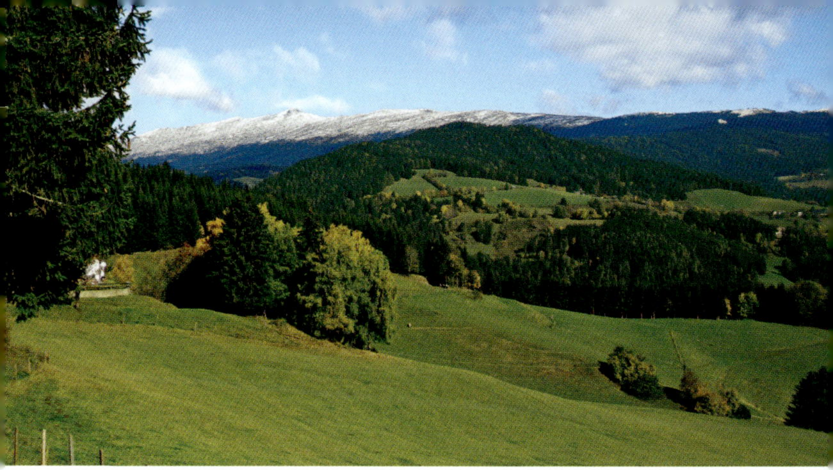

Blick von Maria Waitschach zum Zirbitzkogel.

der Kirche und bald die kleine Ortschaft **Maria Waitschach** 3, 1155 m, mit ihrer großen Wallfahrtskirche.
Im Abstieg kehren wir zurück zur **Abzweigung** 2, an der wir nach rechts auf einen Fahrweg abbiegen, der uns gleich zu einem Bauernhof bringt. Wir gehen rechts kurz bergauf, dann nach 100 m links auf einen Steig in den Wald (Wegweiser). Auf dem folgenden Hohlweg kommen wir hinunter zu einer Schotterstraße; auf ihr könnte man links (etwas kürzer als auf unserer Wanderung) in den Urtlgraben absteigen. Wir gehen aber nach rechts zum Anwesen **Leitner** 4, ca. 860 m, oberhalb an ihm vorbei, durch ein Tor und bei einem Brunnen (mit Badewanne als Viehtränke) nach links auf einen Traktorweg, der uns recht steil in den Urtlgraben hinunterführt. Nun müssen wir leider noch etwa 5 km auf der kaum befahrenen Asphaltstraße Richtung Guttaring gehen. Doch nach knapp 500 m wartet mit dem **Gasthaus Schönbauer** 5, 770 m, auch als Schaflechner bekannt, bereits eine Einkehrmöglichkeit auf hungrige Wanderer. Auch in **Urtl** 6, 656 m, kann man sich im Gasthaus Kopper stärken; gegenüber stehen die Reste eines alten, ehemaligen Hochofens. Schließlich kehren wir nach **Guttaring** 1 zurück.

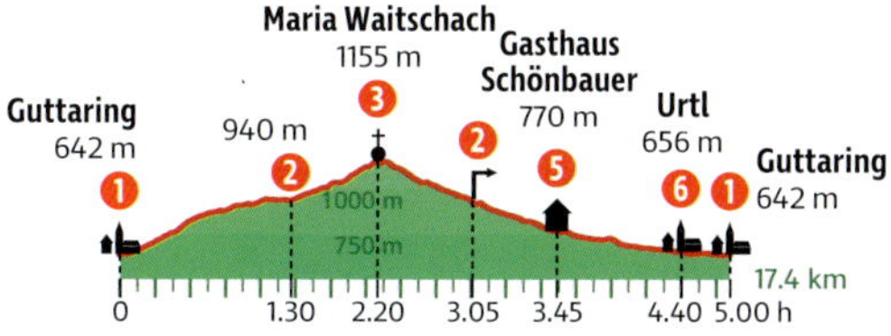

↗ 300 m | ↘ 300 m | 7.1 km

54 Guttaring – Maria Hilf, 899 m

2.30 h

Kleine Tour zu einer großen Wallfahrtskirche

In den Gemeinden Guttaring und Althofen gibt es einen langen, als »7-Kirchen-Weg« bezeichneten Wanderweg. Eine der sieben namensgebenden Kirchen ist die südöstlich von Guttaring weithin sichtbar auf einem Hügel gelegene Wallfahrtskirche Maria Hilf. Sie wird nicht nur wegen des benachbarten Landgasthauses Lindenwirt viel und gerne besucht.

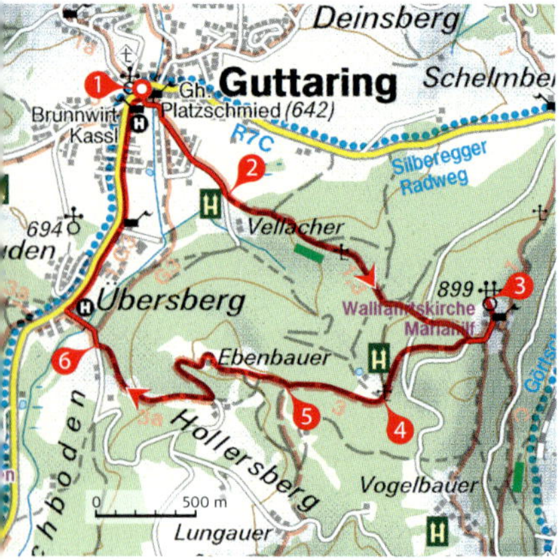

Ausgangspunkt: Kirche in Guttaring, 642 m (Navi: N46.89008, E14.50945). Kärnten-Bus 5395 von Treibach-Althofen und von Hüttenberg, an Werktagen Mo–Fr etwa zehn Verbindungen, in den Schulferien vermindertes Angebot. Viele Parkmöglichkeiten im Ortskern und in der Umgebung.
Anforderungen: Insgesamt leichte Wanderung auf Waldwegen und wenig befahrenen Straßen. Im Abstieg etwas Orientierungsvermögen erforderlich.
Einkehr: Gasthaus Sonnberger (Lindenwirt) neben der Kirche Maria Hilf.
Hinweis: Der in allen Karten als markiert eingetragene direkte Rückweg von Übersberg nach Guttaring war auch bei der jüngsten Begehung nicht vorhanden.
Karten: f&b 231; K 294; ÖK 4102-O.

Von der Pfarrkirche in **Guttaring** ❶ folgen wir dem Wegweiser »Sportplatz, 7-Kirchen-Weg (Weg 1), Maria Hilf« in Richtung der bereits sichtbaren Kirche Maria Hilf. Bei einem **Wegweiser** ❷, 635 m, zweigen wir von der Nebenstraße auf einen Steig ab, der in den Wald hinaufführt. Er quert mehrere Male Fahrwege und eine Asphaltstraße, die wir kurz vor unserem Ziel wieder erreichen. Wir halten uns links und kommen nach wenigen Minuten am Gasthaus Lindenwirt vorbei zur großen, spätbarocken Kirche **Maria Hilf** ❸, 899 m. Sie ist zum Teil vom mächtigen Pfarrhof verdeckt, bietet aber eine schöne Aussicht – mit einem Blick auch nach Maria Waitschach.
Auf dem Rückweg gehen wir auf der Straße etwa 200 m zurück bis zur Abzweigung eines breiten, als »Norischer Biopfad« bezeichneten Waldweges. Wir folgen ihm bis zu einem **eisernen Tor** ❹, ca. 800 m, von dem wir – links an einem Wegkreuz vorbei – eben am oberen Rand einer Wiese entlang weiterwandern. Von dem **Wegweiser »Verbindungsweg 3a Guttaring«** ❺, ca. 810 m, der Richtung Maria Hilf zeigt, gehen wir kurz nach

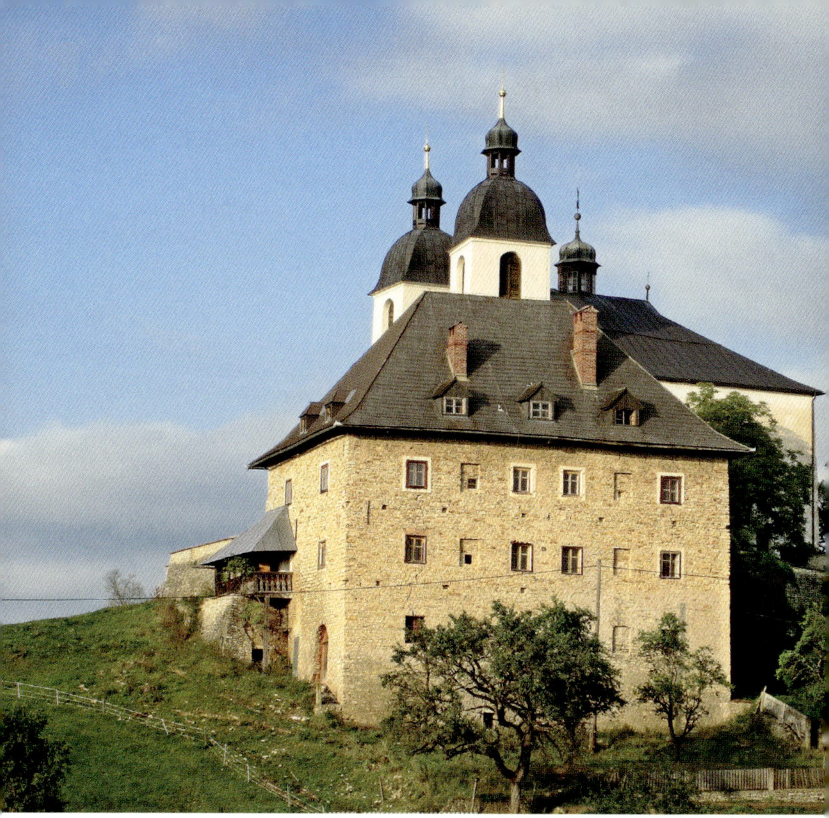

Hinter dem stattlichen Pfarrhof erhebt sich die spätbarocke Wallfahrtskirche Maria Hilf.

rechts bergauf. Ein Durchstieg bringt uns zu einem großen Baum auf einer Wiese. Wir gehen rechts an einem Zaun und einer Stromleitung entlang und kommen zum verlassenen Anwesen Ebenbauer. Hier beginnt ein Fahrweg, auf dem wir durch ein Waldstück den Thalbauer erreichen. Vor dem Tor geht es nach rechts einen Karrenweg hinunter. Dieser geht in einen Steig über, der entlang einer Stromleitung bergab durch eine Wiese führt. Nach einem weiteren Zaun stoßen wir auf eine **Asphaltstraße** 6, ca. 640 m, die uns rechts nach Übersberg und zur Landesstraße (Bushaltestelle) bringt. Auf dem Gehweg kehren wir nach **Guttaring** 1 zurück.

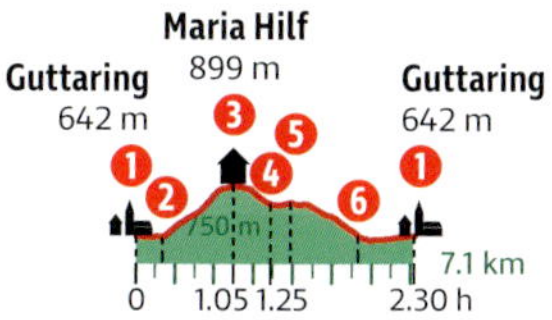

TOP

55 Hüttenberg – Knappenberg – Heft

↗ 400 m | ↘ 400 m | 10.4 km

3.30 h

Rundwanderung in einem alten Bergbaugebiet

In der Umgebung von Hüttenberg ist bereits in vorrömischer Zeit Eisenerz abgebaut worden. Aus ihm gewann man das berühmte »norische Eisen«. Die Hochöfen in der Heft sind zu Beginn des 20. Jh. stillgelegt worden und auch der Bergbau wurde 1978 endgültig eingestellt. Auf unserer Wanderung besuchen wir einige Orte und Zeugnisse der alten Eisenindustrie.

Ausgangspunkt: Hüttenberg, Heinrich-Harrer-Museum, 780 m (Navi: N46.93658, E14.54793). Kärnten-Bus 5395 von Treibach-Althofen, an Werktagen Mo–Fr etwa zehn Verbindungen, in den Schulferien vermindertes Angebot. Großer Parkplatz rund 400 m südlich, beschilderte Zufahrt von der B 92 Görtschitztal-Straße.
Anforderungen: Auf der Trasse der alten Erzbahn ist etwas Trittsicherheit erforderlich. Gesamte Rundwanderung nicht immer eindeutig markiert und beschildert, aber mit ein wenig Orientierungsvermögen keine Probleme. Insgesamt leichte Wanderung auf allen Arten von Straßen und Wegen.
Einkehr: In Hüttenberg und in Knappenberg.
Tipps: Besuch des Heinrich-Harrer-Museums in Hüttenberg und des Schaubergwerks mit Bergbaumuseum und Mineralienschau in Knappenberg. Alle geöffnet Mai–Okt. Weitere Infos: huettenberg.at.
Karten: f&b 231; K 294; ÖK 4102-O.

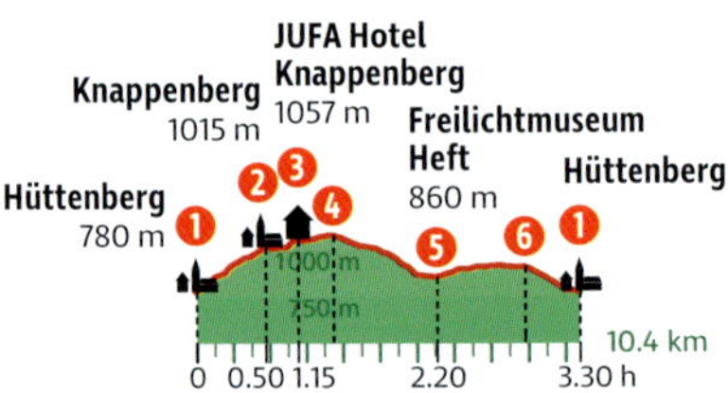

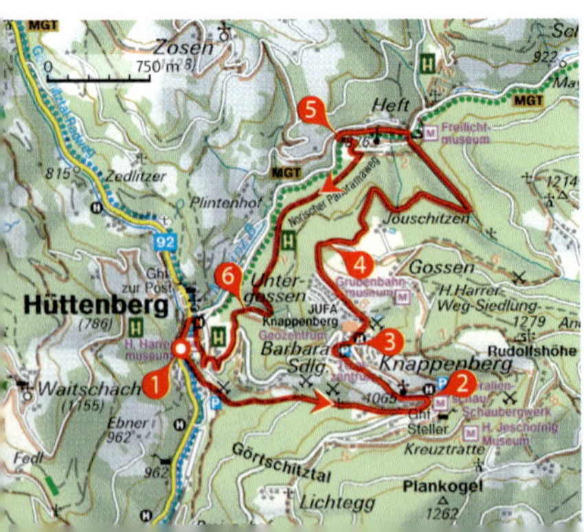

Vom **Heinrich-Harrer-Museum** in **Hüttenberg** ❶ folgen wir dem »Weg des Dialogs«, Route 3. Er verläuft kurz auf dem Knappenweg und biegt beim Haus Nr. 7 nach links ab. An mehreren Info-Tafeln vorbei gehen wir hinauf zur einzigen Zinngießerei Kärntens nahe dem Schaubergwerk in **Knappenberg** ❷, 1015 m. Falls wir das Bergwerk nicht besuchen möchten, biegen wir scharf nach links ab, wandern zwischen den Gebäuden der Zinngießerei hindurch und eben auf dem »Weg des Dialogs« weiter zu einer Bank mit Informationstafeln. Nun geht es über zahlreiche Stufen durch die auch Knappensiedlung genannte Barbarasiedlung zur Landesstraße hinauf und auf ihr links zum **JUFA Hotel Knappenberg** ❸, 1057 m, mit dem benachbarten Tibetzentrum-Institut. Wir gehen weiter Richtung Gossen; weite Aussicht bis zu den Karawanken und den Julischen Alpen. Wir folgen der Straße, tauchen in den Wald ein, lassen die Abzweigung zum Petersbründl unbeachtet und zweigen dann in einer deutlichen Rechtskurve ohne Wegweiser oder Markierung links auf eine **Forststraße 4**, 1080 m, ab. Wir gehen unter den Wiesen des Anwesens Jouschitzen entlang in einen ausgeprägten Graben, dem wir hinaus zu den wenigen Häusern in der Heft folgen. Links erreichen wir das Ortsende mit dem **Freilichtmuseum Heft 5**, 860 m. Die beiden noch gut erhaltenen Hochöfen, die nur von außen zu besichtigen sind, stammen noch aus der Mitte des 19. Jh. Für die Kärntner Landesausstellung 1995 ist die alte Hochofenanlage um ein modernes Ausstellungs- und Veranstaltungszentrum ergänzt und überbaut worden.

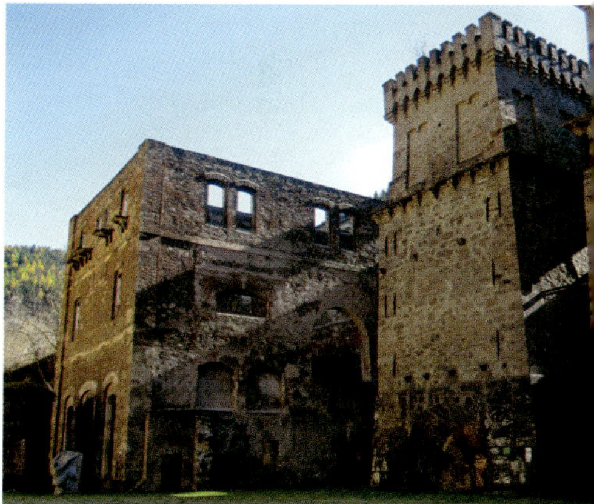

Freilichtmuseum Heft: alte Hochöfen ...
... und moderne Zubauten.

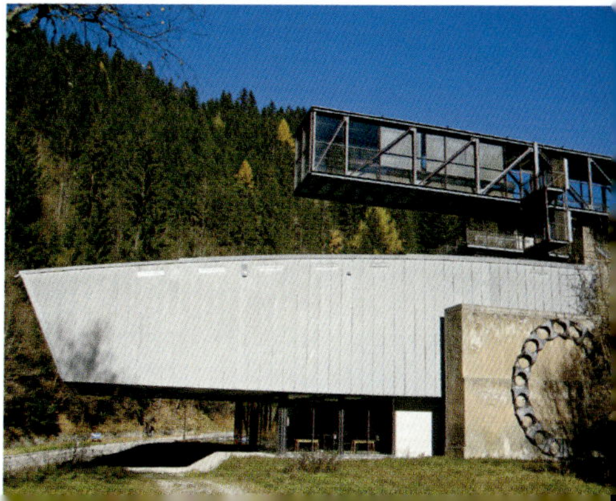

Wir gehen rechts an der Anlage vorbei auf ein kleines Plateau und von ihm über Wiesen hinauf zum Waldrand. Mit den Wegweisern »Alte Bahn, Hemma-Pilgerweg« und »Weg 1« betreten wir nun die Trasse der ehemaligen Erzbahn, die durch steile, bewaldete Hänge Richtung Hüttenberg führte. Der streckenweise etwas schmale Pfad führt auf einigen Brücken über Gräben hinweg. Er erreicht schließlich einen **Fahrweg 6**, 915 m, und kurz danach eine Straße. Auf ihr gehen wir abwärts, an der Hauptschule vorbei. Nach der dritten Kehre steigen wir links über Stufen hinab auf den Schulweg. Kurz vor der Kirche wenden wir uns links zur Bundesstraße und kehren auf einem getrennten Gehweg links zurück zum Heinrich-Harrer-Museum in **Hüttenberg 1**.

TOP

↗ 140 m | ↘ 140 m | 8.6 km

56 Europa-Schutzgebiet Hörfeld-Moor

2.45 h

Pflanzen und Tiere im Naturschutzgebiet Hörfeld-Moor

Fährt man von Hüttenberg nach Norden, kommt man an der Landesgrenze zur Steiermark zu einem großen, ebenen Feuchtgebiet. Es ist das Hörfeld-Moor, das wegen seiner vielfältigen Flora und Fauna einen hohen Schutzstatus genießt: Naturschutzgebiet, Ramsar-Gebiet (Feuchtgebiet internationaler Bedeutung) und Natura-2000-Gebiet. Um und durch das Moor führen Wanderwege, an denen Informationstafeln die typischen Pflanzen und Tiere vorstellen. Es gibt auch einen Info-Pavillon, einen Beobachtungsturm und eine Aussichtsplattform.

Ausgangspunkt: Gasthaus Hörfeld (auch Gasthaus Körbler), 925 m (N46.99987, E14.52700). Großer Parkplatz. Von Hüttenberg auf der B 92 Görtschitztal-Straße, 8 km.
Anforderungen: Auf 500 m Länge keine Markierung, aber eindeutiger Steig. Sonst keinerlei Probleme. Alle Arten von Wegen und wenig befahrene Straßen. Einige Strecken auf Stegen.
Einkehr: Gasthaus Hörfeld (Körbler) am Ausgangspunkt. Unterwegs keine.
Varianten: Die vorgestellte Hauptroute beschreibt alle interessanten Wege um und durch das Moor – von Süd nach Nord und als große Acht. Die vier unterschiedlich bezeichneten und beschilderten Wege lassen sich auch gesondert begehen. Wer nur wenig Zeit hat, sollte vom Info-Pavillon an der B 92 rund 500 m nach Norden wandern und auf dem Emmi-Antes-Steg das Herz des Schutzgebietes erkunden.
Tipps: In den umliegenden Gemeinden und im Gasthaus Hörfeld ist ein kleiner Info-Folder zum Schutzgebiet erhältlich. Auch werden geführte Wanderungen angeboten. Besonders interessant ist der Besuch des Hörfeld-Moores im Frühling und im Frühsommer. Fernglas mitnehmen!
Karten: f&b 211, 231; K 294; ÖK 4226-O.

Vom **Gasthaus Hörfeld** ❶ wandern wir rund 100 m entlang der Bundesstraße in Richtung Hüttenberg. Beim Wegweiser zweigen wir nach rechts auf den Körblerweg ab. Er verläuft meist durch Wald etwas bergauf. Etwa 20 Min. nach unserem Aufbruch erreichen wir einen stark verwachsenen Steig, auf dem die Markierungen fehlen (Hinweis auf einem Baum). Bei einem **Beobachtungsturm** ❷, 927 m, treffen wir auf den Althauserweg. Nun wandern wir auf dem Fahrweg nach rechts zur Brücke an der **Landesgrenze** ❸, 930 m, und von hier auf dem Geh- und Radweg an der

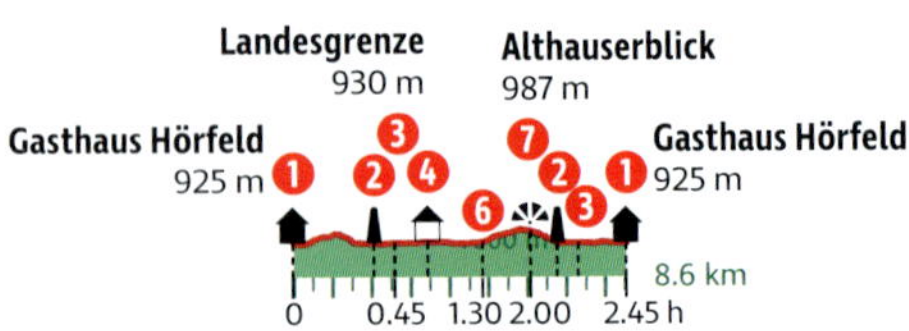

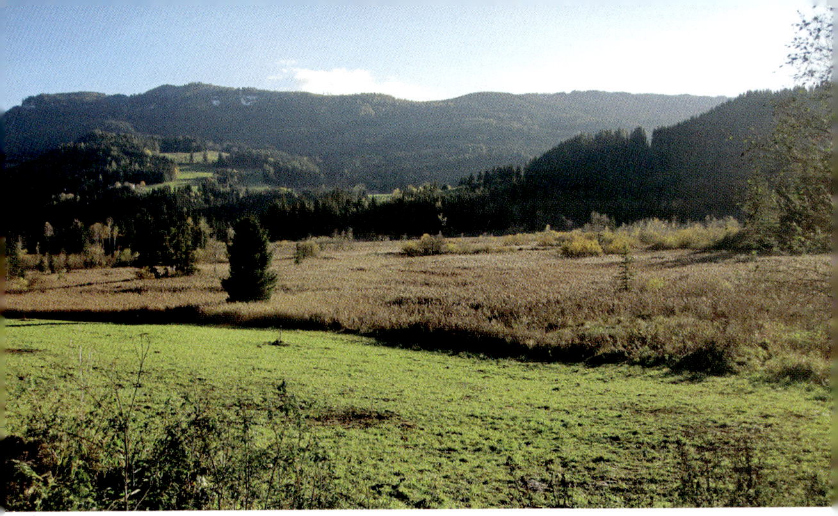

Blick ins Hörfeld-Moor.

Bundesstraße nordwärts zu einem **Info-Pavillon** ❹, 932 m. Weiter geht es entlang der Straße zur Abzweigung des **Emmi-Antes-Stegs** ❺, 933 m. Auf diesem Steig wandern wir an einigen Moorteichen vorbei zu einer Abzweigung in Richtung »Mühlen«. Wir gehen hier schräg nach links, entlang des Baches zu einer Brücke, auf der wir links den Bach zum Wegweiser beim Haus **Speckbauer** ❻, 932 m, überqueren. Hier halten wir uns links bergauf in den Wald. Kurz nachdem wir ihn wieder verlassen haben, kommen wir zum **Althauserblick** ❼, 987 m, einem Aussichtsplatz mit Bänken. Auf dem Fahrweg geht es nun bergab zum **Beobachtungsturm** ❷ und auf dem schon bekannten Weg zur Brücke an der **Landesgrenze** ❸. Der Rückweg zum **Gasthaus Hörfeld** ❶ verläuft am Rand der wenig befahrenen Bundesstraße.

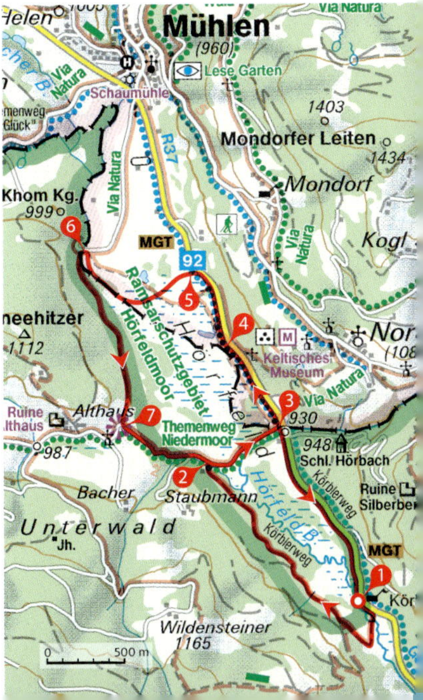

STICHWORTVERZEICHNIS